Olhar crítico

50 anos de cinema brasileiro

ELY AZEREDO

Olhar crítico

50 anos de cinema brasileiro

IMS
INSTITUTO MOREIRA SALLES

IMAGENS DA CAPA *Macunaíma*, de Joaquim Pedro de Andrade (cedida por Filmes do Serro); *O pagador de promessas*, de Anselmo Duarte (cedida por Cinedistri Produção e Distribuição Audiovisual Ltda.); *Os cafajestes*, de Ruy Guerra (cedida por Magnus Filmes Ltda.); *Carandiru*, de Hector Babenco (cedida por HB Filmes Ltda.).
VERSO DA CAPA *O casamento*, de Arnaldo Jabor; *Sinfonia Amazônica*, de Anélio Latini Filho (cedida por Latini Studio Ltda.); *Carandiru*, de Hector Babenco (cedida por HB Filmes Ltda.).
[p. 1] *Limite*, de Mário Peixoto (cedida por Arquivo Mário Peixoto); *O pagador de promessas*, de Anselmo Duarte (cedida por Cinedistri Produção e Distribuição Audiovisual Ltda.).
[pp. 2-3] *O dragão da maldade contra o santo guerreiro*, de Glauber Rocha (cedida por Tempo Glauber); *Limite*, de Mário Peixoto (cedida por Arquivo Mário Peixoto).
[p. 416] *O dragão da maldade contra o santo guerreiro*, de Glauber Rocha (cedida por Tempo Glauber); *Copacabana me engana*, de Antonio Carlos Fontoura.

Coordenação editorial Rodrigo Lacerda
Projeto gráfico Flávia Castanheira
Preparação e revisão de textos Sandra Brazil e Beatriz Antunes
Equipe editorial Acássia Correia, Flávio Cintra do Amaral e Priscila Oliveira
Pesquisa iconográfica Francisco Mattos
Fichas técnico-artísticas Isadora Moniz Vianna
Assessoria de informática Lourival N. T. Duvaizem
Tratamento de imagens e impressão Atrativa Gráfica

Dados Internacionais de Catalogação na Publicação (CIP)
(Câmara Brasileira do Livro, SP, Brasil)

Azeredo, Ely
Olhar crítico – 50 anos de cinema brasileiro / Ely Azeredo
Prefácio: Alberto Dines
São Paulo: Instituto Moreira Salles, 2009
ISBN 978-85-8670-746-9

1. Cinema - Brasil - História I. Dines, Alberto II. Título

09-11286 CDD 791.430981

Índices para catálogo sistemático:
1. Brasil: Cinema: História 791.430981

INSTITUTO MOREIRA SALLES
Av. Paulista, 1294, 14º andar CEP 01310-915 São Paulo, SP
TEL [55 11] 3371 4455 FAX [55 11] 3371 4497
www.ims.com.br

A Maria Helena

Em memória
de meu irmão Edyr,
Carlos Fonseca,
Jorge Ileli

AGRADECIMENTOS

Agradeço especialmente a Walter Salles, pelo afetuoso estímulo à efetivação deste projeto desde meu primeiro esboço, e a Antonio Fernando De Franceschi, que o acolheu e encorajou.

A Rodrigo Lacerda, pelo carinhoso tratamento da edição. A Alberto Dines, por encontrar tempo para o prefácio; a Francisco Mattos, pela dedicação na pesquisa iconográfica, precedida por mais de um ano de diálogos esclarecedores. A Manuel da Costa Pinto, pela atenção dedicada ao projeto em sua fase inicial.

Também não poderia passar sem a colaboração afetiva de Isadora Moniz Vianna; o fraterno apoio de Alberto Shatovsky, Sérgio Augusto, Carlos Alberto Mattos e Carlos Diegues; a amizade virtual de Maria do Rosário Caetano, com suas preciosas recomendações para a pesquisa.

Agradeço a José Inácio de Melo Souza, Carlos Roberto de Souza, Anna Paula Nunes e Jair Leal Piantino (da Cinemateca Brasileira); Helena Celestino, Jurandyr Noronha e Júlio Heilbron; Flávio R. Tambellini e Mário Tambellini; Tereza Trautman; Alfredo Sternheim; Alberto Salvá; Rodrigo Fonseca; Joaquim Ferreira dos Santos; Roberto Pereira; a amiga e preciosa digitadora Graça Feitosa, que resgatou textos meus em seus arquivos.

Agradeço a Lourival Norberto Tavares Duvaizem (o Júnior), *expert* em informática, fundamental na recuperação de textos necessitados de pronto-socorro.

PREFÁCIO

A oferta é enorme, muito maior do que o tempo disponível para selecionar o melhor. A mais popular, a mais acessível, a mais influente e a mais descartável das artes exige um acompanhamento permanente. A função do crítico de cinema transcende a do mero resenhista. Pode até participar do *ranking* de estrelinhas que qualifica os filmes em cartaz. Ou fazer uma concessão às simplificações adotando uma vinheta que indique a qualidade do espetáculo. O que o espectador quer do crítico é a sua voz.

E a voz de Ely Azeredo soa há 50 anos na imprensa carioca, oferecendo referências e balizamentos fundamentais.

As histórias do cinema e da crítica de cinema estão entrelaçadas. Confundem-se e se sobrepõem. A sétima arte é também a mais recente e começou a florescer quando a imprensa já havia atingido a maturidade. No fim do século XIX, jornais e revistas estavam solidamente implantados na sociedade de massas – na realidade, foram os artífices da ampliação do convívio humano. Nada mais natural que o espetáculo cinematográfico sofresse forte influência dos textos inspirados nele, num movimento circular e contínuo.

Melômanos e teatreiros sempre foram apreciadores passivos. Cinéfilos, ao contrário, são proativos porque o desenvolvimento da tecnologia cinematográfica foi muito veloz, processada em ambientes abertos (hoje chamados *inclusivos*), com grande facilidade de acesso a equipamentos, procedimentos e conhecimento teórico.

Em cinema não é grande a distância entre espectador e realizador-diletante, e desse último ao profissional é um pulo, como provam o cinema amador e o extraordinário desenvolvimento dos curtas-metragens. A proximidade torna o crítico cinematográfico um mediador importante, talvez decisivo. É uma incubadora de sentidos. O realizador faz a mediação entre uma ideia e a obra acabada, o crítico de cinema introduz neste processo a peça-chave – o espectador.

Cineastas e críticos estiveram juntos em diversos episódios. Os casos mais nítidos são o francês e o brasileiro. A Nouvelle Vague francesa descende diretamente do cineclubismo parisiense do pós-guerra e dos críticos da revista *Cahiers du Cinéma*, criada em 1951.

Fenômeno similar é o do Cinema Novo, marcado pela forte personalidade de Glauber Rocha, ex-crítico de cinema na Bahia, expoente do grupo de jovens cineastas que sucedeu à experiência industrial paulista do início dos anos 1950.

Injusto limitar a parceria de cineastas-críticos ao Cinema Novo. Alex Viany foi crítico de cinema militante, criou com Vinicius de Morais a revista *Filme*, em 1949, e, em 1953, escreveu e dirigiu *Agulha no palheiro* (no qual Nelson Pereira dos Santos atuou como assistente de direção), filme que lançou as bases do cinema carioca pós-chanchada.

Antes ainda, em 1952, Jorge Ileli e Paulo Vanderley, assíduos articulistas de cinema e cineclubistas, escreveram e dirigiram o bem-sucedido policial *Amei um bicheiro*.

O paulista Flávio Tambellini, também crítico de cinema militante, produziu *Ravina*, em 1958, e dirigiu *O beijo*, em 1965, entre outros. Viany e Tambellini, embora com visões diferenciadas, empenharam-se na criação de uma estrutura sustentável para a indústria de cinema no Brasil.

Ely Azeredo ocupa posição especial em nosso panorama cultural e este livro é um marco. Ele acompanhou a fase de ouro do cinema internacional, foi contemporâneo de uma plêiade de críticos como Moniz Vianna, Salvyano Cavalcanti de Paiva e Décio Vieira Ottoni, além de, com Alberto Shatovsky, haver participado da criação do circuito de arte, um cineclubismo aberto, universal, que chegou a São Paulo duas décadas depois.

Quando Ely começou a exercer a crítica de cinema na *Tribuna da Imprensa* e, depois, no *Jornal do Brasil*, o cinema brasileiro não era uma unanimidade. Alguns críticos assumiam ostensivamente o preconceito contra a produção nacional, e Moniz Vianna, do *Correio da Manhã*, foi um dos expoentes dessa corrente.

Ely Azeredo, ao contrário, acompanhou com paixão o desabrochar do cinema brasileiro. A ele se atribui, com toda justiça, a paternidade da designação Cinema Novo, e esta paixão fica patente ao longo dessa antologia.

Nos 97 filmes examinados (acrescidos de um ensaio sobre o cinema-chanchada) visualiza-se não apenas o desenvolvimento histórico do cinema brasileiro. Aqui se registra com precisão e sensibilidade o papel do crítico de cinema como intérprete e articulador de um processo cultural.

Na contramão do desvario tecnológico que decretou a extinção da mídia impressa, é extremamente alentador reencontrar com toda a sua vitalidade a admirável função do crítico de cinema e o insubstituível papel do jornal.

Alberto Dines

Setembro de 2009

INTRODUÇÃO

> *Queira ou não, a posição do crítico é em todos os níveis a de um jornalista, inclusive nos assuntos mais dignos de meditação, e seu trabalho, medido pela utilidade que ofereça, sem desculpas sobre escrever para a posteridade, esta difícil musa.*
>
> (Homero Alsina Thevenet)[1]

Este livro tem pelo menos uma característica indisputável: reúne textos de um jornalista que acompanhou profissionalmente durante 50 anos (mais de 40 na imprensa diária) a trajetória do cinema brasileiro. Não se trata de um dossiê para reivindicar inclusão no *Guinness Book of Records*. Simplesmente me apresento ao leitor com uma credencial à qual os arquivos da mídia darão fé: nenhum outro crítico de cinema atuou em diários de circulação nacional por tão extenso período. O mais resistente confrade, Pedro Lima, que começou a assinar uma coluna de revista na década de 1920, desenvolveu sua atividade por quase 39 anos.

Nelson Pereira dos Santos, talvez o mais lúcido cineasta brasileiro, disse que coube à crítica o papel de manter viva a discussão sobre a importância da criação de filmes em todos os momentos de crise ou de recesso da produção nacional. Faltou acrescentar outros papéis: sem jornalistas não teriam surgido a Cinédia, a Atlântida, a Vera Cruz e o Cinema Novo; não teríamos a Cinemateca Brasileira (São Paulo) e a Cinemateca do Museu de Arte Moderna do Rio de Janeiro; não surgiriam os Cinemas de Arte e a legislação de fomento à produção (nos anos 1960), e Alberto Cavalcanti, o pernambucano que se tornou cineasta (e inovador) nos cinemas francês e britânico, não teria regressado ao Brasil, onde fez história a partir do experimento industrial da Vera Cruz.

1 Revista *Film*, Montevidéu, 1956.

A Cinédia, estúdio da primeira cruzada pela industrialização, assomou, em 1930, da experiência de Adhemar Gonzaga, Pedro Lima e seus companheiros na redação da revista *Cinearte*.[2] Em 1949, coube a Assis Chateaubriand, o legendário Chatô, dos Diários Associados, o convite a Cavalcanti para uma série de palestras no Museu de Arte de São Paulo (Masp). Outras fontes dizem que o convite partiu de uma sugestão do crítico Almeida Salles, de *O Estado de S. Paulo*, a Pietro Maria Bardi, diretor do Masp na época. Daí a contratação de Cavalcanti como produtor geral da Vera Cruz, onde (trazendo profissionais europeus) propiciou a formação de técnicos que elevaram sensivelmente o patamar da produção nacional.

Não é segredo que o movimento cinemanovista teve como dínamo um jovem que se aventurou pela crítica de cinema em 1958, Glauber Rocha, alavanca do movimento de renovação da década de 1960, ao lado de jovens cinéfilos do Rio de Janeiro – que abeberaram parte fundamental de sua formação nas verdadeiras faculdades que foram as retrospectivas históricas da Cinemateca do Museu de Arte Moderna (MAM),[3] então dirigida pelo crítico Antonio Moniz Vianna. Outros críticos exerceram papel substancial naquele tempo sem escolas e sem livros especializados, como P.F. Gastal em Porto Alegre; Cyro Siqueira e seus pares na *Revista de Cinema* de Belo Horizonte; Paulo Emílio Sales Gomes e seus companheiros do Clube de Cinema de São Paulo, viveiro original da Filmoteca que se transformaria na Cinemateca Brasileira. Eu tive a alegria inenarrável de criar, com Alberto Shatovsky,[4] na revolucionária virada de 1959-1960, os Cinemas de Arte, que abriram caminho para o Circuito Cinema 1 – embriões dos circuitos alternativos de exibição que hoje veiculam produções não portadoras do carimbo hollywoodiano, entre as quais as experiências brasileiras mais autorais.

2 Revista de muito sucesso, fundada em 1926, sob a direção de Adhemar Gonzaga e Mário Behring, *Cinearte* abriu páginas para a crítica de cinema e foi a primeira a cobrir sistematicamente a produção de filmes no país. Além de Pedro Lima, primeiro repórter especializado em cinema brasileiro, reuniu colaboradores que se tornariam cineastas, como Octávio Gabus Mendes, Paulo Vanderley e Jurandyr Noronha.

3 A cinemateca do Museu de Arte Moderna do Rio de Janeiro foi fundada em 1957, quando Ruy Pereira da Silva, responsável pelo setor de cinema do MAM, atraiu a colaboração de fundadores do Centro de Cultura Cinematográfica, cineclube liderado pelo crítico Carlos Fonseca.

4 Alberto Shatovsky participou, com o Circuito Cinema 1 (salas no Rio de Janeiro, São Paulo e Santos), do primeiro empreendimento empresarial para exibição dos chamados filmes de arte. Sobre os cinemas de arte que antecederam o Cinema 1, ver a seção Trajetória do Autor, na página 379 deste livro.

As conquistas de fomento à produção nacional a partir de meados da década de 1960 tiveram a liderança do crítico paulista Flávio Tambellini, sem cuja paixão e habilidade política não teriam sido criados organismos como o INC (Instituto Nacional do Cinema), projeto combatido tanto pelo núcleo central do cinemanovismo quanto por exibidores e distribuidores vinculados aos interesses da produção norte-americana. Da atuação de Tambellini surgiram as primeiras medidas de estímulo à produção mediante a renúncia fiscal, instrumento que – depois de várias metamorfoses – seria o principal agente de desenvolvimento na Retomada dos anos 1990. Paradoxalmente, coube a Moniz Vianna (que jamais transbordou de entusiasmo pelos filmes nacionais), quando à frente de organismos culturais e governamentais, prestigiar projetos fundamentais para nosso cinema, como o da criação da Embrafilme (Empresa Brasileira de Filmes).

Quando Moniz Vianna inaugurou sua coluna de cinema no poderoso *Correio da Manhã*, em 1946, contavam-se nos dedos, aqui, as pessoas (em geral cineclubistas) com conhecimentos sólidos sobre a linguagem e a história da sétima arte. Todas as tentativas de indústria patinavam. A polêmica entre os saudosistas do cinema silencioso, como Vinicius de Moraes, e os defensores do sonoro, só havia terminado em 1945! No momento em que o jornal carioca que derrubava ministros entregou ao estudante de medicina de 21 anos um extenso espaço diário, apenas *O Globo* e mais dois jornais da então múltipla imprensa do Rio de Janeiro publicavam críticas regularmente. Os textos intensamente jornalísticos de Moniz Vianna, com supreendente carga de informação, promoveram um *boom*, com ecos pelo país. Inúmeros jornais se apressaram a contratar (ou inventar) críticos, entre os quais vários foram decisivos para a formação de plateias. Como ocorreu em países como a França e a Itália, a crítica do imediato pós-guerra e dos anos 1950 contribuiu decisivamente para a atmosfera que favoreceu a respiração de novos valores.

A denominação Cinema Novo, que comecei a usar na *Tribuna da Imprensa* para identificar o movimento que se esboçava na virada dos anos 1950-1960, foi encampada por Glauber Rocha em artigos para o Suplemento Dominical do *Jornal do Brasil*, e logo universalizada. Também seria o título de uma revista que não saiu do projeto, e que reuniria críticos e cineastas.[5] Minha

5 O projeto da revista *Cinema Novo* reuniu, entre outros, Sérgio Augusto, Walter Lima, Nelson Pereira dos Santos, Glauber Rocha e Carlos Diegues.

ideia, bem acolhida na primeira reunião (1961), era evitar o festival de elogios mútuos vigente no mensário *Cahiers du Cinéma*, porta-bandeira do grupo de cinéfilos que buscou revolucionar o cinema francês e deslanchou o que a imprensa parisiense apelidou de Nouvelle Vague. Como proceder? Uma das propostas da revista *Cinema Novo* era promover discussões periódicas na redação, a fim de que a crítica de cada filme brasileiro fosse confiada àquele cuja opinião mais se aproximasse de um consenso. Talvez uma utopia. O certo é que não vingou. O cinemanovismo iria preferir uma crítica domesticada, pautada pelas ideias de seus cardeais.

Em recente entrevista, Carlos Diegues disse que o Cinema Novo era (entre outras coisas) um partido. A crítica se dividiu. Alguns se empolgaram tanto que se tornaram diretores, tendendo a integrar as hostes do movimento. Um fato: foram anos de grande desenvolvimento da televisão brasileira, e os cinemanovistas não conseguiram manter com o público o diálogo indispensável à sua sobrevivência econômica. Era preciso mudar. Várias críticas incluídas neste livro (como as de *Macunaíma* e *O amuleto de Ogum*) refletem transformações do movimento.

Décadas atrás, os críticos podiam ver os lançamentos um por um – em meio aos espectadores – e produzir suas análises tranquilamente. Havia tempo para reflexão porque, em geral, a estreia vista na segunda-feira geraria um artigo escrito na terça, para o jornal de quarta. E assim por diante. Os leitores se habituaram a encontrar críticas em todos (ou quase todos) os dias da semana. Essa fase áurea naufragou na segunda metade dos anos 1970, quando entrou em vigor a prática de publicar comentários sobre todos os filmes no dia de lançamento – como ocorre até hoje, com a concentração de estreias nas sextas-feiras. Esse ímpeto modernizante teve início na *Folha de S.Paulo*. As distribuidoras se desdobraram para promover sessões de cabine (prévias para a imprensa) de todos os lançamentos em dois ou três dias. Como os críticos não podiam estar em vários lugares ao mesmo tempo, as editorias começaram a convocar repórteres para duplas jornadas, somando as mais diversas pautas à resenha de filmes. Com um punhado de resenhas acotovelando-se na mesma paginação, o espaço de reflexão teve fim. Resultado: as páginas de crítica veiculam textos que, na maioria dos casos, podem ser considerados dicas de consumo.

Os textos deste livro foram publicados entre 1953 (ano de minha estreia profissional) e 2003. Na década de 1990 e nos anos 2000 fiz algumas pausas na faina jornalística. Continuo produzindo resenhas esparsas. Mas o marco 2003 me proporciona um número redondo, 50 anos. E também um imenso prazer: o de constatar o sucesso universal de *Cidade de Deus*, fenômeno que previ em artigo de 2002, por ocasião da estreia nacional. Por outro lado, a partir de 2003, cresce o número de produções baseadas em programas de televisão ou que, embora ostentando roteiros originais, levam aos circuitos cinematográficos formas narrativas flagrantemente televisivas. Foi muito celebrada a ocupação de 22% do mercado interno, naquela temporada, por filmes brasileiros – fenômeno que não se repetiu nos anos seguintes. Mas dos sete filmes que alavancaram esse percentual, apenas dois, *Carandiru* (*blockbuster* de exceção), dirigido por Hector Babenco, e *Deus é brasileiro*, criação de Carlos Diegues, têm DNA cinematográfico. Os últimos anos vulneraram meu encantamento com a evolução de nosso cinema, que procurei exprimir quando, ainda como amador, tive oportunidade de fazer a cobertura da Primeira Retrospectiva do Cinema Brasileiro, em São Paulo, no final de 1952.

À exceção do pequeno ensaio sobre *Cidade de Deus* (2002), que abre a coletânea, optei por um roteiro em *flashback*: uma viagem no tempo, de 2003 a 1953, ano de lançamento de *O cangaceiro*, primeiro filme brasileiro a fazer a volta ao mundo, e de *Sinfonia amazônica*, primeira experiência nativa de animação em longa-metragem. Não me restringi a críticas de filmes consagrados. Incluí todos os gêneros e tendências, do drama existencial às comédias, do ensaio *underground* ao documentário, do histórico/político ao entretenimento infanto-juvenil, do musical ao *thriller*, não esquecendo várias transfigurações do *western*. Muitos títulos não existem em DVD e alguns nem chegaram ao VHS. Alguns aguardam recursos para restauração e correm risco de extinção. Tudo que se fizer pela memória de nosso cinema será sempre insuficiente, porque desapareceram quase todos os filmes realizados entre o fim do século XIX e o início da década de 1930.

Também importante é a memória em papel: roteiros, notas de produção, recortes de imprensa. Em 1940, um funcionário da Biblioteca do Congresso dos Estados Unidos descobriu milhares de rolos de papel fotográfico nos quais haviam sido impressas imagens de filmes, por diversos produtores, entre a década de 1890 e 1912. Como não existiam nesse período garantias aos direitos autorais das criações em película, Thomas Edison e outros pioneiros começaram a registrá-las como séries de fotografias (fotogramas) em Washington. Recopiando os fotogramas em película, um técnico de Hollywood proporcionou aos historiadores a descoberta de filmes desconhecidos ou tidos como desaparecidos.

Em 1996, querendo dar longevidade ao meu arquivo de papel em um "santuário" mais perto que Washington, dei os passos legais para depositá-lo no Arquivo Geral da Cidade do Rio de Janeiro (AGCRJ), por intermédio da Riofilme. O processo teve as bênçãos da Secretaria de Cultura do município: ninguém poderia prever a via-crúcis desse acervo.

Dez anos depois, quando, em função do projeto *Olhar crítico – 50 anos de cinema brasileiro*, voltei a visitar o AGCRJ, o paradeiro do acervo na instituição era desconhecido e (em plena era da informática!) não se sabia de nenhum registro de sua existência. Semanas depois, parte do material foi localizada no almoxarifado da Riofilme, junto dos estoques de material de escritório. O arquivo geral nunca localizou a coleção de fotografias, os roteiros originais mais raros e centenas de outros documentos preciosos para o estudo da história de nosso cinema.

Das mais de cinco mil críticas e matérias diversas depositadas, desapareceram inexplicavelmente quase 700. Apesar de pesquisar em outras fontes, não pude localizar textos sobre vários filmes representativos do período-base da coletânea. Outros reapareceram em recortes truncados, alguns quase ilegíveis. Preparei-me para organizar um livro e acabei envolvido, de certo modo, em um trabalho de arqueologia.

A fim de preservar o valor documental do projeto, não modifiquei as avaliações publicadas ao longo dos anos. Em raros casos minha estima ou meu desamor por filmes incluídos no sumário diminuiu (ou cresceu) com a passagem do tempo. Revi em vídeo dezenas dessas produções, nos últimos anos. Julgo que as outras ficaram bastante nítidas em minha memória, porque as vi duas ou mais vezes à época da estreia ou em outras ocasiões.

Fiz minuciosa digitação das críticas, a fim de aparar arestas, imprecisões e, eventualmente, involuntárias falhas em que incidi ao datilografá-las ou revisá-las para a publicação original. Além da total liberdade que tive em todos os órgãos da mídia, pude, em alguns jornais, contar sempre com generosos espaços, a ponto de (em não poucas ocasiões) escrever dois ou mais artigos sobre um mesmo filme. Fui prolixo e talvez redundante em algumas ocasiões. Por tais motivos, reduzi alguns textos para a presente edição, mas na maioria dos casos mantive a extensão original. O capítulo sobre *Vidas secas*, por exemplo, reúne quatro artigos escritos por ocasião do lançamento. Por outro lado, não cheguei a fazer uma análise de outro filme importante, *Os cafajestes*, retirado de cartaz pela polícia, no Rio de Janeiro. O clima polêmico daquele momento levou-me a produzir, em vez de crítica, um texto sobre o impacto produzido pelo filme.

As notas de rodapé são atuais, foram escritas especialmente para este livro.

Cidade de Deus

Cidade de Deus instaura um olhar novo no cinema brasileiro, sedutor, desconcertante, às vezes chocante, sem que os choques perturbem a receptividade do espectador. Dispensa-se o dom da premonição para afirmar que o empreendimento de Fernando Meirelles percorrerá o mundo com repercussão equivalente ou superior à safra de elogios de sua primeira aparição pública, no Festival de Cannes. Como linguagem e execução técnica, assimila o trabalho-em-progresso na indústria cinematográfica – em especial o de alguns cineastas norte-americanos distanciados dos freios institucionais de Hollywood.

Os detratores do filme construído por Meirelles e sua brava equipe excomungam seu corpo profano, suas curvas de sensualidade e musicalidade, sua alta voltagem como espetáculo audiovisual, como se os cinemas fossem templos e os produtores, vendilhões. Ora, vivemos numa época de política-espetáculo, de mídia-espetáculo, até de religiosidade-espetáculo. Por que um cineasta estaria obrigado a abordar os temas de sua escolha segundo cânones do *cinéma-vérité* (ou do cinema direto), do ensaísmo antropológico ou do documentarismo engajado? O espectador prescinde de cenas didáticas sobre as pressões do consumo de drogas, a desigualdade social e a qualidade das operações de "resgate" das comunidades faveladas. Esses fatores são discutidos e ilustrados pelos meios de comunicação.

O espetáculo cinematográfico ganhou vulto como linguagem justamente com D.W. Griffith, na segunda década do século XX. Na esteira das invenções de Griffith, Eisenstein copidescou fatos históricos e ignorou os cânones do cinema documental para criar a obra-prima do documentário *fake*, o maravilhoso *O encouraçado Potemkin*. Os bons estudantes de cinema sabem: Eisenstein, Roberto Rossellini e Orson Welles não foram menos éticos por usarem a mentira para chegar à verdade.

Absurdo abordar a tragédia da juventude do tráfico com elementos da cultura cosmopolita *pop*? Um gênio como Stanley Kubrick diria que não. Há 30 anos, anteviu o caos da delinquência urbana ao som de *Cantando na chuva* e Beethoven, criando uma linguagem coreográfica e musical para *Laranja mecânica*. Poucos filmes são mais espetáculo do que *O poderoso chefão* – penso especialmente na parte 2 – de Francis Ford Coppola, grande obra da qual ninguém cobrou moralismo ou ideologia, embora narrada sob o ponto de vista do crime organizado, mafioso.

Obras de ruptura embaraçam as cartilhas. Faço crítica há 50 anos. Não soube avaliar, na emoção da estreia, a importância enorme de *Rio, 40 graus*, de Nelson Pereira dos Santos, historicamente incontestável, apesar dos clichês de seu protesto social. Nelson estava bosquejando, ao arrepio da dramaturgia, seu mapa do futuro. Se hoje o Brasil tem casamatas de uma indústria cinematográfica, deve a epopeia, em grande parte, à "estética errada" de *Rio, 40 graus*.

Cidade de Deus é o primeiro filme ficcional brasileiro com o olhar do outro lado da "cidade partida". Radicalizando o enfoque de Paulo Lins no romance homônimo (perturbado pelo laborioso lirismo e pelo excesso de tramas que viu passar "debaixo de sua janela", na cidade plantada na Zona Oeste do Rio de Janeiro), Meirelles coloca que "o que o filme procura mostrar é a visão do moleque que tá lá dentro", a visão de jovens envolvidos no tráfico de drogas anterior à fase mais "organizada" do crime (a trama é interrompida no início da década de 1980). É um olhar não jornalístico, não documentário e, portanto, não obrigado a "mostrar os dois lados". Sua originalidade reside em nos conduzir à experiência terrível e insubstituível de vivenciar o gueto como se estivéssemos encarnados naquelas crianças e adolescentes em guerra. Mutilados, porque tiveram sua infância amputada; como, à margem de outra guerra, os dois pequeninos protagonistas de *Brinquedo proibido*, inesquecível realização de René Clément.

O escritor e roteirista José Louzeiro, cujo romance *Infância dos mortos* deu origem a *Pixote, a lei do mais fraco*, dirigido por Hector Babenco, afirmou que "é uma fita universal na sua dor". Acredito que possa dizer o mesmo de *Cidade de Deus*. A tragédia do novo filme ricocheteia muito além do asfalto traumati-

Alexandre Rodrigues em *Cidade de Deus*

zado entre grades domiciliares. Muito além do horror do tráfico. Muito além dos adultos entre dois fogos. Ainda vale o que escrevi, por ocasião do lançamento de *Pixote*: seus criadores apontam como, para dezenas de milhões de menores em nosso país, o mero exercício da infância – como seara do lúdico e território do sonho e da autoinvenção – tornou-se literalmente impossível.

Filmes de ruptura geram incompreensões. Na alvorada do Cinema Novo, Ruy Guerra deixou de lado o ponto de vista das pessoas de bem e filmou *Os cafajestes* com o olhar dos malandros envolvidos pela droga. O cardeal do Rio de Janeiro queixou-se ao governador (Carlos Lacerda, impulsionador do cinema, porém mau cinéfilo) e, à luz do sol, a polícia interrompeu as projeções na Cinelândia, sequestrando as latas de película. Guerra inovava, sob influências da Nouvelle Vague francesa, mas o público só se empolgaria com cenas cruas, como o nu frontal de Norma Bengell.

No longa-metragem fundador do Cinema Novo, *Barravento*, de 1961, o marginal Firmino (Antonio Pitanga), contestador da religiosidade popular, é porta-voz do cineasta. Ao longo dos anos 1960, o inconformismo social ilumina a violência de cangaceiros, jagunços e bandidos urbanos. Mensagens veladas ou explícitas eram exigidas como aval de integridade em abordagens das desigualdades sociais.

Em 2002, diante de *Cidade de Deus*, ainda há críticos que se escandalizam ao ver favelados com comportamento cruel. Seria preciso recadastramento do atestado de ética de Luis Buñuel? Para Buñuel (cujo *Os esquecidos* é um retrato cruel dos menores excluídos da Cidade do México), como para Ingmar Bergman, o mal não é subproduto de condições sociais perversas.

Desafortunados também são capazes de extrema crueldade, como Zé Pequeno, um dos protagonistas de *Cidade de Deus*. A tropa desse "rei do tráfico" está fora do alcance de qualquer ação de cidadania, palavra que aos seus ouvidos soa como *jingle* de showmício. Cabe lembrar, porém, que esse retrato cinematográfico é suave em comparação com os capítulos da guerra do tráfico em permanente exibição pela TV. Enquanto a televisão fragmenta a nossa percepção das comunidades acossadas pela guerra sem fim, o cinema concentra, adensa e oferece ao espectador sensível uma violência amadurecedora. O olhar novo de *Cidade de Deus* é de realizadores (trata-se de uma obra até certo ponto coletiva, que envolve participações inestimáveis de Katia Lund, a codiretora, do roteirista Braulio Mantovani, do diretor de fotografia César Charlone, do montador Daniel Rezende e outros) abertos a múltiplas influências. Pouco importa se a câmera, aqui e ali, revela inspiração de um gringo endiabrado como o Martin Scorsese de *Os bons companheiros*. Importa, sim, o coração pulsante por detrás da câmera. Importa, muito, a ausência de filtros ideológicos.

Arnaldo Jabor escreveu que "nós não vemos o filme; esse filme nos vê". Jogo de palavras sim, mas em busca de tradução para a incômoda (e inovadora) "mudança de eixo" nas relações do produto audiovisual com a favela. Nas poltronas, espectadores do lado certo, em dia com a lei e o fisco, estremecem. Não há ângulos "do lado de cá"! O ponto de vista, desde as páginas do romance, foi transferido para o impropriamente chamado "conjunto habitacional", cada vez mais empurrado para a condição de gueto. Agora, em película, radicaliza e atrai o espectador para o labirinto em que se transformou a simétrica proposta de moradia dos anos 1960.

Ao labirinto "habitacional", Meirelles e Mantovani respondem com uma narrativa-labirinto (uma estrutura orgânica, viva), que magnetiza de forma singular a participação do espectador. A extraordinária sequência de abertura interrompe-se no limiar de seu clímax (abre uma brecha no tempo para que o narrador, Buscapé, leve a plateia aos anos 1960 e 1970) e volta à tela e à retomada do seu núcleo nevrálgico no final. Nesse relato circular, outros círculos narrativos se abrem e se fecham, até o momento em que o anjo da morte abre suas asas sobre o rei do tráfico.

O século do cinema nos habituou a roteiros de começo, meio e fim, que evoluem pelas clássicas etapas de apresentação, confrontação e resolução.

Colar feito de histórias, o roteiro assinado por Mantovani (e reesculpido ao longo da produção com inúmeros aportes da equipe) embaralha inventivamente as contas; uma história deságua em outra história. Os três "atos" presumíveis de cada trama são estilhaçados e reesculpidos pela montagem. E de tal forma orquestrados que não podemos separar as dores e as alegrias dos viventes (até quando?) e as dos mortos. Foi "acusada" a influência de Quentin Tarantino, o cineasta de *Pulp fiction – Tempo de violência*, tão evidente quanto superada. A postura crítica, a emoção e o tempo são outros.

Cidade de Deus (com poucas exceções, como a sequência que revela os corpos das vítimas da chacina no motel, reminiscente do final de *Taxi Driver*, de Scorsese) sai dos trilhos das influências, principalmente na criação de um tempo dramático próprio. "Acredito que o que leva normalmente as pessoas ao cinema é o tempo: o tempo perdido, consumido ou ainda não encontrado", escreveu Andrei Tarkovski. Para o cineasta russo,

> o espectador está em busca de uma experiência viva, pois o cinema, como nenhuma outra arte, amplia, enriquece e concentra a experiência de um pessoa – e não apenas a enriquece, mas a torna mais longa, significativamente mais longa.

Creio que a busca e o encontro dessa "experiência viva" explicam (acima de qualquer excitação provocada pela técnica) o sucesso de público de *Cidade de Deus*.

(Texto publicado com o título "O olhar de *Cidade de Deus*", no *Jornal do Brasil*, 2002.)

Carandiru

O estrondoso êxito de bilheteria do lançamento de *Carandiru* (2003) reflete o brilhantismo da produção e os recursos materiais do *marketing*. Há razões intrínsecas para as filas nos cinemas, a começar pelo título, que evoca – em meio à maior crise da segurança pública – a sinistra história do complexo prisonal paulistano, onde, em 1992, 111 detentos foram mortos durante uma invasão por policiais militares. No clima pró-pena de morte perceptível nos grandes centros urbanos, episódios desse tipo, infelizmente, recebem aprovação de muitos. O que não diminui o risco enfrentado pelos produtores, já que a realização vê com simpatia ou piedade a maioria dos personagens encarcerados. Mas *Carandiru* é um filme pigmeu à sombra do tema gigante.

Em mais de 30 anos de cinema, Hector Babenco, argentino de nascimento, brasileiro por opção (naturalizado), realizou apenas oito longas-metragens ficcionais. Pelo menos cinco justificam o prestígio que detém, aqui e no exterior: *Lúcio Flávio, o passageiro da agonia* (1977), *Pixote, a lei do mais fraco* (1980), *O beijo da Mulher Aranha* (1984), *Ironweed* (1987) e *Brincando nos campos do Senhor* (1991). Destes, os dois primeiros estão entre as melhores produções brasileiras. *Lúcio Flávio* ousou mexer com os "esquadrões da morte" em plena ditadura militar. *Pixote* expôs admiravelmente o drama de milhões de menores marginalizados, muitos deles vítimas de extermínio organizado, como relata José Louzeiro no romance-verdade *Infância dos mortos*, que originou o filme. A realidade impregnou de tal modo essas obras, que Fernando Ramos da Silva, o ator-personagem que comoveu plateias em toda parte, caiu na delinquência e foi assassinado por policiais, anos depois, em São Paulo, quando se escondia debaixo de uma cama. A comunhão de Louzeiro com as dores dos desvalidos contagiou Babenco. E gerou um aparente paradoxo: o do produtor ético e profissional disciplinado com predileção por situações de marginalidade nas quais, no extremo da discriminação, do desamparo e até do risco de vida, os indivíduos geram uma solidariedade cálida, sem sentimentos de estufa.

A expectativa do clímax em *Carandiru*

O artista Babenco, de certa forma, cumpre sentença com suas criaturas. O encarceramento é motivo recorrente em sua obra. Em *Pixote*, no reformatório sem nome. Em *Lúcio Flávio*, no xadrez comum, que será a insuspeitada "câmara de execução" do fora da lei. Em *O beijo da Mulher Aranha*, a cela conflituosamente compartilhada pelo subversivo e pelo homossexual, ambos à mercê do arbítrio e da tortura. Em *Ironweed*, o jugo do alcoolismo que reaproxima dois seres "náufragos" no limiar da mendicância. Em *Brincando nos campos do Senhor*, as algemas do fanatismo religioso na Amazônia indígena, sob ameaça de genocídio.

Depois de *Coração iluminado* (1998), de clima argentino, *Carandiru* assinala a reaproximação entre Hector Babenco e os textos brasileiros, por intermédio de *Estação Carandiru*, as "memórias do cárcere" escritas pelo doutor Drauzio Varella, médico que trabalhou como voluntário, a partir de 1989, na Casa de Detenção de São Paulo. O cineasta, paciente do autor-oncologista, teve acesso aos originais do livro antes da publicação e decidiu adaptá-lo à tela. Curado de sua enfermidade, Babenco caiu vítima da sedução de *Estação Carandiru*, mina de observações extremamente ricas sobre a vida prisonal. Acreditou que nas páginas do médico havia receitas infalíveis para um excelente filme. Ora, o livro era uma parada perigosa, distante de qualquer plataforma (ou estrutura) para criações cinematográficas. "O Drauzio nem pensava que esse livro pudesse virar um filme", disse Babenco. Mais de 20 anos depois de *Pixote*, o cineasta viu-se diante do desafio de compreender e adaptar à dramaturgia audiovisual uma multidão de personagens reais, filhos de uma realidade caótica, sem pontos de contato visíveis com o universo iluminado e organizado dos relatos cinematográficos. As quase 300 páginas documentais do *best-seller* nunca ambicionaram emparelhar com o material dos escritores antes utilizados pelo cineasta. Nada tão rico quanto as tragédias dos humilhados e ofendidos de José Louzeiro; a interface de onirismo e racionalidade de Manuel Puig (*O beijo da Mulher Aranha*); o mergulho existencial de William Kennedy (*Ironweed*) ou o sopro épico de Peter Matthiessen (*Brincando nos campos do Senhor*).

Babenco julgou existir uma "estrutura narrativa" na floresta de observações impressionistas que parecem pequenas crônicas do cotidiano no livro *Estação Carandiru*. Isso explica o excesso de confiança que o levou ao roteiro fragmentário escrito em parceria com Fernando Bonassi e Victor Navas.

Primeiro equívoco: Drauzio Varella deixou de ser o *meneur du jeu* da trama, seu nome sequer é mencionado em cena (referem-se a um "doutor"), mas um médico de poucas palavras está na tela como catalisador das confidências dos presos. Resultou um personagem muitas vezes decorativo, apático, pouco mais dramático do que um gravador, embaraçoso para o ator Luiz Carlos Vasconcelos, que se esforça para demonstrar alguma humanidade com um esboço de sorriso congelado: simpatia ou esgar irônico? Ele só tem um momento expressivo, aliás literalmente transposto do livro: o não reconhecimento pelo guarda do plantão noturno, momento em que se sente preso como os sentenciados.

Segundo equívoco: embora sob inspiração do livro, o roteiro trivializa situações que pediam mais elaboração. Várias experiências individuais passam à tela superficialmente, como se os intérpretes não sentissem chão firme no roteiro. O "bígamo" Majestade (Ailton Graça), sua mulher, Dalva (Maria Luisa Mendonça) e a "outra", a prostituta Rosirene (Aída Lerner), parecem saídos de alguma comédia erótica. O esforço dos atores, em especial a revelação de Ailton Graça, nem sempre consegue colar esses personagens na pele realista do filme. Rodrigo Santoro, estupendo em *Bicho de sete cabeças*, de

Laís Bodansky, não pode fazer o milagre de salvar seu travesti, Lady Di, do ouropel caricato que também envolve (menos) o excelente Gero Camilo (no papel do humaníssimo Sem Chance). Episódios como esses dois solapam a consistência do painel, no qual têm real vigor as desventuras de Seu Chico (Milton Gonçalves, autêntico), Claudiomiro (Ricardo Blat), Zico (Wagner Moura), Nego Preto (Ivan de Almeida, admirável) e, com algum exagero, Peixeira (Milhem Cortaz).

Para quem conhece a excelência de Babenco na direção de atores, as indecisões do elenco de *Carandiru* são desconcertantes. E também compreensíveis: há diálogos que não casam com a formação dos personagens. Há bravura em boa parte do elenco. Mas não se vê na tela a mão do mesmo cineasta que dirigiu o menino Fernando de *Pixote* e o William Hurt (Molina) de *O beijo da Mulher Aranha* (atuação com que conquistou um prêmio em Cannes e um Oscar).

Perto de doze páginas do livro correspondem aproximadamente aos 12 minutos (finais) no filme. É o espaço dado ao levante do Pavilhão Nove, invadido pela PM. "O ataque foi desfechado com precisão militar: rápido e letal", escreveu Varella. "A violência da ação não deu chance para a defesa." Pela versão oficial, morreram 111 detentos no pavilhão. Segundo os presos, "foram mais de 250, contados os que saíram feridos e nunca retornaram", relata o escritor. "Nos números oficiais não há referência a feridos. Não houve mortes entre os policiais militares."

Há dois filmes nos 146 minutos de projeção. Os efeitos de plano aéreo sobre a cidade e de *zoom* "mergulhando" no Carandiru (técnica digital), somados às sequências finais, caracterizam um documentário de reconstituição. Os demais 130 minutos, aproximadamente, constituem cinema de ficção. O final, embora esperado, deixa muita gente atônita. Não há, na tela, causa e consequência. Como no roteiro só há precedentes de presos que matam outros presos, a chacina cinematográfica sataniza sem remissão a PM.

Carandiru tem falhas nunca vistas antes em filmes do diretor, apesar do capricho habitual nas produções de Babenco e de Flávio R. Tambellini. A implosão (real) dos pavilhões do Carandiru, inserida na montagem, aliviou os cartões-postais de São Paulo. Temo que os lances teatrais, o humor e os diversos retratos pitorescos em tela tenham trivializado os destinos das vítimas e dos sobreviventes. De certo modo (sem nenhuma intenção por parte de Babenco), já começou a implosão da memória do Carandiru.

(Texto publicado com o título "Implosão da memória do Carandiru", no *Jornal do Brasil*, 2003.)

O homem que copiava

Quando se fala em cinema gaúcho vêm à mente os horizontes dos pampas e os personagens de Erico Verissimo, como *Um certo Capitão Rodrigo* (1970), adaptado por Anselmo Duarte, ou *Ana Terra* – originária de *O continente* (1971) –, levada à tela por Durval Garcia. Mas estas e outras produções foram empreendimentos do eixo Rio-São Paulo, assim como o belíssimo *A intrusa* (1980), que Carlos Hugo Christensen buscou na literatura de Jorge Luís Borges. A atual safra de bons filmes do Rio Grande do Sul é consequência do ciclo regional surgido nos anos 1980 e que culminou com uma obra-prima de impacto internacional, *Ilha das Flores*, Urso de Prata de melhor curta-metragem no Festival de Berlim de 1990. Seu realizador, Jorge Furtado (muito mais assíduo em produções requintadas da TV Globo), volta em grande forma à tela grande em 2003: *O homem que copiava*.

Ilha das Flores, com sua opção pela forma de documentário *fake*, inaugurou um estilo bastante pessoal de filme-colagem, que reencontramos em seu novo lançamento. Ao contrário do medíocre e caprichoso *O fabuloso destino de Amélie Poulain*, de Jean-Pierre Jeunet, badaladíssimo na rota Paris-Los Angeles (chegou a receber indicação ao Oscar de melhor filme em idioma estrangeiro), com estrutura inspirada em *Ilha das Flores*, *O homem que copiava* tem personagens reconhecíveis, calorosos, enraizados em seu mundo, aqui e agora.

Este segundo longa de Jorge Furtado para cinema, assim como o primeiro, *Houve uma vez dois verões* (2002), não deixa dúvidas sobre o prazer do cineasta em contar histórias mesclando elementos de drama e de comédia, com certos toques ásperos, amargos, mas sem medo de situações românticas. Sua convicção quanto à necessidade de chegar ao grande público foi avalizada pela maioria de seus trabalhos para a TV Globo, como dois episódios de *A comédia da vida privada* (a partir de Luis Fernando Verissimo) e o roteiro para a extraordinária minissérie *Agosto*, sob as vistas do autor do livro, Rubem Fonseca. A criação artística é compatível com o entretenimento, como o cineasta sinalizou no começo do trabalho-cumplicidade com Leandra Leal (intérprete de Sílvia, a garota dos sonhos do homem-copiador): "Tão importante quanto fazer um bom filme é se divertir fazendo um bom filme".

Os contadores de histórias exerceram esse ofício durante milênios, tornando a originalidade absoluta praticamente impossível. Ingmar Bergman disse que não conhecia o clássico *A regra do jogo*, de Jean Renoir, quando fez *Sorrisos de uma noite de verão*. Isso não impediu que vários críticos vissem uma ponte entre a narrativa do francês e a do sueco. Furtado não tinha visto o polonês *Não amarás*, da série *Decálogo*, que revelou Krzysztof Kieslowski. Apesar disso, admite que o projeto *O homem que copiava*, em seu primeiro tratamento, tinha "algumas coisas parecidas", e que "ainda tem", depois das mudanças que introduziu no roteiro. O rapaz perturbado, *voyeur*, solitário, que invade armado de luneta a vida de uma bela e infeliz vizinha em *Não amarás*, tem coincidências com André (Lázaro Ramos), 20 anos, operador de xerox numa papelaria de Porto Alegre. Como o *voyeur* de Varsóvia, o herói de Furtado tem mãe pobre, que se preocupa com ele; está à beira da paranoia; e vê, pelo retângulo da janela, ocorrências que o levam a inquietar-se com o cotidiano de Silvia, 18 anos, balconista de uma loja de roupas e estudante.

O parentesco nobre (assim como o de Kieslowski, que refletiu *A janela indiscreta*, de Alfred Hitchcock) não desvia *O homem que copiava* de seu fluxo personalíssimo. O intimismo é apenas um dos segmentos da forma do filme, que não se inibe ao inspirar-se ou citar uma fauna variada de artistas, de Shakespeare a Xavier de Maistre, de Andy Warhol a Alain Resnais. Essas inspirações não se extrovertem de maneira esnobe, como em certa tradição de "filme de autor" que não dispensa as passarelas dos festivais internacionais. Roteirista acima de tudo, Furtado sabe reciclar suas paixões literárias e audiovisuais em linguagem cinematográfica. E passar suas ideias através da linguagem específica deste filme.

Vacinado contra receitas prontas de roteiro, o cineasta valoriza um ofício anterior à própria invenção do cinema: a dramaturgia. Antes de urdir a trama é preciso "descobrir" o que move os personagens. Antes de moldar a galeria de personagens, impõe-se fixar o conceito e o desenvolvimento do personagem principal. Especialmente no caso desse filme, já que ele é a matriz de todo o "restante" da obra. Mais do que o outro personagem recente de Lázaro Ramos, *Madame Satã*.

Também negro (mas Furtado não buscava um ator negro, e sim talento especial) e excluído, André começa (já na primeira cena) em choque com as regras, como o personagem do filme de Karim Aïnouz: como só dispõe de uns poucos reais, atrasa com seus desejos e cálculos a fila do supermercado, numa aritmética na qual, para levar uma caixa de fósforos, terá que abrir mão de um peso de carne. Ele está à margem do consumo, como os outros três personagens, que não podem largar a ideia fixa de ganhar muito dinheiro: além de Sílvia (que perdeu a mãe e quer viajar para longe daquele que não aceita como pai), Marinês (Luana Piovani, que diz fazer "tudo" com os namorados, menos transar, porque tem o sonho de um casamento rico) e Cardoso (Pedro Cardoso, balconista de antiguidades fajutas, que vai aceitar a fórmula de enriquecimento que nasce acidentalmente na copiadora da papelaria).

Pode-se discutir se a primeira parte do filme – quase meia hora até chegar ao desenho completo do personagem central – privilegia demais André. Seguramente o roteiro, seguindo a ideia inicial do autor, repete e repete o impasse do protagonista, assim como a copiadora repete e repete os textos e desenhos que aguçam sua curiosidade. A capacidade de multiplicar vai levar o "herói" a esboçar a solução para sua necessidade de 38 reais, tentando reproduzir uma cédula de 50 reais.

Obra de ourivesaria aperfeiçoada ao longo de cerca de cinco anos, o roteiro elabora obstáculo a obstáculo, conflito a conflito – sempre com muito humor. Por exemplo: para falsificar a nota, André precisa conseguir, sem demora, uma nota autêntica, que para ele e seu futuro cúmplice, Cardoso, é dinheiro demais. Como *Houve uma vez dois verões* e *Durval Discos*, de Anna Muylaert, *O homem que copiava* nada entrega de bandeja, cardápio pronto. As iguarias surgirão no "lado B" da narrativa, que surpreenderá o espectador, em nenhum momento deixando de fornecer dados compatíveis com os conflitos em evolução.

Todos os personagens oferecem uma boa dose de surpresa. Alguns, pela coragem inesperada para enfrentar riscos no "errado" da linha que separa a lei e o delito. Outros, pela mistura de cálculo e afeto. Longe de ser um diretor-estrela, Furtado escreve para os atores, deixa que a história se incorpore em cada um deles. Apenas Lázaro Ramos, que se projetou como intérprete depois do nascimento do projeto, não estava "ali" durante a elaboração do roteiro. Daí o envolvimento diferenciado dos atores no filme, que pode ser exemplificado com uma observação de Pedro Cardoso: "O meu trabalho não é fazer o meu personagem; o meu trabalho é fazer um personagem na dinâmica da história".

A fragmentação da realidade, do conhecimento dos desejos (condicionados pelas mensagens de consumo), da própria vida corrente das pessoas (cercadas de cópias e matrizes de mercado e pelo fracionamento de seu tempo livre), está no âmago do filme e determina seu estilo. Em *Ilha das Flores*, os famintos são livres para buscar no lixo a hipótese de sobrevivência. Em *O homem que copiava*, André está livre para decorar conhecimentos enquanto o papel entra e sai da máquina. Resta-lhe a possibilidade de sonhar e de – fazendo uma colagem de sonhos alheios – tentar "redistribuir" as benesses que alguns têm de sobra. É apenas um filme, uma ficção, mas Jorge Furtado não se preocupa em injetar moralismo nas transgressões dos personagens.

(Texto publicado com o título "O outro lado da narrativa", no *Jornal do Brasil*, 2003.)

Durval Discos

Durval Discos, de 2002, assinala a estreia de Anna Muylaert como diretora e roteirista em longa-metragem. É um cartão de visitas surpreendente, mesclando gêneros e não se amarrando a nenhum rótulo. Querem humor inteligente? Não percam. Preferem um suspense insólito? O filme oferece. Apreciam uma boa crônica de costumes? É uma das faces de *Durval Discos*. Anna Muylaert entra decidida no time das mulheres que estão quebrando os tabus machistas da pátria.

A misogenia foi denominador comum na formação de equipes de produção nos regimes totalitários e é um traço comum nos movimentos de ruptura, como o neorrealismo italiano e o Cinema Novo brasileiro. Até os anos 1970, o machismo dominou a indústria cinematográfica. Mesmo na profissão quase exclusiva do olhar feminino, a de continuísta (responsável pela continuidade de detalhes na sucessão de planos e cenas), o comportamento preconceituoso atingiu as mulheres por meio do jargão profissional. A continuísta já foi sistematicamente chamada de *script-girl*, que rima com etiquetas machistas como *pin-up girl* e *taxi-girl*. Em alguns países sua função-chave não impede que escondam seus talentos sob crachás burocráticos: é secretária de cena na Alemanha e secretária de edição na Itália.

Os homens fechavam os olhos ante a ascensão de assistentes, editoras, figurinistas. Hoje a invasão feminina é irresistível: permanecem "masculinas" apenas algumas funções técnicas como a fotografia e a técnica de som. Anna

Muylaert trabalhou desde 1996 no roteiro de *Durval Discos*, que, tendo recebido um prêmio no concurso do Festival de Sundance, nos Estados Unidos, passou por análises em um laboratório de dramaturgia e recebeu sugestões de um punhado de roteiristas. Nada disso transparece na tela. A estrutura narrativa é sóbria, enxuta, sem sofisticações modernosas ou pós-modernas. Há quem lembre afinidades irrelevantes com *Alta fidelidade* (2000), dirigido pelo inglês Stephen Frears, com John Cusack interpretando o dono de uma loja de discos raros de Chicago, que vive às voltas com suas carências afetivas. Bom diretor, Frears não evitou alguns excessos verbais debitáveis à origem teatral da história.

No polo oposto ao *point* de Chicago, a lojinha do bairro paulistano de Vila Madalena, Durval Discos, é mania, meio de sobrevivência e refúgio de seu dono quarentão, excelentemente retratado pelo ator Ary França (até então entrevisto em discretas aparições em filmes e programas de TV). Durval se recusa a trabalhar com CDs. Só vende "velharias" de vinil, entre as quais, de vez em quando, alguém encontra gravações pré-globalização de Tim Maia ou Caetano Veloso. Fregueses raramente aparecem. Quando chegam, estão à cata de CDs ou de papo furado.

O monossilábico e malpronto Durval é claramente alguém que desistiu de enfrentar os desafios da cidade grande e dos relacionamentos. Vive sozinho com dona Carmita, mãe bem idosa e possessiva (Etty Fraser, nascida para o papel), que passa o tempo todo cuidando da casa – à vista de todos, porque não há separações entre lar e loja. A mútua dependência é aceita, até o dia em que os lapsos de memória de Carmita deixam o filho sem suas comidinhas favoritas.

A cenografia, admirável, dispensa diálogos expositivos: a dupla vive visivelmente em uma prisão sem carcereiros. Ele carrega a responsabilidade de cuidar da mãe; ela, em eterna vigilância, exaure-se com os afazeres domésticos.

Discretamente, logo na conversa inicial, à mesa, o roteiro insinua a esclerose de Carmita que, embora ciosa do controle total sobre Durval, não tem como recusar a proposta de contratarem uma empregada. Encontram Célia (Letícia Sabatella), bonita, prendada, educada, amável, que, estranhamente, aceita o salário de cem reais. O gráfico afetivo oscila a partir daí. Durval se encanta por Célia. Mãe e filho admiram as coxinhas recheadas que, na verdade, são compradas prontas em sigilo. Dona Carmita passa a se sentir uma coadjuvante meio apagada, sem os olhares exclusivos de Durval, até que a moça vai "viajar por dois dias" e pede que tomem conta de uma menina, "sua filha", que "não dá nenhum trabalho". Dona Carmita cai de amores pela irrequieta menina. Durval torna-se figurante em casa, mas partilha da nova vida doméstica, satisfeito – até certo ponto – com o que lhe parece um rejuvenescimento mental da mãe. A essa altura, a plateia começa a segurar o riso. E entra em suspense a partir do momento em que ficam evidentes os planos nada culinários da empregada vivida por Sabatella.

O roteiro exibe, então, seu "lado B" e, cerca de trinta minutos depois, surpreende a plateia com a perspectiva de um "lado C". Impulsos criminosos atravessam a velha casa de Vila Madalena. Tudo parece ocorrer por acaso, independentemente da vontade dos personagens. Anna Muylaert, dirigindo com segurança e coerência absolutas, tem o bom senso de não trocar em miúdos as sinuosidades secretas da trama. Quando o filme termina, permanece o mistério humano, embora a plateia possa encontrar explicações para a subtrama melodramática (sob o comportamento da empregada), que o roteiro não deixa aparecer na tela. Se há uma influência decisiva no filme, não é de Alfred Hitchcock, e sim, de Luis Buñuel, o mestre surrealista.

A apresentação do filme, feita com *steady-cam* (câmera presa ao corpo do operador) e movimentos de grua, pode criar a falsa expectativa de que *Durval Discos* será outro filme brasileiro com a sofisticada tecnologia visual de *Cidade de Deus*. Nada disso. Toda a narrativa da modestíssima produção é resolvida em planos-sequência que enfatizam o aprisionamento dos personagens na lojinha sem futuro que, nas imagens finais, será demolida para a modernização da área urbana. No uso de cenografia fechada e planos-sequência, *Durval Discos* lembra o poder de concentração dramática de *Céu de estrelas*, o filme revelação de outra paulista, Tata Amaral.

As paulistas Muylaert, Tata Amaral, Laís Bodansky (do expressivo *Bicho de sete cabeças*) – como Ana Carolina a partir dos anos 1970 – deram contribuições vigorosas ao novo impulso do cinema brasileiro. Mas, este, provavelmente, lutaria com maiores obstáculos de mercado se, em 1995, Carla Camurati não tivesse produzido o popular *Carlota Joaquina, princesa do Brazil*, feito com orçamento anedótico, sem grandes ambições – o fenomenal sucesso que reconciliou as plateias com a produção nacional.

(Texto publicado com o título "O cinema das mulheres", no *Jornal do Brasil*, 2003.)

Desmundo

A realização mais feliz de Alain Fresnot como diretor ainda é *Ed Mort*, de 1997, puro entretenimento, transfusão da veia humorística de Luis Fernando Verissimo. Fresnot também atua como roteirista e produtor. Os atributos destas funções garantem o que há de brilhante em *Desmundo*, adaptação do romance de Ana Miranda: uma fonte ficcional muito rica, técnicos de alto nível, trilha musical excelente (de John Neschling); e o diretor mostra-se empenhado em criar um espetáculo visual e dramaticamente de exceção. O que faltou para um filme convincente? Paradoxalmente, faltou *Desmundo*. O essencial do romance está ausente da tela.

Os recursos financeiros permitiram uma recriação física expressiva do pré-Brasil de cerca de 1570 (no romance, 1555). Sob as bênçãos dos diretores de arte Adrian Cooper e Chico Andrade, materializa-se uma vila do século XVI. Cenários, costumes e caracterizações denotam pesquisas primorosas na reconstituição do passado remoto. A preocupação com a veracidade levou a uma "recriação" da língua portuguesa: precisamos das legendas para compreender as falas, pois os personagens se comunicam no que a produção anuncia ser o idioma arcaico dos primeiros colonizadores. O elenco (Simone Spoladore e Osmar Prado à frente) parece formado por gente que cresceu falando dessa forma primitiva.

No entanto, apesar da bravura profissional da equipe e da maior parte do elenco, *Desmundo* não escapa de certa frieza como cinema. Falta um sopro de vida mais convincente. É um dos filmes brasileiros que, involuntariamente, deixaram-se contaminar por elementos da criação televisiva. Muitas sequências parecem compartimentos estanques, sem aquela torrente de continuidade característica do cinema. E isso ocorre numa época em que a televisão ousa adotar, com frequência cada vez maior, ferramentas da narrativa cinematográfica. Os filmes, às vezes, perdem no paralelo. A vibração e o ritmo da minissérie *A muralha*, inspirada no livro de Dinah Silveira de Queiroz e lançada pela TV Globo em 2000 (para lembrarmos um projeto que apresenta certas afinidades com *Desmundo*), superam o que nos transmite o filme de Fresnot.

Desembarca no Brasil um grupo de órfãs enviadas pela rainha de Portugal para desposar colonizadores lusos, reduzindo o risco de acasalamento com nativas. Entre aquelas, está Oribela (Simone Spoladore), religiosa, sensível e bela, que cospe no rosto do primeiro pretendente e é entregue ao dono de um engenho de açúcar, Francisco de Albuquerque (Osmar Prado). Possuída como um bicho, a jovem acaba conquistando o coração do dono, solitário em sua casca de brutalidade e cupidez. Oribela estranha a terra, as gentes, os costumes. Insiste em tentar retornar a Portugal. Caçada, acorrentada, reincide e invade a casa de um mercador de escravos (Caco Ciocler), que teme tanto devolvê-la ao marido quanto mantê-la escondida. Surge uma atração entre eles, enquanto Francisco, enfurecido e sofrido, devassa toda a região com seus homens armados.

O roteiro de Sabina Anzuategui e Fresnot (com vários outros colaboradores) parece buscar sinceramente a essência do livro homônimo de Ana Miranda. Todos, porém, estavam condenados ao desencontro, dada a natureza irredutivelmente literária do texto original. Diante de uma situação comparável, quando trabalhou na transposição do romance *Lavoura arcaica*, de Raduan Nassar, o diretor Luiz Fernando Carvalho concebeu uma forma de passar o texto quase integralmente à trilha sonora do filme, sem afogar em literatura sua linguagem fílmica. O genialmente inventivo *Lavoura arcaica* é um fenômeno singular no panorama mundial do cinema. Porque toda obra radicalmente literária (com raríssimas exceções) sofre de rejeição nos "transplantes" para a tela. Seria demais exigir de Fresnot façanha semelhante.

Na impossibilidade de adaptar a criação de Ana Miranda, o roteiro de *Desmundo* pinça três dos personagens principais, além de alguns secundários (a insinuação de uma ligação incestuosa mãe-filho não passa de sinalização sem consequência), lança mão do gráfico de brutalização, atração, fugas e perseguições, que tem Oribela como protagonista e – na soma – fica na epiderme de tudo. Está especialmente prejudicada a relação original, literária, entre Ximeno (o mercador de escravos) e Oribela.

"Dá a mim a graça de muitas lágrimas com que lavar o meu sonho, maior que meu corpo", reza Oribela. A sensualidade pressentida, e que não é exposta até uma das partes finais do livro, transmite-se para a tela por graça de Simone Spoladore, uma das revelações de *Lavoura arcaica*. Mas não seria possível transmitir muito mais. "A vista de uma colina distante tangeu dentro do meu coração música de boas falas, com doçainas e violas d'arco, a ventura mais escondida clareia a alma", expressa-se a personagem no idioma literário de Ana Miranda.

> Ali estava bem na frente a terra do Brasil, eu a via pelos estores treliçados, lustrada pelos sol que deitava. (...) Verdadeira? Tão pequena quanto pudesse eu imaginar, lavada por uma chuva de inverno, verde, umas palmeiras altas no sopé, por detrás de nuvens de tapeçaria, véu de leve fumo. (...) espantada que a alegria pudesse entrar tão profundamente em meu coração, em joelhos rezei. Deus, graças, fazes a mim, tua pequena Oribela, (...) um coração novo e um espírito de sabedoria, já estou tão cegada pela porta de meus olhos que nada vejo senão deleitos, folganças do corpo, louvores, graças prazentes e meu coração endurecido, entrevedo sem saber amar ou odiar. Assim como o azeite acende o lume, a vista acende o desejo.

A narrativa do romance se alimenta de Oribela, de seu sonho de vida irrealizado e irrealizável. O diretor de fotografia Pedro Farkas (de *A ostra e o vento*) realizou um trabalho admirável. Mas a câmera não tem acesso ao sonho que é a existência (literária) de Oribela.

Projetado para participar do calendário de comemorações oficiais dos "500 anos do descobrimento do Brasil", *Desmundo* (cuja produção não se efetivou a tempo) cai na armadilha do cinema patrocinado. Um título nobre, um texto primoroso, uma escritora de prestígio tornam menos difícil o acesso aos indispensáveis recursos. Depois, esperam-se milagres de roteiristas e diretores. Fresnot consegue apenas um filme atraente, bonito. É curioso observar que a carreira de atriz que Ana Miranda (então Ana Maria Miranda) trocou pela criação literária inclui outros filmes ambientados no Brasil Colônia: *Como era gostoso o meu francês*, de Nelson Pereira dos Santos, e *Anchieta, José do Brasil*, de Paulo Cesar Saraceni.

(Texto publicado com o título "*Desmundo* sem clima", no *Jornal do Brasil*, 2003.)

Ônibus 174

Um filme sobre o ônibus 174? Um documentário longo com aquelas imagens exaustivamente transmitidas pela TV aberta? Minha primeira reação foi programar cautelosa distância das salas exibidoras. Surpreendentemente, *Ônibus 174* é um projeto muito bem-sucedido, cuja significação ultrapassa o *status* de produto cinematográfico. É uma experiência que autoriza o uso da palavra "obrigatória". Quem não assistir, ficará excluído das discussões que o filme está (e continuará) provocando. Ele será referência permanente sobre as fontes da violência (urbana, principalmente), a questão da segurança pública e o drama da exclusão, que ricocheteia na vida de todos os escalões sociais.

Em junho de 2000, no Rio de Janeiro, o jovem Sandro do Nascimento, 21 anos, sobrevivente da chacina da Candelária, embarcou armado no ônibus Gávea-Central. Quando o motorista fugiu, atraindo a atenção da polícia, o rapaz implantou o terror entre os passageiros reféns. Durante cerca de cinco horas, gritando exigências confusas e cambiantes (pistolas, granadas, além da irrisória soma de mil reais), ele pareceu aos telespectadores, hipnotizados pelas transmissões ao vivo, um furioso assassino, talvez psicopata, certamente drogado, alguém "de parte com o diabo".

O episódio permaneceu na retina de milhões de pessoas. Um ônibus ancorado no bairro do Jardim Botânico. Cercado por dezenas de policiais estressados, muitos deles recém-saídos de operação bélica em um morro da Zona Sul, impotentes para negociar com aquele gato escaldado de instituições correcionais e carceragens infernais. Ao telefone, um governador (Anthony Garotinho) dado a bravatas, mas inseguro em relação às suas próprias forças de segurança pública. Ao redor, as câmeras de TV, com seus efeitos mitificantes, principalmente sobre indivíduos em situações extremas de infortúnio e tensão social. Todo esse teatro do absurdo só poderia terminar de forma grotesco-trágica ao lado da panela de pressão que era a multidão possuída pela pressa de "justiçamento".

Na maior parte do tempo, sequências em estilo de reportagem investigativa dominam a projeção de *Ônibus 174*. A produção despressuriza as cenas originárias de imagens ao vivo cedidas por emissoras de TV, cortando para testemunhos (de policiais, ex-reféns, jornalistas, jovens de rua, estudiosos da violência urbana e coadjuvantes do passado marginal e familiar do assaltante), numa logística que induz a plateia à reflexão. Exemplar, neste sentido, é a reinvenção do tempo nas cenas que mostram as indecisões do marginal dentro do ônibus e a fase final do sequestro. O filme esmiúça – reeditando e utilizando a câmera lenta com talento – a saída não prevista de Sandro com um de seus escudos humanos, a movimentação das partes em conflito à porta do ônibus e a desastrosa solução final do policial que feriu o sequestrador, induzindo-o ao disparo fatal na refém.

É compreensível que, depois de tão valoroso trabalho investigativo, os responsáveis pela produção tenham decidido montar um documentário de metragem superior à habitual no gênero. Os 128 minutos (da edição adotada no lançamento brasileiro) me parecem excessivos, embora não existam momentos levianos, inúteis ou sensacionalistas. Certo é que nada se fez de socialmente tão importante, na área do longa-metragem, desde *Cabra marcado para morrer* (1980-1984), do exemplaríssimo Eduardo Coutinho.

Por que o sequestrador se exibiu tão reiteradamente nas janelas do ônibus? Por que encenou estar sob possessão demoníaca, com a cumplicidade forçada de duas reféns, quando se sabe que ninguém foi ferido até o momento da descida do ônibus? Entre outras revelações, as pesquisas descobriram, com a mãe adotiva de Sandro, que ele falava em vir a ser "alguma coisa na vida", que queria ser um artista. ("A senhora ainda vai me ver na televisão fazendo sucesso.") Sob o cerco das armas e das câmeras de TV, Sandro finalmente posou como "alguém", a ponto de parecer um *serial killer* subnutrido. Como fogo-fátuo dos bandidões mortos no vídeo ou na telona, jamais seria um Bruce Willis negro, "duro de matar". Como no caso de Fernando Ramos da Silva, cuja imagem civil se confundiu com a do protagonista de *Pixote*, *a lei do mais fraco*, sua morte seria invisível e inconfessável – quando "enfim sós" com os policiais armados.

Os pesquisadores da produção vasculharam registros de toda a vida de Sandro. Não encontraram atos de violência extrema ou de tentativas de homicídio. Mas ele sofreu com a violência desde criança, quando testemunhou o brutal assassinato da mãe. Sua capacidade afetiva é demonstrada no depoimento sobre sua inserção na vida de uma moradora da favela Nova Holanda, no Rio de Janeiro, que o acolheu como um filho e acompanhou, sozinha, seu funeral.

Por documentário de tanta significação social e humana, além de profissionalmente brilhante, cabem agradecimentos públicos a José Padilha, diretor, a Felipe Lacerda, codiretor e montador, a Marcos Prado, produtor (associado a Padilha) e ao coprodutor Rodrigo Pimentel.

Na TV, o caso horrorizou e ampliou o temor nos lados mais sombrios da população de rua – múltipla e não redutível a um denominador comum. No filme, encontramos um espelho do corpo social que nos tem como células. Não há como fugir à evidência de que, de alguma forma, estamos todos no 174.

O filme é de uma integridade à toda prova. Não ficcionaliza. Não recorre a simulações. Na preocupação de dar voz a todos, usa legendas para falas inaudíveis ou pouco reconhecíveis da humanidade de dentro e de fora do ônibus (colhidas por especialistas em leitura labial). Todas as partes em conflito estão representadas por protagonistas ou coadjuvantes do caso. Como Rodrigo Pimentel, ex-capitão do Batalhão de Operações Especiais (Bope) da Polícia Militar, que deixou a corporação depois de criticar a ação da polícia no sequestro, e se associou à produção do filme.

Depois da tragédia, constatou-se uma mudança: o ônibus 174 passou a chamar-se 158. Essa providência dispensa comentários.

(Texto publicado com o título "Estamos todos no *Ônibus 174*", no *Jornal do Brasil*, 2002.)

Madame Satã

Há três décadas Milton Gonçalves arrebatou quatro prêmios nacionais e alcançou patamar superior em sua carreira cinematográfica com o papel-título de *Rainha Diaba*, de Antonio Carlos da Fontoura. O teatrólogo Plínio Marcos e o cineasta foram buscar na mitologia da Lapa o marginal celebrizado como Madame Satã (1900-1976), e fizeram desse personagem, besuntado de sangue e de lantejoulas, protagonista do bem-sucedido *thriller* à carioca. Quem foi o homem por detrás do mito?

O primeiro longa-metragem do jovem Karim Aïnouz, *Madame Satã* (2002), fruto de anos de pesquisas, procurou muito mais do que a inspiração para uma trama inteligente e sedutora; quis abordar a questão da exclusão, e acabou respondendo muito parcialmente àquela curiosidade.

Distante do memorialismo, seu filme é incontestavelmente uma obra de arte. De muitas artes. A que mais surpreende (se tomarmos a liberdade de avaliar separadamente interpretação e direção) é a do ator Lázaro Ramos, 24 anos, que, em seu primeiro papel protagonista, abre um leque de talentos difíceis de encontrar em qualquer latitude.

Aïnouz admite que o personagem-título, presente em 99 por cento das cenas, confunde-se com o organismo da obra: "De certa maneira, o filme é o personagem". Quem entra com o corpo (e muito mais) é o ator. Portanto, há que considerar Lázaro Ramos um coautor do filme, talvez mais decisivo do que outro evidente coautor, o diretor de fotografia Walter Carvalho. Digamos que *Madame Satã* seria outro filme sem Carvalho. Mas, sem dúvida, não poderia existir sem Lázaro Ramos. Ramos impregna a tela com uma dor profunda e, ao mesmo tempo, com a energia de uma criatividade sempre pulsante. Que outra figura encarnaria melhor a dualidade da exclusão e da esperança – a marca de grande parte da gente brasileira desde sempre, o que, hoje, assoma aos olhos de todos com maior evidência? Em *Madame Satã* reafirma-se o tema da exclusão social como o grande denominador comum do cinema brasileiro do começo do século XXI, em uma colheita que reúne filmes como *Cidade de Deus*, de Fernando Meirelles, *Ônibus 174*, de José Padilha, e *Bicho de sete cabeças*, de Laís Bodansky.

FOTÓGRAFO WALTER CARVALHO

Lázaro Ramos revive Madame Satã

Para evitar decepções, teria sido útil frisar, na logística de lançamento, que não se trata de uma biografia. Por que o título *Madame Satã*? Karim Aïnouz focaliza João Francisco dos Santos em 1932, quando nem ele podia imaginar sua decolagem a alturas mitológicas. Nos minutos finais, há um salto para 1942, ano da primeira consagração pública: vencedor do concurso de fantasias de um bloco carnavalesco. O filme termina quando João Francisco ainda tem quase metade da vida pela frente. Mais de um terço da existência ele passou em prisões. Surgem na tela letreiros com informações como esta, sobre o sucesso do mito e sua morte em 1976. É um arremate excessivamente seco e formal.

Que estranha força faz um negro nascido doze anos depois da Abolição, negociado pela mãe, escravizado aos oito anos na Paraíba, emergir na boêmia e atuar profissionalmente em teatro, no Rio de Janeiro? Pobre, analfabeto, homossexual, seus sonhos de ser alguém trilharam caminhos arriscados como malandro e ladrão, leão de chácara e proxeneta, transformista e atração de cabaré da Lapa. Segundo a lenda, vencia destacamentos policiais no soco e na capoeira e fugia de carceragens com proeza de homem-aranha. Embaralhava fatos e balelas. Deste cipoal, o crítico de cinema Rogério Durst extraiu uma pequena biografia (da coleção Encanto Radical) cujas revelações fascinaram Aïnouz no início dos anos 1990.

O roteiro (com colaboração de Marcelo Gomes e Sergio Machado) abre mão de todos os caminhos fáceis: maniqueísmo, heroísmo, ganchos narrativos, sentimentalismo. É seco, sem abrir mão da afetividade entre os protagonistas. Diz-se que João Francisco chegou a ter casos com meninotas, mas o que aparece e avulta no filme é a "família" que formou com a prostituta Laurita (a extraordinária Marcélia Cartaxo, de *A hora da estrela*), sua filhinha, e Tabu (Flávio Bauraqui), travesti que faz serviços domésticos. Nessa dramaturgia severa, minimalista, não se firma nenhum antagonista. Não há conflitos épicos. João Francisco antagoniza a si próprio, quando se deixa levar por seu lado violento. Na cena de abertura, uma antecipação do futuro, o filme entrega a vida delituosa do personagem e a condenação de seus costumes livres: sozinho na tela, ele se limita a ouvir uma leitura de sua sobrecarregada ficha policial.

Estranhamente, Aïnouz deixou de fora os artistas frequentadores da Lapa, como Francisco Alves, Ismael Silva, Noel Rosa (que teria criado para João Francisco o *Mulato bamba*) e até o compositor Geraldo Pereira, cuja morte (natural) o "mito" da Lapa assumia entre seus feitos de valentão. Igualmente estranha é a ausência do Carnaval (excetuados os magníficos *flashes* do final), já que os personagens centrais são cultores do prazer e da alegria. Os cortes, que concentram a quase totalidade do filme no início dos anos 1930 e eliminam dezenas de figuras elegíveis sob o ponto de vista do espetáculo, têm explicações materiais e estéticas. "Foi naquele momento", diz Aïnouz,

> em que se apresentou um duplo rito de passagem para o personagem. Ele se firmava como estrela, realiza o sonho de ser amado no palco e, logo depois, cometia

um delito grave (...). Eu queria colar no personagem no momento anterior à criação do mito (de Madame Satã), compartilhar sua intimidade.

Ao falar da intimidade, que é a melhor maneira de construir o retrato de uma pessoa, o diretor escapa por um triz de cair na armadilha do naturalismo, fantasma que atrofiou muitas tentativas sérias do cinema carioca dos anos 1930 e 1940. O elenco imprime autenticidade às buscas do diretor. Quando falta cancha de cinema a um ator (o caso de Bauraqui), o naturalismo deixa o retrato no limiar da caricatura. Este personagem (Tabu) é salvo pela energia de suas sequências com Lázaro e Marcélia.

Finança e estética se entendem. Como abrir um panorama da Lapa de 1932, quando a assepsia urbanística ainda não a privara da condição de bairro à beira-mar plantado? Como abrir o leque da diversificada fauna humana, sem as circunstâncias financeiras e históricas que tornaram possível, por exemplo, *O boulevard do crime*, de Marcel Carné e Jacques Prévert? Surge aí a genial inventiva que tantas vezes surpreende ao longo da história do cinema brasileiro. A ideia de uma Lapa 80 por cento noturna encarece (por um lado, sobretudo pelo custo da iluminação) e enriquece (por outro) o projeto *Madame Satã*. As figuras humanas ganham calor visual e (não raro) *élan* poético em contraste com as sombras.

Surge aí, também, o poder de abstração da concepção fotográfica do genial Walter Carvalho. "Não é um filme de época, mas um filme sobre uma época", ele diz. "Nesse sentido, não procurei reproduzir uma época, mas representá-la através de sensações visuais. Teoricamente, os objetos e as paredes teriam o mesmo valor narrativo dos personagens." Como se estes "saíssem das umidades, do mofo e dos fungos daqueles ambientes".

A principal paisagem do filme é a do corpo, da expressão corporal de Satã/Lázaro – outra vitória das cores e luzes da direção e da fotografia, trabalhando a película (diz Aïnouz) "para que a textura da pele, a presença do corpo fossem absolutamente definidores do personagem. Seu corpo era sua única forma de expressão". A mitologia de João Francisco dos Santos pode gerar mais e melhores filmes. *Madame Satã* redime-se de algumas fraquezas com sensibilidade à flor da pele dos personagens. Para falar de exclusão e de resistência, o filme privilegiou o corpo, a última trincheira. É uma narrativa-corpo. Quem quiser, conte outra.

(Texto publicado no *Jornal do Brasil*, 2002.)

Dois perdidos numa noite suja

Em *Dois perdidos numa noite suja*, baseado na peça teatral de Plínio Marcos, o diretor José Joffily busca ser fiel ao espírito do original, mas assume escancaradamente as responsabilidades pelo desrespeito às construções do autor. O filme tem suas limitações, mas é uma agradável surpresa e, a meu ver, pode contribuir para o crescente interesse pelo cinema brasileiro.

Ao encarar essa produção, José Joffily tinha duas opções: adaptação livre ou refilmagem. O teatro de Plínio Marcos teve dois momentos muito fortes na tela: *Navalha na carne* (versão de 1969), direção de Braz Chediak, com a inesquecível Glauce Rocha, Jece Valadão e Emiliano Queiroz; e a versão de 1970 de *Dois perdidos*, também dirigida por Chediak, com Emiliano (que ressurgiu, excelente, em *Madame Satã*) e Nelson Xavier.

Joffily fez a opção certa. O que se convencionou chamar de "refilmagem" é o ato de tentar reproduzir um empreendimento anterior de criação cinematográfica. Artisticamente, uma operação absurda. Gus van Sant, por exemplo, levou a extremos delituosos seu *remake* de uma das maiores obras-primas de Alfred Hitchcock, *Psicose*. O sucesso de um filme pressupõe a fusão de talentos do diretor, do roteirista, dos artistas e técnicos em determinadas circunstâncias históricas, sociais e de mercado. A química do primeiro *Dois perdidos* teve êxito graças à produção de Jece Valadão (produtor do "choque" de *Os cafajestes*, realização de Ruy Guerra), à direção de Chediak (que depois se entregou a versões ralas de Nelson Rodrigues) e à íntima parceria do diretor com seus dois atores protagonistas na elaboração do roteiro.

Não vamos comparar o filme de Joffily com *Terra estrangeira*, a admirável criação de Walter Salles e Daniela Thomas. Mas sem ambicionar a latitude poética desta obra que refletiu o desgosto nacional com o Brasil de Fernando Collor, o roteiro de Paulo Halm (com colaboração de Gustavo Hernandez) carnaliza os dramas da carência de autoestima e os sonhos de afirmação dos brasileiros da virada do século, transportando os conflitos da peça de Plínio Marcos para as sarjetas da Nova York contemporânea, onde os protagonistas Tonho (Roberto Bontempo) e Paco (Débora Falabella) tentam encontrar sua segunda chance na vida.

A produção de José Joffily seria condenável se pretendesse passar por transposição da obra teatral. A manutenção do título original, apesar das alterações no original, seria pecado mortal se não houvesse, por parte da direção e do roteiro, a real preocupação de refletir a humanidade marginalizada, violenta e sofrida dos textos de Plínio Marcos.

Houve quem implicasse com aparição da Estátua da Liberdade, cartão-postal obrigatório para os turistas. Ora, seria "mercantil" mostrar a Fontana de Trevi em um filme com exteriores em Roma? O crítico Rodrigo Fonseca lembrou o excelente *Perdidos na noite*, do inglês John Schlesinger (1969), a propósito da narrativa de Joffily. De fato, são filmes quase irmãos, embora *Dois perdidos numa noite suja* não tenha o equilíbrio e o vigor cinematográfico da obra de um dos diretores estrangeiros que melhor visualizaram a Nova York dos perdedores. *Terra estrangeira* não é menos brasileiro pelo fato de se passar quase todo na península ibérica.

A alteração mais radical do roteiro, certamente a que mais incomodará os estudiosos da obra de Plínio Marcos, é a transformação do marginal Paco em mulher. Não desafortunada de berço (e isso o filme transmite admiravelmente mediante o comportamento da personagem em momentos-chave), a jovem que adota o apelido masculino e se prostitui fingindo ser homem constitui – apesar da "infidelidade" – um bom ajuste ficcional. A trama é violenta, amarga. Os diálogos não poderiam ser "limpos". Mas a representação masculina de Paco não significa uma jogada de perversão do filme; constitui uma evidência do bloqueio psicológico que mantém a personagem impermeável ao amor, ao longo da tensa convivência sob o teto invadido por Tonho.

Em alguns momentos, o empenho de Débora Falabella parece exceder os desejáveis limites de dramaticidade. Sua interpretação chega ao sublime.

Roberto Bontempo faz um Tonho um pouco imerso no sentimental, sem pieguice. Sua contribuição é fundamental à vitalidade do filme. Joffily não se entrega a um final feliz, mas as imagens finais transmitem um *relax* postiço em confronto com tudo o que se viu antes. Importantes para o resultado (até certo ponto, surpreendente) são os trabalhos de Eduardo Escorel (montagem), Nonato Estrela (fotografia) e David Tygel (música).

(Texto publicado no *Jornal do Brasil*, 2003.)

Central do Brasil

Valeu a pena esperar décadas por *Central do Brasil*. É o ápice da Retomada – como se convencionou denominar a fase de aquecimento do cinema brasileiro, a partir de meados dos anos 1990, após a "Era do Gelo" do período Collor. Não foi um desvario sonhar por tantas décadas com o advento de tão grande filme – o terceiro longa-metragem de Walter Salles, que se situa entre os filões mais autênticos de nossa produção, como os de Humberto Mauro, Nelson Pereira dos Santos e Hector Babenco.

Alguns momentos privilegiados da história do cinema nacional tiveram relação com a estação ferroviária da Central e proximidades, no coração sofrido do Rio de Janeiro. Logo ali, no morro da Providência, onde cresceu a primeira favela da cidade, o Mauro de *Ganga bruta*, patriarca de nossas imagens em movimento, filmou sua obra favorita, *Favela de meus amores* (1935), que conciliou a arte e os aplausos do público e sinalizou o futuro tropismo neorrealista do cinema nacional. No caminho de aprendizado para o apogeu de *Vidas secas*, no vaivém dos trens suburbanos, Nelson movimentou as esperanças de seu obscuro sambista Espírito da Luz Cardoso (Grande Otelo), de *Rio, Zona Norte* (1957), que, com *Rio, 40 graus*, iria estimular os batalhadores de um novo cinema. E na calçada da Central, o repórter José Louzeiro, sempre atento aos oprimidos e aos marginalizados, encontrou em suas rondas noturnas o menino de rua que seria uma das inspirações do romance *Infância dos mortos*, berço de *Pixote, a lei do mais fraco*, de Hector Babenco.

A identificação popular com *Central do Brasil* (1998) começou durante as filmagens. Fernanda Montenegro, metamorfoseada em Dora, a grande protagonista, instalou-se com a mesinha da escrevinhadora de aluguel no cenário-título. Não precisou esperar muito para que analfabetos usuários dos trens se misturassem aos intérpretes (não atores) contratados para ditar cartas destinadas a endereços longínquos do país. Já nessa abertura, pessoas comuns eram atraídas pelo sopro de realidade do filme, como os protagonistas e os roteiristas seriam imantados, em sequências posteriores, pelo contato com a gente do povo.

* * *

A realização de *Central* – aberta a improvisações e a "intromissões" autorais dos atores e de outros elementos da equipe – reflete algumas diretrizes do filme anterior, *Terra estrangeira* (1994), codirigido por Daniela Thomas, e radicalmente diverso, em concepção e execução, de *A grande arte* – este de origem literária, primeiro passo de Walter Salles na ficção de longa-metragem. *Terra estrangeira* materializou a atração do cineasta pelo *road movie* – paixão que se corporifica na maioria das sequências do novo filme.

A grande arte, estreia de certa frieza, mas notável pela técnica narrativa, demonstrou que Salles se alimentava na grande mesa da estética cinematográfica, universal e cosmopolita. Mostrou também sua admiração pela linguagem do cinema norte-americano (a ourivesaria do gênero policial, a riqueza do filme *noir*) que seria assimilada em *Terra estrangeira* junto com inspirações europeias, como Jean-Luc Godard e Wim Wenders. Entre a poesia e o *thriller*, este retrato de uma insólita migração – a de brasileiros para o exterior, acelerada em 1990 – fala do egocentrismo do Brasil neoliberal e do autoexílio em Portugal. Em sua vertente *thriller*, *Terra estrangeira* desenvolve uma história na qual o maior problema não é a vida em risco, e sim o que (onde e como) fazer da vida, se assegurada. E já antecipa temas da plataforma dramática de *Central do Brasil*: orfandade, solidão, descrença, perda e busca de identidade.

* * *

A primeira pessoa a ditar uma carta a Dora, na abertura do roteiro de *Central do Brasil*, não é uma atriz, e sim uma personagem real da filmografia de Walter Salles: Socorro Nobre, que emprestou seu nome ao belo documentário de 1992.

1. DIVERSAS CENAS – CENTRAL DO BRASIL – INTERIOR – DIA

Ecoa uma voz num alto-falante distante. Ouvem-se APITOS e RUÍDOS de trens. Uma mulher de 40 anos, rosto ovalado, maquiagem carregada, hesita antes de começar a falar.

MULHER

Querido, o meu coração é seu. Não importa o que seja ou o que tenha feito, te amo. Esses anos todos que você ficar aí dentro trancado, eu também vou ficar trancada aqui fora te esperando...

O divisor de águas na obra de Walter Salles é *Socorro Nobre*, concebido a partir de uma carta escrita pela personagem-título, então presidiária, ao artista plástico Frans Krajcberg, sobre quem o cineasta realizara outro documentário, *Vestígios*. Aquele discreto e comovente testemunho foi o nascedouro de *Central do Brasil*. Salles disse:

> A partir do momento em que eu percebi a diferença que uma pequena carta pode fazer na virada para o século XXI, na era da computação e do trânsito virtual das imagens, fiquei me perguntando o que aconteceria se uma carta não chegasse ao seu destino, se uma carta não cumprisse o seu papel de carta.

Então, a partir de um texto do diretor, surgiu o argumento de *Central do Brasil*, desenvolvido com os jovens roteiristas João Emanuel Carneiro e Marcos Bernstein.

Na original sequência de abertura (em verdade uma série de planos sem preocupação de interregnos temporais) todos os "excluídos da escrita" que recorrem à fria e impessoal Dora estão emoldurados em closes de irresistível humanidade. Suas palavras e suas vozes soam como acordes de um Brasil longínquo, em contraste com a trilha sonora real da estação-sorvedouro, cujos vagões transportam como gado os usuários.

Uma jovem dita como endereço "terceira casa depois da padaria, Mimoso, Pernambuco". O roteiro faz elipses entre os "ditados" das cartas, limitando-se à sucessão de vozes que sugerem o insulamento dos migrantes na megalópole: "Cansanção, Bahia... Carangola, Minas Gerais... Município de Relutaba, Ceará... Muzambinho, Minas Gerais...". Em meio a esse "coro" ganha destaque audiovisual uma nordestina trintona, sotaque carregado, acompanhada de um menino de uns nove anos (Vinicius de Oliveira). Ela dita a missiva que (engavetada por Dora em sequência posterior) vai provocar, surpreendentemente, uma reviravolta radical na vida da protagonista:

> Jesus, você foi a pior coisa que já me aconteceu. Eu não tô te escrevendo pra te dar satisfação da minha vida. Só escrevo porque teu filho Josué pediu. Eu contei pra ele que você não vale nada, mas ainda assim o menino pôs na ideia que quer te conhecer.

À saída da estação, o pião que Josué leva como lembrança do pai, marceneiro, cai no meio do trânsito pesado, pondo em risco a vida do menino e provocando o atropelamento da mãe quando quer protegê-lo. Transtornado, buscando distância da realidade brutal, o garoto passa a perambular pelo terminal, inconsciente da marginalidade ao seu redor. Finalmente, recolhido por Dora em seu apartamento suburbano, Josué será – pela intermediação de Pedrão (Otávio Augusto), segurança e "protetor" dos camelôs da Central – vendido a um casal ligado ao tráfico de órgãos humanos. Em crise de consciência, a missivista volta para resgatar sua quase vítima e, temendo as consequências desta ousadia, toma um ônibus rumo ao Nordeste levando o menino ao possível (?) encontro do pai.

***

Como Josué, a professora aposentada Dora foi abandonada pelo pai alcoólatra e perdeu a mãe quando criança. Como escreveu Luiz Zanin Oricchio,

> a relação entre os dois é tensa, porque tanto a mulher quanto o menino são pessoas duras, sofridas; uma é desencantada; o outro, precocemente amadurecido. O relacionamento entre eles é feito de um misto de atração e repulsa. Estão sempre juntos querendo separar-se e, separados, buscam um ao outro.

Ao preservar "essa complexidade de personalidades", Salles evita a armadilha do sentimentalismo simplório. Da mesma armadilha desvencilhou-se Wim Wenders ao empreender seu *road movie Alice nas cidades* (1974), no qual um jornalista assume involuntariamente a responsabilidade de levar para a Europa a menina deixada sozinha pela mãe no aeroporto de Nova York. Se Josué anseia por encontrar o pai, Alice tem a fantasia de encontrar a avó em algum lugar da Alemanha. Um interesse profundo pelos mestres do neorrealismo italiano (como o Vittorio de Sica de *Ladrões de bicicletas*, no qual o pai operário "viaja" pela geografia de Roma para manter-se à altura da idealização do filho) criou aproximação natural entre o cineasta alemão e Walter Salles.

Por seu testemunho a favor da autoestima, da solidariedade, e pela ressensibilização da protagonista entre viajantes (como o caminhoneiro evangélico) e romeiros tocados pela fé cristã, *Central do Brasil* sofreu críticas de

FOTÓGRAFO WALTER CARVALHO

Vinicius e Fernanda em *Central do Brasil*

alguns órfãos da utopia cinemanovista. A sequência noturna em que Dora, desesperada à procura do menino, desmaia na multidão de romeiros e amanhece deitada no colo de Josué, numa releitura da *Pietà*, chegou a ser atacada como uma construção dos "transes" glauberianos às avessas.

Ora, nada mais distante da estrela Glauber Rocha do que o planeta Walter Salles, ainda que este reverencie em entrevistas "os mestres do Cinema Novo". *Central do Brasil* se situa no polo oposto ao mensageirismo antirreligioso que, desde o discurso de *Barravento* (1961) contra o candomblé, constituiu um dos clichês do cinemanovismo. Negar a um cineasta liberdade para refletir valores cristãos que alimentam o sentimento de solidariedade lembra a tentativa de repetir o cerco aos que não se deixaram acorrentar a palavras de ordem político-ideológicas na Itália do neorrealismo. Se admitisse o sítio sectário de publicações como *Cinema Nuovo* e outras, Federico Fellini nunca nos premiaria com a espiritualidade e a poesia de *A estrada da vida*, e Vittorio De Sica e Michelangelo

Antonioni, com seus universos próprios. O Zampanò felliniano e a Dora de Fernanda Montenegro, assim como os operários em crise Antonio (*Ladrões de bicicletas*, de De Sica e Zavattini), e Aldo (*O grito*, de Antonioni), escaparam das patrulhas ideológicas para ocuparem suas órbitas no infinito Cinema.

Não por acaso, *A estrada da vida* e *Central do Brasil*, tão diferentes, provocaram tanta movimentação de cartas e de reencontros em seus países. E, no caso do filme de Walter Salles, tanta atenção à alma brasileira – à nossa identidade – além de nossas fronteiras.

***

Alguns estudiosos do Cinema Novo buscaram aproximações intempestivas entre esse movimento e *Central do Brasil*, a começar pela incursão ao Nordeste e pela ocorrência de cenas filmadas nas proximidades de Milagres, localidade onde Glauber Rocha situou *O Dragão da Maldade contra o Santo Guerreiro*, e também região de *Os fuzis*, segundo longa-metragem de Ruy Guerra. Mas o Nordeste nem era essencial aos propósitos do filme. Na concepção inicial de Salles, a busca de Dora e Josué os levaria ao interior de Minas Gerais. E as únicas homenagens explícitas a uma personalidade cinemanovista são a referência circunstancial a Vitória da Conquista (terra natal de Glauber Rocha) e a presença de Othon Bastos no pequeno papel do motorista de caminhão que se diz natural desta cidade.

Sem dúvida, *Central do Brasil* escancara para nossa produção uma era sem os vícios do cinemanovismo. Sem atores manobrados pela autoridade diretorial (e tampouco sem intérpretes coautores, como Fernanda Montenegro, que participou da concepção da personagem principal). Sem o narcisismo diretorial jogando para escanteio o papel crucial dos criadores de roteiros.

Lamentavelmente Orson Welles não encontrou eco entre os messiânicos autores de nossa Pindorama, quando vergastou, nos anos 1970, "o mito do diretor de cinema como o Grande Homem de Nosso Tempo no Domínio das Artes". O gênio de *Cidadão Kane* disse: "O que precisamos é de um pouco mais de disciplina e um pouco menos de *glamour* diretorial".

Em outras palavras, mencionando uma verdade que o realizador de *Central do Brasil* sempre repete: "Esse é um ofício inteiramente interativo. Você não faz um filme sozinho".

(Texto com observações editadas em *sites*, entre 1998 e 2003.)

Alma corsária

Carlos Reichenbach deixa à vista um coração tamanho François Truffaut em *Alma corsária*, finalizado após a abertura do Festival de Brasília de 1993, e que chegou ao planalto às vésperas do encerramento, conquistando quatro prêmios oficiais da mostra: direção, roteiro, fotografia (atividades que o cineasta costuma acumular) e montagem (Cristina Ferreira), além do prêmio da crítica.

O projeto inicial, segundo Reichenbach, era uma "colagem sobre minha geração" (atingida pelas consequências trágicas do golpe militar de 1964) e "a agonia das utopias". O personagem Torres (Bertrand Duarte), que participou da luta armada contra o regime militar, encontrou um novo *élan* vital na criação poética. Ele e o outro protagonista, Xavier (Jandir Ferrari) aparecem na Pastelaria Espiritual, em São Paulo, para o lançamento de um livro de poesia. A sequência anterior, no Viaduto do Chá, quando Torres interrompe um provável salto para a morte, irrita o "suicida" e o convida para a festa, imprime ao filme um tom de gravidade um tanto jocosa, no qual Reichenbach reincidirá com frequência. Seu roteiro propicia a retomada de um dos temas recorrentes em sua filmografia: a amizade. Distante do tradicionalismo narrativo, contruído com alternâncias de tempo e espaço (os *flashbacks* que remontam à infância dos personagens centrais), o filme compõe atmosferas sedutoras e bem diversas em Sampa e no interior do Estado de São Paulo. Nos episódios anteriores, especialmente quando Torres aceita passar por noivo da prostituta Anésia (Andréa Richa), encontramos a nostalgia do cinema-cachoeira de outro poeta da câmera, Humberto Mauro, o mestre de *Ganga bruta*. Produzido em momento de quase paralisia do cinema brasileiro, *Alma corsária* expõe com especial fascínio (e com intensidade não alcançada antes) a veia poética de Carlos Reichenbach. O resultado é desaconselhável aos aficionados das sofisticações técnicas dos produtos de importação. É rico em referências autobiográficas e belas homenagens a cineastas. O autor assina um drama sem ter vergonha do sentimental, vizinho da poesia de grafite. É uma colagem de álbum de fã com corações flechados, recortes de humor e páginas amarelecidas de um diário íntimo.

(Texto publicado com o título "Afetuoso poema grafiteiro", em *O Globo*, 1994.)

Dias melhores virão

A primeira visão do filme *Dias melhores virão*, a última surpresa de Carlos Diegues, 1988, vale como aperitivo para uma nova visita, sem a excitação das pré-estreias.[6] Até porque, logo após a primeira sequência, o espectador sente que não está diante de apenas uma comédia para gostosos risos ou de uma proeza de talento pessoal com a gama criativa a que temos o direito de esperar de Marília Pêra.

O argumento original de Antonio Calmon para *Dias melhores virão* tem franca afinidade com a comédia *Mulheres à beira de um ataque de nervos*, de Pedro Almodóvar. Mas enquanto Almodóvar explora satiricamente o imaginário coletivo com farpas críticas de endereços muito claros (o machismo, o romantismo de "segundo sexo" da mulher espanhola etc.), Diegues expande sua prospecção do imaginário brasileiro com o apoio da equipe altamente motivada, a partir do roteiro escrito em colaboração com Vicente Pereira, Vinicius Vianna e Antonio Calmon.

Mais que nos trabalhos anteriores do cineasta de *Um trem para as estrelas*, o novo filme parece um ritual pró-materialização de criatividades individuais.

6 O agravamento da crise do cinema brasileiro deixou *Dias melhores virão* sem lançamento nas salas exibidoras. Contra todas as expectativas, a estreia do filme aconteceu na televisão. O título do filme reflete o clima de sufoco do final da década de 1980, e se tornaria mais emblemático em 1990, quando o governo de Fernando Collor de Mello desferiu os mais terríveis golpes na autoestima dos brasileiros e levou o cinema nacional à quase extinção.

E a plateia, ativando as antenas de sua sensibilidade, tem a oportunidade de ser, mais do que cúmplice, colaboradora importante.

Dias melhores virão – que vê de forma nada realista até mesmo as personagens mais pedestres do cotidiano, como Dalila (Zezé Motta), vizinha e amiga de Maryalva (Marília), a romântica dubladora de seriados da televisão norte-americana – foi concebido de forma a dar plena liberdade de voo à imaginação. O que se vê na tela é um meio-delírio da insatisfação brasileira ante os padrões que "dão pé" e permitem "levar vantagem", como apregoam os comerciais de TV.

Turista em sua própria cultura (como as jovens participantes de testes teatrais que disputam o papel de Ceci que amou Peri), a protagonista sonha com o estrelato em Hollywood e imagina conversas com a intérprete de uma comédia norte-americana que ela dubla. Estressada pela rotina de dar vida (sua voz) às sombras em movimento na tela do estúdio, Maryalva acaba "produzindo" a cena da morte (?) do amante das quintas-feiras (José Wilker), que sempre tem duas passagens para os Estados Unidos ao alcance da mão, prontas para o ilusório dia em que "abandonará a esposa".

O irresistível humor é matizado de melancolia em cenas como as das aparições do namorado morto em um acidente e as da relação frustrada com o diretor do estúdio (Paulo José). A máxima alegria para Maryalva seria interpretar diante das câmeras o enlatado que dubla e vai tentar sua chance no papel de Juanita, a doméstica latina de Mary Shadow (Rita Lee). Mas, a essa altura, a euforia vem matizada de melancolia, porque a distanciará da parte concreta de seu mundinho pessoal. No final, seu "*bye bye*, Brasil" é uma insólita, formidável festa com o travo doce-amargo da saudade.

(Texto publicado com o título "Um Boeing para o mundo das estrelas", em *O Globo*, 1988.)

Kuarup

O talento de Ruy Guerra, realizador de *Kuarup* (1989), é fato histórico desde 1962, quando surgiu *Os cafajestes*, uma das obras deflagradoras do Cinema Novo. Os personagens e situações de *Quarup* (com q), romance de Antonio Callado, estão presentes no roteiro cinematográfico que, à primeira vista, é bastante fiel. E fartos recursos materiais viabilizaram a odisseia da filmagem na selva do Xingu, em uma produção que reitera a disponibilidade de equipes técnico-artísticas brasileiras aptas a trabalhos de grande exigência.

O resultado, porém, está aquém da expectativa. Aos conhecedores da trajetória do cineasta, *Kuarup* (com k) oferece poucos indícios de sua marca pessoal. A trama, oscilante entre as décadas de 1950 e 1960, tem início em Recife. O jovem Nando (Taumaturgo Ferreira), ex-padre, é preso e torturado para confessar ligações com uma "conspiração comunista para tomar o poder". Uma narrativa em *flashbacks* focaliza vários estágios da evolução existencial e ideológica do protagonista: as mutações em contato missionário com os índios do Xingu; o despertar para o sexo e o amor; a participação numa expedição em busca do centro geográfico do Brasil; e, finalmente, a decisão de permanecer no país e continuar lutando, enquanto outros militantes partem para o exílio. A opulência ficcional e a complexidade temática do romance pareciam exigir um filme de metragem muito longa. Surpreendentemente, a produção apresenta cerca de duas horas de projeção. A condensação do tempo de exposição que seria desejável para os personagens reduz seriamente o significado de muitos deles; principalmente daqueles que possuem militância política. E apenas os espectadores muito bem informados não acharão confuso um bom número de situações, assim como sua relação com o cenário político (as crises do último governo de Getúlio Vargas e seu suicídio, a renúncia do presidente Jânio Quadros, as turbulências que envolveram o governo João Goulart, o golpe de 1964). Também surpreende que, na elaboração do roteiro (escrito inicialmente com Fernando Peixoto e Tairone Feitosa, depois refeito por Ruy Guerra e Rudy Lagemann), um cineasta cuja obra sempre foi tão compromissada com a visão político-ideológica tenha admitido ênfase tão grande no ângulo romântico. A iniciação sexual de Nando pela jornalista Maureen (Maitê Proença) e seu relacionamento com Francisca (Fernanda Torres) são abordados com muita síntese. Mas, proporcionalmente à dimensão temporal do filme, as proezas eróticas de Sônia (Claudia Raia), tratadas e interpretadas superficialmente, recebem peso exagerado. Esta importante personagem do romance parece risível em sua generosidade sexual com o índio (Macsuara Cadivéu). E a ciranda masculina ao seu redor se desenha como em um projeto "comercial" secundário. Poderíamos inventariar muitos segmentos que refletem a mão de um diretor seguro, mas a competência de Ruy Guerra não está em discussão.

É indiscutível, porém, a diluição de signficados do romance. Há sopro épico, por exemplo, na marcha ao encontro do centro geográfico. Mas não encontramos a grandeza dos personagens nem a dimensão simbólica de situações-chave, como a do quarup autêntico e a da retomada deste ritual dos índios por Nando ao assumir a missão do finado Levindo. A fotografia de Edgar Moura, a montagem (Mair Tavares) e a música (Egberto Gismonti) dotam o projeto de Ruy Guerra de qualidades admiráveis. Pesa negativamente, em primeiro lugar, a lamentável escolha de Taumaturgo Ferreira para o papel principal. Outros equívocos do *casting*: Claudia Raia e Rui Resende. Maitê Proença sofre com o português ridículo de sua Maureen. Estão expressivos: Cláudio Mamberti (apesar do enfoque muito caricatural do personagem), Umberto Magnani (Fontoura), Stênio Garcia (coronel Ibiratinga), Rui Polanah (Manuel Tropeiro) e Mauro Mendonça (ministro Gouveia). Outro papel-chave (Francisca) tem interpretação apenas correta de Fernanda Torres.

(Texto publicado com o título "Poucos momentos com a marca do diretor", em *O Globo*, 1989.)

Feliz ano velho

O livro de estreia de Marcelo Rubens Paiva, *Feliz ano velho*, de 1982, que recebeu o Prêmio Jabuti, tornou-se um dos grandes fenômenos do mercado editorial brasileiro. O filme homônimo, de 1988, roteirizado e dirigido por Roberto Gervitz, transmite o essencial do texto – o impulso de luta contra a imobilidade, física e existencial – sem ceder à tentação de ilustrá-lo, de ser o seu reflexo audiovisual.

Estreando em longa-metragem ficcional, Gervitz mostra-se um cineasta completo, bem maduro para seus 30 anos. Sem abdicar da ambição artística, representa lucidamente a postura mais profissional de trabalho de equipe assumida pela geração dos anos 1980, aquele que se segue ao período de transição pós-cinemanovismo. A anos-luz de distância do "culto da personalidade" do diretor, Gervitz trabalhou o estilo visual de *Feliz ano velho* em intenso intercâmbio com o diretor de arte Clóvis Bueno e o diretor de fotografia César Charlone. Mais que um espetáculo atraente, trata-se de instigante experiência de vida. Todos, até mesmo os coadjuvantes de menor destaque, contribuem para a alma do filme.

Ao emergir tetraplégico de um desastrado mergulho em um lago raso, em dezembro de 1979, aos 20 anos, Marcelo Rubens Paiva sofreu as tentações da entrega total ao desespero. Já perdera o pai, vítima não assumida da ditadura militar, "desaparecido" sem que a família tivesse acesso a um atestado de óbito. A soma das duas perdas parece bloquear no jovem (Mário, no filme) a ligação com as raízes afetivas do passado e o caminho para qualquer relação com o presente. Marcelo/Mário (vivido por Marcos Breda) empreenderá uma luta penosa, de avanços e de recuos, em busca do ânimo e da vitalidade física perdidos.

Ao processo terapêutico paralelo de escrever um livro de características confessionais soma-se a contribuição vital daqueles que lhe estão próximos. No filme, a figura da namorada da faculdade, Ana, vai somar-se à da dançarina Ângela, ambas interpretadas por Malu Mader, numa simbiose simbolista. O quadro de imantação afetiva se completa com os amigos (Carlos Loeffler, Alfredo Damiano, Beth Goffman), os colegas de fisioterapia (Marco Nanini, Flávio São Thiago) e a mãe (Eva Wilma).

Entre reminiscências e lances de imaginação do protagonista, surge de forma breve e marcante a figura do pai (Odilon Wagner). Na visão de Gervitz é o pai arquetípico, não o deputado cassado Rubens Paiva. Em fortíssima imagem, Marcelo/Mário, enterrado até o pescoço, assiste impotente ao fuzilamento do pai por um pelotão militar, em local ermo, indefinido. Neste momento está dito tudo sobre o assassinato, com conotações dramáticas que ultrapassam a política. Do fluxo e refluxo passado/presente da estrutura do filme, emerge (mais do que um alter ego de Marcelo Rubens Paiva) um protagonista representativo da juventude traumatizada e descaracterizada pelo império da censura e do medo no regime militar. Personagem que, assomando ao universal, vai cristalizar, com veracidade e força poética, os ritos de passagem da infância e da adolescência para a idade adulta. *Feliz ano velho* é um brado contra a omissão e o imobilismo.

(Texto publicado com o título "Mergulho revelador", em *O Globo*, 1988.)

Dedé Mamata

Singular coincidência as estreias, na mesma safra 1988, de *Dedé Mamata*, dirigido por Rodolfo Brandão, e *Feliz ano velho*, realização de Roberto Gervitz, valores novos em longa-metragem. Ambos, muito jovens, abordam com generosidade e emoção a juventude da década anterior, que se avizinhou da idade adulta nesses anos marcados pela revolução sexual dos anos 1960, pela cultura das drogas, pelo distanciamento da prática política e o desencanto com os rígidos padrões impostos por militâncias ideológicas. Tanto Dedé como o Mário de *Feliz ano velho* perdem o pai, vítima da chamada repressão política. Mas sua orfandade ultrapassa as árvores genealógicas. É um sentimento de perda que tem origem no envelhecimento de antigos códigos emocionais e afetivos e na diluição de valores sociais tradicionais. Não foi sem proveito a passagem de Rodolfo Brandão pela equipe de produção de *Um trem para as estrelas*, de Carlos Diegues.

Em *Dedé Mamata*, baseado em romance de Vinicius Vianna, desenha-se o fenômeno da comunidade dos que se encontram mais ou menos à deriva (mais precisamente, os personagens vividos por Guilherme Fontes e Marcos Palmeira) ou em uma disponibilidade bastante vulnerável (as interpretadas por Malu Mader e Iara Jamra). Comunidade forte em liames afetivos, mas frágil sob todos os outros aspectos.

O roteiro escrito pelo diretor Antonio Calmon e Vinicius Vianna é extremamente feliz, tanto na construção narrativa quanto na tessitura dos sentimentos. A droga que o introspectivo e sério André (Fontes), apelidado Dedé Mamata pelo vivaldino e caloroso Alpino (Palmeira), vai utilizar como sustento e prazer não é posta em julgamento; é vista quase como o "ar do tempo" – o que pode provocar restrições extracinematográficas. Mas seu papel na trama deriva da constatação de uma realidade. O filme não passa qualquer forma de proselitismo. *Dedé Mamata* decai muito nos últimos minutos. O final faz humor despropositado com a "saideira em pó" e (ainda pior) com o fenômeno do exílio político. Um final mais consequente seria o discurso festivo improvisado por Alpino sobre o túmulo do velho anarquista, em sequência que casa admiravelmente o fim glorioso do avô e a morte inevitável da comunidade. Rica, seguríssima performance de Guilherme Fontes. Impecável, a do veterano Paulo Porto, no pseudocatatônico vovô. Malu Mader não perde a sensibilidade *cool*, apesar do deslumbramento de seus fãs, audível em qualquer plateia. Marcos Palmeira interpreta muito bem um personagem tão simpático que chega a constituir um risco para a eficácia dos conflitos.

(Texto publicado em *O Globo*, 1988.)

Festa

Remando decididamente contra as correntes predominantes no cinema contemporâneo, Ugo Giorgetti alcançou um resultado muito interessante em *Festa*, 1989, que escreveu e dirigiu em chave de comédia, buscando o ponto-limite no qual o riso é acossado por reflexões graves. É um exercício de humor inteligente, bem apoiado em modesta estrutura de produção e que aciona com habilidade a colaboração dos intérpretes, principalmente Adriano Stuart, Antonio Abujamra e o múltiplo Jorge Mautner, corresponsáveis pelo desenho e pelo equilíbrio dos personagens centrais – a coluna dorsal de um roteiro no qual, como nas comédias de Jacques Tati, nada de espetacular acontece. A substância do filme encontra-se na expectativa pateticamente frustrada dos protagonistas, artistas convocados para uma reunião festiva que só faz confirmar sua condição de figurantes marginalizados no jogo social.

Com dificuldades para a exibição de seus curtas (como *Bairro dos Campos Elíseos* e *Prédio Martinelli*), assim como para a bitola 16 milímetros, na qual realizou *Quebrando a cara*, longa-metragem sobre o pugilista Eder Jofre, Giorgetti só começou a disputar maior público (na bitola comercial) em 1985, com *Jogo duro*, que encontrou seus admiradores em festivais, mas deixou o cineasta distante do centro das atenções.

Apesar desse jejum de celebridade, seu novo passo, *Festa*, não faz concessões a modismos. Giorgetti permanece fiel ao cinema concentrado em poucos personagens, de substantiva e limitada ação física, perto de certos modelos de desdramatização de autores mais ambiciosos. Mas de forma nenhuma faz um cinema pobre ou cultor de narrativas marginais. *Festa* é bem construído. E nisto evidencia o outro lado da experiência do autor: o comercial, o filme de publicidade, vertente da qual os brasileiros são cultores internacionalmente consagrados.

A escassa ação transcorre quase toda em um misto de *living* e sala de jogos, no térreo de uma moderna mansão. Um músico (Mautner), um jogador de sinuca (Stuart) e seu parceiro habitual (Abujamra), contratados para divertir os convidados, aguardam em vão a oportunidade de exibir seus presumidos talentos e provar uma ponta das mordomias evidentes no ir e vir da criadagem. Animam-se, de vez em quando, com a passagem de retardatários que sobem e com a efêmera aparição de convivas já agraciados com os comes e bebes. No mais, confundem-se com a mão de obra da casa: um segurança, empregadas domésticas e garçons.

A ação, limitada a este *décor* praticamente estanque, é sutilmente orquestrada. Quem está lá embaixo "não pode" subir e os de cima "não devem" descer. Resta aos "artistas" convidados a opção de tirar proveito, ainda que vexaminoso, dos outros: jogar sinuca com um conviva bêbado, explorar o conteúdo de uma carteira, tentar ganhar o cofrinho de uma criança. Giorgetti desenha bem a criadagem afeita à discriminação (além de discriminadora) e o trio ávido de benesses. Ninguém está livre das farpas do humor, embora o cineasta demonstre mais simpatia pelo músico, que parece vítima de seu próprio conformismo.

Além de Stuart, impecável no personagem mais completo, Mautner e Abujamra (bizarro na figura mais impregnada de comédia), destacam-se em pequenos papéis: José Lewgoy (o ébrio) e Ney Latorraca (o ator de telenovela encarregado de exaltar as improváveis virtudes do figurão).

(Texto publicado com o título "Humor e inteligência", em *O Globo*, 1989.)

Eternamente Pagu

À saída da exibição de *Eternamente Pagu* emergem quatro impressões especialmente fortes. Uma é a sensibilidade sofrida e desafiadora de Patrícia Galvão, a Pagu – muito mais do que poderia sugerir o rótulo de musa do Modernismo. Outra, a confirmação de Antônio Luiz Mendes como artista, sob o título de diretor de fotografia, destacando-se entre os responsáveis pela expressividade cromática do filme. Outra, a performance de Carla Camurati, quase irreconhecível de um filme para o outro, metamorfoseando-se ao mergulhar em cada personagem. E, acima de tudo, o novo "escândalo" artístico de Norma Bengell: surpreendendo como produtora, diretora e coautora do roteiro; e, como atriz, limitando-se ao pequenino papel da cantora lírica Elsie Houston.

Bengell desautoriza todas as previsões sobre sua estreia como realizadora em longa-metragem, deixando para trás seu lado explosivo e criando um filme de exemplar unidade – sobretudo interior. Dribla as certezas das mensagens esperadas de uma biografia de Pagu (o filme é mais do que isso) e alcança resultado bem diferente das revoluções e dos padrões espetaculares que viveu em sua admirável carreira de intérprete.

Se a abertura lembra arroubos alegóricos do Cinema Novo (certamenre em homenagem a Glauber Rocha), tudo o que vem depois foge de influências (notáveis) desse movimento. Como a liberdade – mais do que Patrícia Galvão – é o tema profundo, seria fatal à plenitude da obra não cortar amarras com plataformas políticas e estéticas. Esse corte acompanha os desencantos de Pagu, em um processo incomum (jamais narcisista) de identificação da cineasta com sua heroína. Se Bengell jamais escrever sua biografia, se for esquecida, restarão os fotogramas desse filme, de recôndita pureza, exigente amor, desafiadora visão da vida afetiva e social, para testemunhar sobre a mulher e a artista.

O roteiro de Márcia de Almeida, Geraldo Carneiro e Norma Bengell permite um caminhar livre, às vezes acima dos dados biográficos. Como acompanhar todas as viagens físicas e espirituais de Pagu? Além de suas andanças pelo romance, pela poesia, pelo jornalismo alternativo e pelo teatro, suas inquietudes também a levaram à militância no Partido Comunista, a revoluções de costumes e manifestações de rua (de São Paulo a Paris) e ao bizarro destino *globe-trotter* que lhe proporcionou (além de contatos com Pu Yi, o último imperador da China) o desencanto com a burocracia do comunismo na própria matriz soviética.

Voo livre, sem hermetismos, a narrativa se apoia fortemente na produção visual e comportamental do elenco (no qual Antônio Fagundes banaliza Oswald de Andrade) e em uma continuidade poética que permite elipses de episódios e saltos cronólogicos.

(Texto publicado com o título “As cores da paixão”, em *O Globo*, 1988.)

Sonho de valsa

Sonho de valsa, de Ana Carolina, pode dividir radicalmente o público em duas facções: admiradores e desafetos. Essa é a vocação pré-natal do filme, como ponto final e auge da ousada criatividade da trilogia iniciada com *Mar de rosas*, de 1977, e continuada com *Das tripas coração*, de 1982. Desde *Mar de rosas*, a cineasta revelou talento original e coragem rara. Nos dez anos que levou para concretizar a trilogia, trabalhou à beira do abismo: qualquer desacerto mais grave (e a segunda parte sofre de frustrações) poderia ser fim de carreira. Poucos projetos autorais foram tão consistentes e coesos no cinema brasileiro. E, sem dúvida, nenhuma mulher construiu um conjunto de obras tão expressivo.

Ana Carolina joga com palavras e lugares comuns, fecundando-os com ironia e (sobretudo nas imagens) com múltiplas significações. A começar pelos títulos, os cinéfilos que acompanham seu trabalho passam a esperar o oposto do enunciado. É uma autora (em *Sonho de valsa*, roteirista única, além de diretora e produtora) que revaloriza o material trivial, confrontando-nos a cada momento com o insólito, o inquietante, a fantasmagoria, o derrisório. Se a trilogia teve início com dramas interiores, que refletiam o cotidiano no qual nada era um mar de rosas no Brasil (e o surrealismo de *Mar de rosas* não esconde a barra pesada dos anos 1970), conclui-se com essa tensa, dolorida – e estranhamente sublimadora – batalha anímica de um personagem cujos desejos indizíveis (os concretizados e os reprimidos) encontram-se no polo oposto de um sonho de valsa.

Xuxa Lopes no surrealista *Sonho de valsa*

Confusão de sentimentos e de sensações que brotam do inconsciente, e de paixões que emergem do inconsciente com arquétipos universais, como um Cristo originário da convencional folhinha de parede, todo-protetor, lembrando também uma figura banalmente bonita de cavaleiro andante, ou o personagem do pai biológico (Arduino Colassanti), primeira materialização do amor para a mulher. Confusão que não se confunde com dispersão: naturalmente sem nada em comum com os espetáculos descritivos, de enredo, *Sonho de valsa* tem toda a clareza e a ordem compatíveis com o cinema de poesia que Ana Carolina cultiva.

Desde o início (quando o único ato sexual que se completa, com êxtase, vai se revelar apenas um sonho de Teresa) até a imagem final, quando a protagonista emerge (literalmente) do fundo do poço, onde, pela primeira vez, aparecem todos os homens de sua vida, *Sonho de valsa* é uma explosão de realidades alegoricamente vestidas e de fantasias plenas de carnalidade e de humor, como os filmes de Luis Buñuel. Como o cineasta espanhol, Ana Carolina se empenha em garantir a cada momento, a cada imagem, que não vivemos no melhor dos mundos possíveis. Mas que devemos assumir seus espinhos, viver por uma busca de amor que seja também libertação. Sem prejuízo para o caráter visceralmente autoral, o filme é também um belo trabalho de equipe. Mas, no alto, viabilizando o projeto da cineasta, paira a inteligente, suntuosa interpretação-criação de Xuxa Lopes.

(Texto publicado em *O Globo*, 1987.)

O homem da capa preta

"Quando a realidade se transforma em lenda, imprimimos a lenda." A frase famosa do filme *O homem que matou o facínora*, de John Ford, é citada pelo cineasta Sérgio Rezende para explicar a preferência pela ficção, quando tantos esperavam algo próximo do relato biográfico em sua abordagem do legendário Tenório Cavalcanti, o homem "de corpo fechado" que fascinava multidões, o político armado (por baixo da capa preta) com a temível "lurdinha" e, depois, com um jornal pomposamente intitulado *A luta democrática*. As bases eram em Duque de Caxias, na Baixada Fluminense, e a redação, no Rio de Janeiro. Mais conhecido como *A luta*, deveria facilitar a conquista dos mandatos de deputado federal (provedor das cobiçadas imunidades parlamentares) e de governador do Estado (sonho irrealizado).

O homem da capa preta foi concebido como espetáculo popular que respeita o público e, com essa postura, reúne algumas personalidades de justo prestígio do cinema brasileiro, como José Wilker, apaixonado pelo papel-título; José Louzeiro, coautor do roteiro, com Rezende e Tairone Feitosa; e Rafael Valverde, montador de uma centena de filmes. "Deixei de lado o homem de 80 anos que vive em Gramacho, para seguir a lógica do personagem ficcional", disse o realizador. "Da mesma forma que Tenório tinha sua *mise-en-scène*, o filme tem a sua; e muitas coisas foram adaptadas à *mise-en-scène* do filme." O homem "de corpo fechado" é o Tenório essencial, de "capa preta" – entre os vários Tenórios que a narrativa tangencia ou aborda de passagem. Para um povo tão vulnerável como o da Baixada, que garantia votações invejáveis ao deputado, a invulnerabilidade do personagem adquiria dimensões mitológicas. Impulsivo e corajoso, porém mais realista, o imigrante de Palmeira dos Índios, Alagoas, acrescentaria a fortuna e o poder político à sorte que garantiu sua sobrevivência a um grande número de duelos e de atentados.

A narrativa tem início com o nascimento do personagem, e sem demora mostra o assassinato do pai, a tentativa de eliminação do filho – que reage fazendo sua primeira vítima – e logo a colocação do escapulário pela mãe. Após uma elipse de 20 anos, o portador do escapulário veste o colete à prova de balas, o traje caprichoso e a capa preta, assumindo ritualmente aquela que será sua imagem mítica.

A economia narrativa é exemplar. O ritmo, sem seguir um formulário do cinema importado, mantém cativo o olhar da plateia. Não é um *thriller*. É um folhetim cinematográfico bem brasileiro.

O homem da capa preta partiu de muitas pesquisas, além de levar em consideração dois livros de Maria do Carmo e Sandra, filhas de Tenório, e outro de Israel Beloch. Sem dúvida, a sinalização de luz verde pela família do político tornaria impossível uma visão rigorosamente crítica. Mas o cineasta não escondia sua simpatia pelo personagem, que assume alguns tons de Robin Hood. Também é excessivamente simplória, na tela, a vilania de seus opositores da UDN (União Democrática Nacional).

O filme não se descaracteriza com tais simplificações. Rezende queria justamente o mito, e o expõe, com a malícia profissional de José Wilker. Paralelamente à lenda do homem "de corpo fechado", a equipe de realização e Wilker traçam a solidão de Tenório dentro do círculo de giz de seu machismo e de seu isolamamento carismático.

Entre as inúmeras virtudes da equipe, vale destacar as performances de Tonico Pereira, que cristaliza uma obra-prima em seu retrato do pistoleiro Bereco, e Marieta Severo, que vive proeza muito especial no papel de grandes silêncios que é o da esposa do mito.

(Texto publicado em *O Globo*, 1986.)

A cor do seu destino

A cor do seu destino, de 1986, segundo longa-metragem de Jorge Durán, é obra vigorosa e cativante. Equivale a uma estreia, já que o primeiro, *O escolhido de Iemanjá*, surgido em 1978, não mostrou seu talento. Chileno, atuante no cinema desde 1970, brilhou na roteirização de vários filmes expressivos, como *Gaijin, caminhos da liberdade*, de Tizuka Yamasaki, e *Pixote, a lei do mais fraco*, de Hector Babenco. As qualidades de escritor de cinema são as mais evidentes em *A cor do seu destino*, no qual Durán assina o argumento e, com Nelson Nadotti, o roteiro, que também contou com a colaboração de José Joffily.

Nas fases da produção brasileira anteriores a 1970, até entre as realizações de maior vulto era fácil constatar que os resultados seriam mais completos, menos discutíveis, se os diretores contassem com apoio de especialistas em dramaturgia cinematográfica, aves raras no país. O problema, hoje menos grave, está ausente do novo filme de Durán.

Tendo vivido anos de ditadura no Brasil e sentido a contínua tragédia política chilena, o cineasta quis imprimir a seu segundo longa um pouco das preocupações políticas que o inquietam. Pretendeu falar do Chile do presente e do Brasil de um passado próximo. E, ao contrário de muitas produções que pisaram o terreno político, seu filme não se perde em digressões verbais. É substantivo, carnalizado em personagens com os quais a plateia consegue cálida familiaridade. O cinema brasileiro não está sozinho na tendência de privilegiar o fluxo das situações, a ação exterior, deixando em plano secundário a construção dos personagens e a substância de seu comportamento. Durán segue rumo oposto: alicerça o drama no terreno psicologicamente fértil dos personagens.

Os roteiristas foram felizes ao fazer do principal personagem, o adolescente Paulo (Guilherme Fontes), reflexo do nervo exposto dos que testemunharam a brutalidade de uma ditadura em fase de consolidação. Nascido no Chile, de pai chileno (Franklin Calcedo) e mãe brasileira (Norma Bengell), Paulo foi trazido para o Brasil aos seis anos. Exteriormente, parece livre do trauma sofrido ao testemunhar a captura do irmão (Chico Diaz), militante político torturado e assassinado por agentes da repressão. Mas, no íntimo, sofre a "culpa" de ser sobrevivente, de viver a salvo no Brasil. Isso vai emergir explosivamente quando uma prima (Júlia Lemmertz), estudante torturada em Santiago, é acolhida em sua casa. Os conflitos de Paulo com os pais refletem (inclusive) a fúria silenciosa contra o Estado-algoz, que ele vai extroverter em insólita missão individual, purgando com risco de vida a "dívida fraterna". O drama do personagem também é – no primeiro nível da narrativa – representação ritual daquilo que Durán considerou essencial: "Falar da passagem da infância para a adolescência e a vida adulta".

A partir da belíssima abertura criada por Fernando Pimenta, a cor cumpre o papel fundamental desejado por Durán desde as ideias-matrizes do roteiro, que faz Paulo transferir para pinturas nas paredes do quarto a sua música interior que fala dos Andes, da infância, de inquietações que não encontram palavras. Essa música impregna com frequente fascínio a trilha dirigida por David Tygel.

No elenco (sempre, no mínimo, eficiente), a força maior vem dos jovens. Júlia Lemmertz surpreende com uma atuação vibrátil, bastante interiorizada. E Guilherme Fontes dá contribuição inestimável para transmitir a generosidade e a veracidade do drama.

(Texto publicado com o título "Maturidade de um cineasta estreante", em *O Globo*, 1986.)

Sonho sem fim

A infância do cinema brasileiro, transcorrida em pontos geográficos diversos, com o fenômeno dos chamados "ciclos regionais" de Cataguases (MG), Recife (PE), Campinas (SP), entre outros, é fértil em inventiva e em personagens fascinantes. Os pioneiros, que movimentaram o silencioso e os primeiros anos do sonoro, raramente conheciam o bê-á-bá do mundo dos negócios. Eram entusiastas que partiam do desejo de criar, sem o mínimo de base tecnológica, em geral formados como espectadores de produções importadas, especialmente hollywoodianas.

Neste filme-homenagem à estirpe dos pioneiros, Lauro Escorel partiu de um dos menos conhecidos e mais singelos filões regionais, o ciclo de Porto Alegre (RS). E adotou como herói seu inventor, Eduardo Abelim (1900-1984). Nada mais feliz do que a descoberta da monografia de Rudá de Andrade e Maria Rita Galvão pelo cineasta e (internacionalmente reconhecido) diretor de fotografia, quando ensaiava seu salto de curta para longa-metragem. Se a inspiração fosse um pioneiro muito estudado, como Humberto Mauro, Escorel não poderia exercer tão livremente o gosto pela aventura de estilo e de trama, que fazem o encanto maior de *Sonho sem fim*.

Abelim não foi movido por impulsos culturais. Queria ser artista de cinema, como tantos milhões de fãs, movido pela vaidade que o levou, antes, a arriscar a pele em acrobacias automobilísticas. Se não fosse frequentador de cinema, teria permanecido um *vitellone*, um insatisfeito irremediável como os protagonistas de *Os boas-vidas*, de Federico Fellini. Acredito mesmo que referências fellinianas não devem ter sido estranhas à inspiração de Escorel e de seus colaboradores. Partindo de pesquisas disponíveis sobre Abelim, que se improvisou em diretor, argumentista, fotógrafo, montador e ator, mas agindo com liberdade ficcional, a produção pôde fazer do personagem reflexo de milhões de seres humanos e espelho de um Brasil lúdico, provinciano, à espera de seu destino maior.

A opção narrativa de *Sonho sem fim*, com esplêndido trabalho cromático, produz funcional deslocamento na receptividade do público: afasta expectativas corriqueiras de nível naturalista e libera o imaginário. Essa postura facilita a cumplicidade do espectador com o ímpeto romântico de um Abelim, tão quixotesco, quando o raciocínio lógico deveria desencorajar todo pretendente à realização cinematográfica.

No bom elenco, destacam-se Débora Bloch e (em notável adaptação ao protagonista) Carlos Alberto Ricelli.

(Texto publicado em *O Globo*, 1986.)

Imagens do inconsciente

A trilogia *Imagens do inconsciente*, 1983-1986, de Leon Hirszman, traz à memória o universo mental de Alain Resnais (*Ano passado em Marienbad*), a imagem espiritual de Carl Dreyer (*Vampiro – A estranha aventura de David Grey*), o mundo dos sonhos e instintos de Luis Buñuel (*O anjo exterminador*). O que essas visões tão diversas têm em comum com o último empreendimento cinematográfico[7] do cineasta brasileiro? Muito, porque estamos diante de um mergulho nas regiões abissais do inconsciente, maravilhosa fusão de ciência e arte criada por Hirszman com a psiquiatra humanista Nise da Silveira, a partir de pinturas, desenhos e esculturas de três representantes do que o crítico Mario Pedrosa chamou "arte virgem", os chamados esquizofrênicos Fernando Diniz, Adelina Gomes e Carlos Pertuis. Mais de 20 anos depois de sua estreia com "Pedreira de São Diogo" (episódio de *Cinco vezes favela*), o cineasta descobriu-se em um processo que o tornou "mais real".

Depois de tantos anos voltado para o impacto político-social imediato, Hirszman sintoniza os canais dos desbravadores de universos subterrâneos, como Luis Buñuel, para quem o cinema era "o melhor instrumento para

7 Leon Hirszman faleceu antes dos 50 anos, em setembro de 1987, apenas três meses depois do lançamento da trilogia. Ainda teve o prazer de ouvir as informações sobre seu estimulante sucesso de público no cinema (então chamado cineclube) Estação Botafogo, do Rio de Janeiro.

exprimir o mundo dos sonhos, das emoções, do instinto". Como se fosse um espectador da trilogia, o cineasta espanhol disse que "cinema parece ter sido inventado para exprimir a vida do subconsciente, cujas raízes penetram tão profundamente na poesia". No tríptico de Hirszman não há desvio ético nem qualquer infidelidade a seu passado de artista engajado. Como se chamado por suas forças mais interiores para desenvolver seu discurso definitivo sobre o potencial de grandeza do homem, ele fez uma correção de rumo a fim de exaltar a capacidade de resistência que os artistas ditos esquizofrênicos demonstram possuir.

Os dissidentes são três internos do Centro Psiquiátrico Pedro II, no Rio de Janeiro, protagonistas dos documentários coproduzidos por Leon Hirszman com a Embrafilme: Fernando Diniz ("Em busca do espaço cotidiano", de 80 minutos), Adelina Gomes ("No reino das mães", 55 minutos) e Carlos Pertuis ("A barca do sol", 70 minutos) – três dos personagens estudados por Nise da Silveira na história de resgate da humanidade que é sua experiência nos ateliês de terapêutica ocupacional.[8] Vamos conhecer Fernando, negro, pobre, filho de empregada doméstica. A tímida Adelina, filha de camponeses, condenada a não amar. E Carlos Pertuis, operário contra a vontade, deslumbrado com sua visão particular da ordem divina, que (escandalizando o receituário da psiquiatria) chamou aos gritos de "o planetário de Deus".[9]

O projeto inicial de Leon Hirszman com a psiquiatra Nise da Silveira era basicamente educativo (com a meta de "suscitar a discussão sobre a saúde mental"). Mas as imagens reagem. A montagem das telas, fotografadas com pudor e despojamento extremos, deslancha inquietação e emoção. Essa arte, segregada até menos de quatro decênios atrás, é, como disse a psiquiatra, autora do texto, "linguagem direta, força psíquica carregada de paixão e angústia".

8 Durante o Segundo Congresso Internacional de Psiquiatria, em Zurique, na Suíça, 1957, Jung disse: "Fiquei impressionado com as pinturas dos esquizofrênicos brasileiros, pois apresentam no primeiro plano características habituais da pintura esquizofrênica, mas, nos outros planos, uma harmonia das formas e das cores que não é habitual. Como é o ambiente onde esses doentes pintam? Suponho que trabalham cercados de simpatia e de pessoas que não têm medo do inconsciente."

9 "Carlos Pertuis produziu cerca de 21.700 quadros. Você começa a ver os quadros dele e só vê obras-primas. Na vigésima, ou você viaja ou fica sufocado", disse Hirszman. "Ele tem certamente uma metafísica, pois durante toda a sua vida manteve alguma outra relação além dos poderes normais dos sentidos e daquilo que aparece de imediato." (Entrevista a Sérgio Augusto, *Folha de S.Paulo*, 1987.)

A trilha sonora passa a informação objetiva, o zelo didático. Mas as imagens constituem um campo de iluminações capazes de estarrecer o espectador sensível ao que se situa longe do nível espetacular. Um ritual de beleza eivado de suspense psíquico, moldado com a dor, a poesia, os êxtases de criaturas humanas despojadas pelos ditadores da razão.

(Texto publicado com o título "Contra a ditadura da razão", em *O Globo*, 1987.)

Memórias do cárcere

Mergulhado no pensamento de Graciliano Ramos, o filme *Memórias do cárcere*, de 1983, de Nelson Pereira dos Santos, é mais do que uma evocação biográfica com *background* histórico. É também uma reflexão sobre as várias formas de cultuar e exercer a liberdade e de ampliar o espaço da militância política e social. Como nas palavras do escritor: "Liberdade completa ninguém desfruta: começamos oprimidos pela sintaxe e acabamos às voltas com a Delegacia de Ordem Política e Social, mas, nos estreitos limites a que nos coagem a gramática e a lei ainda podemos nos mexer".

O escritor foi detido sem processo, em março de 1936, em sua casa, em Maceió, Alagoas. O filme acompanha sua viagem até o Rio de Janeiro, com parada num quartel do Exército em Recife. No porão do navio, com outros 600 prisioneiros, começa o mergulho em um mundo sub-humano no qual viveria durante os anos seguintes.

Nelson Pereira dos Santos considera "metafóricas" as cadeias que reconstituiu. Por ocasião do lançamento do filme, disse:

> É a cadeia em que a gente vive e nos inferniza. O propósito do filme é transformá-la em coisa do passado. Eu acho que qualquer significado político em *Memórias do cárcere* deve ser extraído pelo próprio espectador e, dessa forma, estou sendo fiel ao pensamento de Graciliano Ramos. O livro, como o filme, não é político. Trata da condição humana, de forma universal.

Aqui o cineasta depura o estilo de *Vidas secas* – e este filme, da fase inicial do Cinema Novo, apresenta uma sequidão que não se confunde com frieza. Também retoma a tendência à concentração em um grande protagonista (o flagelado Fabiano em *Vidas secas*; o escritor em *Memórias do cárcere*), fazendo-o epicentro de uma galeria de personagens expressivos.

O mundo estético de *Memórias do cárcere* é polidevorador. Desta vez, Nelson digeriu simultaneamente várias raízes. O microcosmo do *close-up* (de expressão tão útil a um cineasta materialista como Serguei Eisenstein como ao idealista Carl Theodor Dreyer, de *A paixão de Joana d'Arc*); a convergência do individual e do coletivo (o drama individual como catalisador do coletivo); e a insistência no plano fixo (isto é, sem movimento de câmera), cultivado tanto por um clássico mais distante no tempo, o hollywoodiano William Wyler, quanto por cineastas contemporâneos do Oriente.

A câmera privilegia o personagem Graciliano Ramos, contido e emocionante, perturbador em seu insistente silêncio de observador. Não se trata de uma narrativa literária na primeira pessoa. É uma narrativa que compreensivelmente segue o ângulo de visão do escritor-prisioneiro, contribuindo para a participação e a reflexão da plateia. A ele cabe a capacidade de observação do intelectual. Mas, na descida aos infernos que começa com a voz de prisão formal em Alagoas e continua até a bestialidade kafkiana da Colônia Correcional da Ilha Grande, no Rio de Janeiro, o processo de transformação do protagonista vai dever mais à contribuição de outros presos do que ao seu poder de analista do arbítrio ou à sua bagagem cultural. Em certo sentido, pode-se considerar coautoria (ainda que involuntária ou inconsciente) o aporte de cada detento que deseja "entrar no livro", ainda embrionário. As figuras de estratos sociais mais pobres – as vítimas habituais na aplicação do Código Penal – levarão ao relato a carga mais rica de humanidade e tragédia. São aqueles que, nas palavras do carcereiro chefe, estão ali "para morrer".

Não há concessão espetacular no uso das cores. O cromatismo e os cenários são de exemplar sequidão. Na mesma linha de estilo, os movimentos de câmera são raros. Limitam-se às necessidades descritivas da ação. E seus grandes movimentos praticamente se limitam às cenas de manifestações no presídio do Rio de Janeiro. A forma audiovisual se mantém colada como um segundo sistema nervoso ao *feeling* do protagonista, ao sentimento de prisão permanente que se apossara do escritor desde seu enquadramento na carreira de funcionário público em Alagoas.

A atmosfera de claustrofobia do filme não reflete somente o aprisionamento físico dos personagens. Transmite a consciência da opressão intelectual e social de um período da vida brasileira emparedada pelo obscurantismo do Estado Novo.

O arejamento visual na Ilha Grande é evitado pelo cerco das trevas em torno do pátio, nas sequências noturnas. Assim, nem os planos gerais ao ar livre rompem a unidade do estilo.

"Eu sou Graciliano Ramos", disse Carlos Vereza durante um dos testes para escolha do intérprete protagonista. E se entregou de corpo e alma ao papel, com resultados que se refletem tanto na emoção como na veracidade que o filme transmite. "Carlos Vereza consegue tornar sensível essa revelação de um outro mundo, essa afirmação da dignidade humana e da dignidade brasileira", escreveu o crítico Louis Marcorelles, no *Le Monde*.[10]

(Texto publicado com o título "Memórias de Graciliano & Nelson", no *Jornal do Commercio*, por ocasião do lançamento em vídeo, 1997.)

10 Os aproximadamente 300 personagens do livro foram fundidos em cerca de 100 no filme, rebatizados com nomes fictícios (à exceção de Olga e Luiz Carlos Prestes – este só tem o nome mencionado, não aparece em cena –, o advogado Sobral Pinto e o próprio Graciliano). *In* SALEM, Helena. *Nelson Pereira dos Santos – O sonho possível do cinema brasileiro*. Rio de Janeiro: Nova Fronteira, 1987.

Bete Balanço

A receita do filme para a juventude é uma panaceia sem fronteiras, que ora consegue sucesso de consumo, ora é paternalizada pelos vigilantes da sociedade como veículo de boas intenções. Pode conciliar esses resultados, pode impor respeito sob o prisma da feitura técnica, espetacular, mas quase sempre traduz uma contradição de bases autoritárias e comerciais. Parte-se de uma postura de "dono da verdade"; produtores armam um pacote do que consideram comportamentos jovens, quando seu público-alvo nem está mais aí. *Bete Balanço*, primeiro longa-metragem de Lael Rodrigues, 32 anos, autor do argumento original, roteirista (com Yoya Wurch), diretor e montador, dirige-se à faixa jovem como opção de mercado, mas não fecha questões, não dita regras. É um filme bastante aberto, sem visíveis pretensões de "fazer a cabeça" dos espectadores. Há motivos para crer, conforme a convicção do realizador, que o alto-astral da personagem-título integre a substância do filme e passe tranquilamente ao seu público.

Um desafio: fazer filmes para a geração que nasceu entre os traumas e as fraturas de meados dos anos 1960 e que sai da adolescência numa indefinida atualidade em que são tantos os acenos de ceticismo. Corre-se o risco de produzir (como no caso de *Bete Balanço*) para uma faixa do público jovem que – nas palavras de Lael Rodrigues – "nunca foi visto, sequer ouvido, e jamais viu sua imagem em cinema". Muitos dessa faixa se distanciaram do cinema brasileiro pelo hermetismo em que caíram os cineastas, no confronto com os censores, à época do Cinema Novo.

Uma geração cresceu na idade "mídia", na linguagem do clipe. O rock quebrava os padrões vigentes e expressava toda uma insatisfação, uma rebeldia. Essa identificação com o rock transborda da trilha sonora para as imagens e a montagem de *Bete Balanço*, dando ao filme sua nítida impressão digital. Não tem pretensão a *Hair*, mas pode ser visto com prazer e sem o sentimento de alienação que costuma acompanhar os chamados "filmes jovens".

Nada de novo, a rigor, na história de Bete, mineira de quase 18 anos, que se despede da família com um bilhete fugitivo, deixa para trás o noivo, o sucesso no vestibular e vai tentar a sorte (como roqueira) no Rio de Janeiro. Mas roteiro, direção e atores capricham no comportamento, no diálogo veraz, natural (sem a praga do naturalismo de interpretação) e transmitem uma vivência que se assimila com prazer e que é rara no musical. Um musical para os que se identificam com o tipo de criação do Barão Vermelho, Lobão e os Ronaldos, Brylho, Celso Blues Boy, Metralhatxeka. E que proporciona a Débora Bloch, além da feliz performance como Bete Balanço, oportunidade de casar sua vitalidade com os números dançados que o filme situa habilmente em estilo de videoclipe. Lauro Corona tem boa atuação como o fotógrafo empenhado em uma cruzada contra os linchadores de um trombadinha. Também eficiente Diogo Vilela (Paulinho). E sedutora a pequena participação de Maria Zilda (Bia). A produtora CPM (de Lael Rodrigues, Carlos Alberto Diniz, Tizuka Yamasaki) demonstra que um filme de nível médio pode ter o mesmo capricho técnico das produções mais ambiciosas.

(Texto publicado em *O Globo*, 1984.)

O beijo da Mulher Aranha

Em Hector Babenco habitam duas tendências que raramente coexistem em um cineasta: a habilidade do produtor, que traz a preocupação de armar projetos com sólidos valores de mercado e garantias de receptividade; e a ânsia de superar-se de filme para filme, arriscando as possibilidades de um tema até os limites da ruptura entre a proposta original e o potencial de aceitação do público. Isso pôde ser observado desde sua estreia no longa-metragem, com o inventivo e ainda insatisfatório *O rei da noite*, de 1976, até *O beijo da Mulher Aranha*, de 1985, caso singular de simbiose de valores do cinema experimental-alternativo, dirigido a limitada gama de cinéfilos, com as qualidades universalistas do cinema-espetáculo. No intervalo entre um e outro, *Lúcio Flávio, o passageiro da agonia* mesclou elementos de linguagem do gênero policial norte-americano com a indignação social do romance-reportagem de José Louzeiro, e, a partir de uma obra (*Infância dos mortos*) do mesmo autor, criou *Pixote*, que talvez ainda seja seu trabalho mais cinematográfico. Começando como crítica à ineficácia dos reformatórios para a infância abandonada, *Pixote* somou, com poesia e aspereza, a busca de uma fraternidade acima das instituições. É o paradoxo de Babenco: esse artista e profissional extremamente disciplinado sempre teve predileção pelas situações de marginalidade, nas quais, no extremo da discriminação e do desamparo, os seres podem gerar solidariedade sem sentimentos de estufa.

Coerência absoluta marca o cineasta. Marginalidade, individualismo, aprisionamento, amor. Do "rei" notívago e sibarita (Paulo José) ao subversivo

(Raul Julia) e ao homossexual (William Hurt) de *O beijo da Mulher Aranha*, Babenco cumpre sentença com seus personagens. A humilhação – esse flagelo que Ingmar Bergman enfatiza entre os piores da humanidade – marca todos os seus protagonistas. Mas, talvez com exceção do rei notívago, todos extraem desse suplício, da intolerância e da tortura física, a seiva da liberdade e da revolta. Mesmo que venham a encontrar a morte na tentativa – a antecipação de um encontro marcado que o cineasta dramatiza como provocação a um renascimento em vida. Na teia da *Mulher Aranha* (um dos filmes narrados por Molina no cárcere), geradora dos fios que aprisionam, encontra-se uma metáfora da solidão. Este é o monstro a ser exorcizado ao longo das teias ficcionais que separam o subversivo e o homossexual no cárcere criado por Manuel Puig em seu romance, e que (apesar dos signos brasileiros em algumas cenas exteriores) permaneceu cenário de país latino-americano não especificado.

Aproximadamente três quartos da projeção de *O beijo da Mulher Aranha* transcorrem na cela partilhada pelo prisioneiro político Valentim, figura secundária de um grupo antifascista, e o homossexual Molina, condenado por corrupção de menor. Desde as primeiras imagens instala-se a oposição entre o romantismo de Molina e o racionalismo de Valentim, que ouve as narrativas do outro como algo para preencher o tempo e amenizar suas dores. Fanático por filmes escapistas, bálsamos em sua vida carente de amor, Molina aparece vestindo-se com toques femininos, enquanto descreve o encanto da artista francesa Leni Lamaison (um dos três papéis interpretados por Sônia Braga), que imediatamente veremos oscilando entre a causa da Resistência e a atração por um oficial alemão – visualização de um imaginário e típico filme de propaganda nazista. Essa característica política não interessa ao homossexual fascinado somente pelo ouropel de sofisticação do enredo.

Babenco dá ênfase a esse filme dentro do filme, porque a chave para a mutação dos personagens é a fantasia destilada pela capacidade de afeto de Molina. Como trama ou forma, nenhum dos dois filmes narrados por Molina interessa, mas eles servem de trampolim à "emoção em estado puro", catalisadora da transformação dos prisioneiros. "Não é à toa que Puig cria uma situação de *huis clos*, um psicodrama em nível racional, onde as pessoas ficam tão extenuadas que perdem todas as defesas contra a emoção", afirma Babenco. "O romance me atraiu pelo modo mágico de mostrar como homens de origens sociais, políticas e psicológicas totalmente diferentes podem tornar-se amigos e como essa amizade pode afetar a vida deles." Nos poucos momentos fora da cela, Molina sofre pressões do diretor da prisão (José Lewgoy) e de um policial (Milton Gonçalves) para extrair revelações de Valentim – o que tem contraponto irônico na traição de Leni no filme dentro do filme. A par das pressões, desenvolve-se (não revelado) o amor do homossexual pelo subversivo e a visão que este vai alcançar da generosidade do outro. Ocorre, então, uma troca insólita: Molina se mostra capaz de arriscar a vida para servir a uma causa; e Valentim, no clímax do sofrimento, encontra na fantasia da fuga com a ex-amante (também Sônia Braga), imagens fascinantes de felicidade.

William Hurt tem o desempenho mais representativo do estilo (entre má-

William Hurt: *O beijo da Mulher Aranha*

gico e realista) da direção. Raul Julia também está perfeito. Mas não há desnível entre os atores "forasteiros" e os brasileiros (inclusive Denise Dumont, Nildo Parente e Herson Capri). Outras contribuições importantes: a música de John Neschling e a fotografia dirigida por Rodolfo Sanchez. A roteirizarão da história por Leonard Schrader reflete (sem necessidade de assinatura) a marca da personalidade criadora de Babenco.

(Texto publicado em *O Globo*, 1985.)

Nunca fomos tão felizes

O título *Nunca fomos tão felizes* sugere extroversão de sentimentos e afetividades plenamente realizados. O filme, estreia oficial de Murilo Salles em longa-metragem (ele dirigiu, em 1978, o documentário *Estas são as armas*, de 62 minutos), arrisca-se a contrariar expectativas tanto no que se propõe a dizer, quanto na maneira de fazê-lo. Salles está distante do hermetismo frequente nas gerações de cineastas brasileiros que viveram desencontros entre ideias e plateias, dos anos 1960 aos 1980, mas também se recusa a repetir fórmulas de narrativa espetacular como recurso para cativar o público. Seu filme dirige-se às plateias que procuram no cinema um relacionamento mais ativo com as imagens. O afã de criatividade se estende à forma de apresentação do título, que chega à tela em dois tempos, tanto na abertura como no encerramento. No início, "Nunca fomos/tão felizes". No final – em insólito contraste – "Tão felizes/nunca fomos".

Os protagonistas, pai (Cláudio Marzo) e filho (Roberto Bataglin), separados durante oito anos por fatores que o espectador somente vislumbrará pouco a pouco, vivem a expectativa e a ansiedade de um relacionamento intenso, capaz de compensar o tempo perdido. O primeiro cumpriu pena de prisão durante a maior parte do período, enquanto o segundo deixava a infância e entrava na adolescência em um colégio de padres, no interior. No Rio de Janeiro, as atividades sigilosas do pai adiam a plenitude do reencontro. Por "razões de segurança", o rapaz deve permanecer desinformado sobre os passos do pai. Quando a verdade ganha corpo e pode desfazer as mágoas, é tarde demais.

Desde cedo órfão de mãe, o adolescente vive uma solidão mais sofrida a partir do momento em que, resgatado ao insulamento do colégio interno, vai para uma virtual prisão sem grades: um amplo e desabitado apartamento em Copacabana. Batidas policiais, assassinatos em manchetes, um sequestro noticiado pela televisão, quantias de dinheiro sem fonte conhecida e até a necessidade de o rapaz viver em relativa "invisibilidade" são ingredientes propícios a lances de *thriller* e de decifração detetivesca. Mas Salles mantém-se fiel à inspiração originária de um conto de João Gilberto Noll, "Alguma coisa urgentemente", que reprocessou para a tela com a colaboração de Jorge Durán (adaptação) e Alcione Araújo (roteiro).

O próprio tempo cronológico da ação tarda a ficar perceptível. É o começo da década de 1970 – anos de rebeldia armada ao regime militar e de repressão violenta, sob o manto "tranquilizante" de diversas censuras. No *habitat* de angústia que é o apartamento, onde os interlocutores do rapaz são duas fotos (a mãe e a ausente proprietária interpretada por Susana Vieira), *Nunca fomos tão felizes* fala indiretamente de desencontros maiores. E de uma orfandade mais grave: a de uma geração à qual foram negadas as mais vitais motivações.

(Texto publicado com o título "No silêncio entre pai e filho, a orfandade da geração dos 70", em *O Globo*, 1984.)

Quilombo

Valeu a pena esperar 20 anos por *Quilombo*. No início dos anos 1960, quando se aproximou do tema de Palmares – *Ganga Zumba, rei de Palmares* –, Carlos Diegues tinha apenas 22 anos, estava em seu primeiro longa-metragem, com parcos recursos materiais e vivia as simplificações perigosas do nascente Cinema Novo (a utopia de "uma ideia na cabeça e uma câmera na mão"). Deixando os limites do cinemanovismo pelo pós-Cinema Novo da década de 1970 (tempo das reflexões do sedutor *Bye bye, Brasil*), quando se buscava o grande público abrindo mão de experimentações radicais e rigor estético, Diegues faz sua entrada nos anos 1980 com ousada aliança entre o popular e a vanguarda, e com uma transformação da inventiva (misto de "jeitinho") dos cineastas brasileiros em tecnologia espetacular alternativa. Isso é *Quilombo*, que, antes de chegar ao *set*, já captara um investidor europeu (a Gaumont).

Quilombo não é um marco (palavra abusada, mas desta vez justíssima) por armar uma produção de 1,3 milhão de dólares, complexa como arte-indústria. É marco por utilizar tais recursos em uma "economia da pobreza", alimentada de muita imaginação e de fantasias coletivas.

Quilombo, se faz algum milagre, é o de conseguir a convergência de sensibilidades, talentos e paixões criadoras, tanto no vasto elenco quanto na equipe técnica. As emoções que despertou em Cannes podem ser explicadas com tanta facilidade quanto as perplexidades que as acompanharam. A beleza formal e o vigor anímico e sensual de grande parte dos personagens asseguram

Zezé Motta na utopia de *Quilombo*

certo impacto no exterior. Mas, serenamente, não se poderia esperar a fácil adesão de plateias forasteiras àquilo que mesmo para certas faixas do público brasileiro parecerá estranho: um filme que se debruça sobre a História, mas que não a vê com o didatismo e a tradição narrativa habituais no gênero.

Partindo de inspirações de *Ganga Zumba*, romance de João Felício dos Santos, e de *Palmares – A guerra dos escravos*, ensaio de Décio Freitas, Diegues planejou inicialmente oito horas de projeção: *Quilombo* iria em capítulos para a TV e, depois, remontado, teria uma versão para os cinemas. (Não muito distante do que Ingmar Bergman fez com *Cenas de um casamento* e outras criações memoráveis.) Limitado a 119 minutos na metamofose do projeto de produção, ele se concentrou mais intensamente na sintetização onírica e poética – com grande apoio na música e na coreografia dos personagens. Para esta façanha, foram indispensáveis coautorias como a de Gilberto Gil (música) e Waly Salomão (letras) na trilha sonora, e a de Luiz Carlos Ripper na criação de cenografias e figurinos que multiplicam a magia do universo afro-brasileiro e a força frequentemente expressionista de personagens e de situações.

Há várias maneiras de não gostar de *Quilombo*, como acusá-lo de não ser um documentário histórico ou um rigoroso ensaio antropológico. Um crítico europeu, por exemplo, lamentou não ver a epopeia de Palmares "analisada com um olhar etnólogo, à maneira dos filmes de Jean Rouch". Ora, seria insanidade tentar reproduzir uma história jamais registrada de maneira confiável. Palmares distinguiu-se como comunidade organizada, mas não a ponto de manter um arquivo subterrâneo para a posteridade. A solução foi iluminá-la com esses "brados" cromáticos nunca vistos no cinema. Ante a impossibilidade da precisão histórica, optou-se pela forma superior da poesia. É a utopia do Eldorado fraterno que também flui de uma das criações de Gilberto Gil e Waly Salomão:

> Quilombo que todos fizeram com todos os santos zelando
> Quilombo que todos regaram com todas as águas do pranto
> Quilombo que todos tiveram de tombar amando e lutando
> Quilombo que todos nós ainda amamos tanto.

(Texto publicado em *O Globo*, 1984.)

Cabra marcado para morrer

Limitar *Cabra marcado para morrer* à classificação de documentário parece-me um equívoco. A restrição equivaleria a rotular *O bandido Giuliano*, de Francesco Rosi, por exemplo, como "reconstituição documentária". Há momentos em que o observador de cinema sente a miséria das palavras para a tarefa de levar ao leitor justo parecer sobre um filme. No caso de *Cabra marcado para morrer* fatores diversos dificultam a definição.

Eduardo Coutinho começou a estranha aventura de criação em 1962, com o propósito de um documentário sobre a realidade brasileira, em 16 milímetros. Em Sapé (Paraíba), registrou um comício de protesto contra o assassinato de Pedro Teixeira, fundador da Liga Camponesa local, vítima de integrantes da Polícia Militar que atuaram como o braço longo de interesses contrariados. Participava do comício a viúva do líder, Elizabeth Teixeira (que viria a ser a grande protagonista de *Cabra marcado para morrer*) e, não por acaso, esta sequência destacou-se naquele insatisfatório documentário e deu origem ao projeto de um filme sobre Pedro Teixeira, segundo normas do cinema realista (ou neorrealista) de ficção, a ser distribuído em 35 milímetros.

Das filmagens de 1962 às de 1964, a inspiração continuaria sendo a do CPC (Centro Popular de Cultura), organismo da UNE (União Nacional dos Estudantes), que acenava com receitas ideológicas prontas para captar e transformar a realidade brasileira. Segundo um dos padrões iniciais do neorrealismo italiano, autênticos camponeses interpretariam os camponeses de Sapé –

Elizabeth reviveria sua própria experiência –; outro integrante da Liga, João Mariano faria o papel de Pedro Teixeira; e assim por diante. Os acontecimentos gerados pelo golpe militar de 1964 interromperam tanto o filme como o processo reivindicatório que ele – de forma condenada à fatuidade por uma estética sectária – tentava tratar. A equipe se dispersa, o material filmado é escondido no Rio de Janeiro (em depósito insuspeito: a casa de um general, pai do cineasta David Neves), e posteriormente nos laboratórios Líder. Elizabeth Teixeira busca refúgio em Recife e, depois, adotando outro nome, vive 17 anos no Rio Grande do Norte. Naquele momento, não parecia haver dúvida: o copião de Eduardo Coutinho ingressaria no rol das obras inacabadas – fenômeno comum na história de nosso cinema.

Dezessete anos depois, vigorando o decreto de anistia, Eduardo Coutinho, sem prever os novos capítulos da aventura, reencontrou Elizabeth e os camponeses de Sapé, e projetou para eles o material filmado. As novas circunstâncias do país e o confronto dos improvisados intérpretes com suas imagens do passado na tela deflagraram um fenômeno singular: a nova versão de *Cabra marcado para morrer* (produzida nos primeiros anos da década de 1980, que quase nada aproveita do material de 1964), marca a vitória da realidade sobre dois processos ficcionais – o postiço realismo do CPC e a propaganda repressiva incapaz de desintegrar a sabedoria simples de dona Elizabeth e de seus irmãos de infortúnio.

Em sua última investida no terreno de uma realidade complexa, já despojado de dogmas ideológicos, Coutinho teve a grandeza de abandonar toda postura de oráculo da História e, fraternalmente, viver com os personagens a torrente dos fatos. Implicitamente ele reconhece a impotência da estética do CPC e, como um repórter iluminado, passa a trabalhar sobre o equilíbrio entre suas intervenções e o esplendor de veracidade das reações dos personagens. É a singularidade detectada pelo documentarista Vladimir Carvalho: "O filme provoca a sua matéria, ao contrário do que normalmente ocorre no cinema, que trabalha em cima de matéria vencida no tempo, reelaborada como espetáculo". A violência contra o primeiro *Cabra marcado para morrer* gerou o definitivo, que, calorosamente, mas com serenidade, expõe o heroísmo maior: o dos sobreviventes (camponeses e equipe cinematográfica) altivos na defesa de direitos que, quando exercidos no cotidiano, transformam um território em nação.

Cabra marcado para morrer é indispensável a uma visão sociopolítica de 20 anos da vida brasileira e, portanto, um dos mais importantes momentos de nossa filmografia. É uma obra que cria seu próprio espaço e cujas consequências no cinema sinto-me incapaz de prever. É também uma experiência humana irresistível, que se deseja compartilhada por todos.

(Texto parcialmente baseado em matéria publicada em *O Globo*, 1984.)

Jango

A partir de *O mundo em que Getúlio viveu*,[11] de Jorge Ileli, o cinema brasileiro consolidou um tipo de produção documental que mobiliza harmoniosamente emoção e reflexão, motivando o público em um nível de dignidade e inteligência que o reconcilia com o gênero. Sílvio Tendler reforça o prestígio do documentário histórico ao realizar *Os anos JK*, 1976-1980, e *Jango*, 1981-1984. À falta de uma filmografia biográfica não documental, os filmes que alimentam aquela vertente furam o bloqueio da história oficial e da desinformação política.

Considerando impossível a isenção absoluta nesse tipo de trabalho, Tendler reconhece que fez (é óbvio) um filme "simpático a Jango". Mas não é preciso possuir um tropismo getulista, juscelinista ou janguista para reconhecer os méritos das obras citadas, que, filtradas pela percepção de cada espectador, lançam novas luzes ao conhecimento da História. *O mundo em que Getúlio viveu* é o mais equilibrado dos três filmes, ainda que menos instigante de debates, inclusive porque aborda uma trajetória política anterior aos entrechoques das últimas décadas.

11 *O mundo em que Getúlio viveu* data de 1963. Principalmente pelas tensões políticas e pelo golpe de 1964, seu lançamento tornou-se inviável. Jorge Ileli guardou o maior sigilo sobre o filme durante mais de dez anos, abrindo exceção apenas a uns poucos críticos e amigos íntimos. A estreia aconteceu em 1976, depois de sondagens nos bastidores da Censura e adjacências.

Apesar da eloquência da edição, o *Getúlio* de Jorge Ileli não é exemplar do que o crítico André Bazin estudou como "documentário ideológico de montagem", exemplificado com a série *Por que combatemos*, 1942-1945, supervisionada por Frank Capra, e que os Estados Unidos produziram como arma de informação e, sobretudo, propaganda, segundo os objetivos da vitória sobre o nazifascismo. Caracteriza-se este tipo de documentário pelo livre-arbítrio na junção de imagens filmadas com outros fins, e pelos novos significados assim obtidos e induzidos pelo texto da locução. Assim, Bazin temia que, em vez de levar às ciências históricas "um progresso rumo à objetividade", o cinema lhes daria "um poder de ilusão suplementar". O peso da ideologia sobre o relato histórico está presente, em *Jango*, quando o filme passa a Salvador Allende, a Che Guevara morto, a Fidel Castro. Típica daquele poder de ilusão é a inserção da cena de arquivo do reconhecimento do corpo de Guevara por Fidel: uma foto de Che, um momento de comoção de Fidel e nenhuma relação com o biografado. Nesse momento, entre outros, a ideologia de Tendler assume o primeiro plano, em detrimento da proposta política de João Goulart. Feitas estas restrições, cabe enfatizar que pesam muito menos que as virtudes da maioria das sequências de *Jango*.

A solidão do poder está bem desenhada na crescente gravidade gestual e fisionômica do presidente não eleito para o cargo, confirmado por meio de plebiscito, sempre lutando pelas prerrogativas de seu mandato, e cuja imolação seria facilitada pelo torvelinho e não alinhamento das correntes reivindicatórias que liberou para o exercício da democracia. Há uma frase-chave na narrativa: "Jango, com as reformas, fez o Brasil viver sua utopia". Herdeiro político de Getúlio Vargas, mas não de sua visão de estadista, João Goulart carecia de apoios homogêneos capazes de viabilizar utopias urgentes, em contraste com a estrutura de inércia do Brasil oficial, ainda cúmplice do título (ambíguo) dado por Stefan Zweig: "o país do futuro".

(Texto publicado em *O Globo*, 1984.)

Pixote, a lei do mais fraco

Pixote, a lei do mais fraco, de 1980, é um filme terrível. Hector Babenco, realizador do vigoroso *Lúcio Flávio, o passageiro da agonia*, de 1977, volta a tomar como base um romance de José Louzeiro (*Infância dos mortos*) e alcança nível expressivo superior, negando o enfoque restritivamente polêmico que se costuma dar ao problema da infância abandonada nos meios de comunicação. Nada mais fácil do que discorrer sobre causas da delinquência na faixa infanto-juvenil – "seria como fazer um trabalho sobre o Lúcio Flávio de calças-curtas", afirmou Babenco.

Em *Brinquedo proibido*, de 1951, dirigido por René Clément, duas crianças condicionadas pelos traumas da guerra mantêm às ocultas um pequeno cemitério para insetos, cães e outros bichos. Tardiamente os adultos descobrem o brinquedo macabro, que classificam de blasfêmia pelo uso de uma cruz em cada sepulcro. Sua piedade fossilizada porá fim à demonstração de sensibilidade das duas crianças. *Brinquedo proibido* foi aclamado como libelo contra a guerra, mas poucos observadores destacaram o ângulo de esmagamento da fantasia infantil pela intolerância dos adultos – um estado de beligerância que sempre prescindiu de declarações formais.

Louzeiro disse que *Pixote* é "uma fita universal em sua dor". Embora as vítimas diretas sejam meninos sem o mínimo de estrutura familiar, de apoio nutricional e de ensino – os trombadinhas ou pivetes, originários de faixas sociais mais vergastadas pela injustiça social –, o filme transcende a mera documentação de carências oficialmente reconhecidas e, em consequência, não deixa insensíveis os espectadores de qualquer patamar da sociedade. Passar de um impacto como *Pixote* à ação solidária e responsável é outra coisa, muito diversa. Em geral, os indivíduos tendem a uma reação de autodefesa demasiado simplória, alegam que "tais coisas sempre aconteceram, em todas as épocas". Ainda mais simplória é a reação daqueles que consideram Babenco pouco específico – ele nem dá nome ao reformatório onde se passa parte da história. Ora, evidentemente, a história dos pixotes trancafiados, brutalizados, que fogem e ingressam na delinquência no eixo Rio de Janeiro-São Paulo, não teria estofo de tragédia se uma simples reforma nos métodos de correção burocrática fosse capaz de liquidar os problemas.

Fernando Ramos da Silva e Marília Pêra

"Universal em sua dor", o filme é, por dar a visão de uma espécie de genocídio espiritual ainda mais brutal que as agressões físicas dos guardas do reformatório e os assassinatos "providenciais" cometidos pela polícia. Sem apontar o dedo na direção desta ou daquela autoridade, Babenco e seus colaboradores assumem uma posição mais ousada: apontam como, para dezenas de milhões de menores em nosso país, o mero exercício da infância – como seara do lúdico e território do sonho e da autoinvenção – tornou-se literalmente impossível.

O filme acompanha a constituição natural de um grupo de companheirismo dentro do reformatório: Lilica, o homossexual que beira os 18 anos; Dito, que esboça um casal com o primeiro; Fumaça e Pixote, este com apenas dez anos. Depois de estabelecer o estarrecedor e perfeitamente verossímil clima de terror do reformatório, Babenco descreve a trajetória inevitável dos que conseguem fugir: o exercício como trombadinha, a manipulação por adultos que traficam drogas e a promiscuidade com outras faixas da marginalidade, inclusive com uma prostituta patética, admiravelmente interpretada por Marília Pêra.

Acima das violências e das humilhações, paira o esforço das crianças para se relacionarem afetivamente – a tentativa quase inconsciente de compor um grupo familiar. Esta é a compreensão superior de Babenco e o que livra seu filme do rotineiro formulário de denúncia.

Magnífico seu trabalho na direção dos meninos, em especial no que se refere a Fernando Ramos da Silva,[12] o Pixote, inesquecível como um personagem de Vittorio de Sica.

(Texto publicado no *Jornal do Brasil*, 1980.)

12 Ao contrário de uma versão corrente, Fernando Ramos da Silva, descoberto para o cinema por Hector Babenco, não era menino de rua ou delinquente. Vivia com a mãe e com os irmãos, muito pobres, em Diadema, na Grande São Paulo. Já havia atuado em um pequeno papel no teatro. Resvalou para a delinquência depois de não ter conseguido fazer carreira, apesar do sucesso estrondoso (e internacional) de *Pixote*. Em 1987, desarmado, foi perseguido e morto por policiais. Tinha apenas 19 anos, havia se casado e tinha uma filha. Sua verdadeira história foi contada por José Louzeiro no livro *Pixote, a lei do mais forte*, adaptado para o filme *Quem matou Pixote?*, realização de José Joffily, de 1996.

A intrusa

Realizador do cinema brasileiro desde 1954, Carlos Hugo Christensen (1914-1999) – argentino de berço e de formação, mas artista da América Latina por experiências além de várias fronteiras nacionais – encontra seu momento maior quando muitos já o consideravam incapaz de surpresas. *A intrusa*, seu filme-testamento, parece mais um Christensen entre o fervor da juventude e a tranquilidade interior de recém-conquistada maturidade. A maturidade profissional e humana é antiga no cineasta de *Esse Rio que eu amo*. Nunca, porém, a vimos ungir com tanta beleza e generosidade todos os patamares da sempre arriscada ascensão do projeto ao filme. Tragédia e fascínio quente, telúrico, andam juntos em *A intrusa*.

"Prefiro ser julgado por *Limites*, por 'La intrusa', por *Golem* ou por *Junin*." A afirmativa é do autor do conto original, Jorge Luis Borges, feita no prólogo da *Nova antologia pessoal*. Sabia-se que, além da estima por "La intrusa", Borges (cinéfilo, ex-crítico cinematográfico e com experiência em roteiro) temia que o texto descambasse para a pornografia chegando à tela em mãos inábeis ou menos escrupulosas. O currículo de Christensen desautorizava esses temores. Além do empenho de sua produção pré-Brasil, sabe-se da sintonia de sua sensibilidade com Aníbal Machado, que levou o cinema com probidade comparável à dignidade do escritor brasileiro. Por todos esses títulos, Christensen, estudioso de Borges de longa data, conseguiu o beneplácito do autor para adaptar o pequeno relato que integra o volume *El informe de Brodie*, de 1970.

E daí? Como dar vitalidade e interesse de longa-metragem às poucas páginas de "La intrusa"? Um realizador comum e não conhecedor da trajetória de Borges veria no original apenas um rascunho, um esboço de conto com ares de crônica ou de uma possível novela. A simplicidade do original se reveste da aparente limitação da tradição oral. Sem dúvida, como intriga e escrita, "La intrusa" admite a informação incluída no folheto de apresentação do filme. "Um relato simples que ele tirou da boca de um dos personagens envolvidos na história, e que foi confirmado ao escritor, anos depois, por outra pessoa que também o ouviu." Baseando-se na estranha história dos irmãos Nilsen, argentinos de imprecisa ascendência europeia (que seria dinamarquesa ou irlandesa), Borges anuncia quase como introito: "Vou fazê-lo com probidade, mas já prevejo que vou ceder à tentação literária de acentuar alguns pormenores".

Na fonte dos fatos ou relatos pré-literários, assim como no conto, Cristiano e Eduardo Nilsen eram habitantes de Turdera, pequena vila do interior – hoje subúrbio de Buenos Aires. Recriar esse *habitat* dos últimos anos do século XIX traria problemas de produção talvez insuperáveis para o filme brasileiro. Por outro lado, o comportamento dos irmãos Nilsen e o crime que se situa em sua história seriam mais verossímeis e visualmente mais expressivos no isolamento, na horizontalidade cenográfica dos pampas. Christensen, seguro roteirista, situou-os numa casa de pedra, em um rancho às vezes vergastado pelo minuano, nas proximidades de Uruguaiana, no Rio Grande do Sul, em 1897. A reconstituição ambiental, a paisagem humana, o linguajar de fronteira (com a colaboração "de decisiva importância" – segundo o cineasta – de Ubirajara Raffo Constant, folclorista e artista plástico) são de tal expressividade que, isoladamente, bastariam para fazer do filme um trabalho culturalmente valioso.

A Bíblia (único livro na casa dos Nilsen), de capa escura, sempre fechada a um canto da casa de pedra, e a breve citação do nome Caim (no conto e, de maneira menos sutil, no filme) acenam para o perigo que ameaça o relacionamento mais que fraternal, quase geminado, estranhamente simbiótico, de Eduardo e Cristiano, quando este, o mais velho, toma como criada e objeto de satisfação sexual uma silenciosa china, Juliana. Como os desafios da natureza, os arrepios da honra consanguínea, as dificuldades de toda sorte, também Juliana será partilhada. Cristiano sai, uma noite, e diz a Eduardo que se quiser poderá usá-la. Passam a viver a três. Juliana, sempre serviçal de mesa e cama, sabe não ter direito a opiniões ou a exteriorizar emoções. Mas algo em seu olhar atemorizado, humilde, demonstra pelo menos uma leve preferên-

Maria Zilda e José de Abreu em *A intrusa*

cia por Eduardo. A inquietação entre os irmãos se avoluma. Hostilizam-se a troco de nada. Temporariamente, a tragédia será afastada com a decisão de que a mulher deverá ser despedida. Vendem-na à dona de um bordel e – como tudo o mais – dividem o dinheiro recebido.

Quando ambos descobrem que o problema continua, agora obrigando-os a mentir para visitar em separado o prostíbulo, recompram Juliana. Na aparência, a mulher continua objeto de satisfação carnal, sempre possuída violenta e silenciosamente. Só na aparência: os liames da carne e da coabitação tendem a gerar sentimentos conflitantes no outrora bastante binômio Cristiano/Eduardo. A sombra de Caim e Abel torna-se nítida quando Eduardo, um dia, demora a apontar uma cobra que se aproxima das pernas do irmão mais velho. A mulher deve morrer ou o espírito de Caim prevalecerá.

No final, a solução originária das páginas de Borges é ao mesmo tempo cruel e de grandeza trágica. No filme, onde sabe evitar sombras melodramáticas, Christensen perde um pouco de lastro ao optar pelo extremo oposto: poderia ser menos seca a revelação do crime – um assassinato ritualístico.

A intrusa apresenta, entre outras surpresas, uma excelente direção de fotografia de Antônio Gonçalves. Este veterano, que sempre padeceu de academismo, não opta por proezas modernas ou modernosas. Lançando mão de recursos sem novidade, contribui para dotar *A intrusa* de luzes, cores e ângulos mais adequados a seu clima secreto, sensual, telúrico. Christensen, naturalmente, soube o que pedir a Gonçalves e como utilizá-lo como colaborador na criação de espaços de fato cinematográficos, nos quais avultam o isolamento do homem de fronteira e o drama dos Nilsen em busca da identificação absoluta em afetividade e destino, no amor e no crime.

Sem perder a qualidade de filme brasileiro na busca de universalidade via Borges, *A intrusa* ganhou plasticidade remanescente de produções japonesas fotograficamente requintadas. Quando tudo indicava possível semelhança com o *western* norte-americano nos confrontos de honra, nos duelos, Christensen foge à tão frequente influência e consegue um estilo bastante livre.

A ausência de celebridades não enfraquece o elenco. José de Abreu tem um trabalho marcante como Cristiano Nilsen, e a atuação de Arlindo Barreto, no papel do irmão, também é segura. Maria Zilda, praticamente desprovida de diálogos, transmite sem falhas o drama de Juliana.

Ao contrário do que eu esperava, a música de Astor Piazzola está eivada de romantismo, produzindo um contraste dramaticamente funcional com o despojamento que Christensen aplica ao comportamento dos personagens centrais. Um contraste que acentua a premonição de tragédia. Em verdade, o que seria a fria partilha de um corpo de mulher rasga corações.

(Texto publicado no *Jornal do Brasil*, 1980.)

República dos assassinos

República dos assassinos situa-se em posição intermediária no rol dos filmes direta ou indiretamente inspirados na ação do Esquadrão da Morte. Não se aproxima do nível de *Lúcio Flávio, o passageiro da agonia*, dirigido por Hector Babenco a partir do livro de José Louzeiro, nem tem um roteiro tão complacente e simplista como o de *Eu matei Lúcio Flávio*, confiado à direção de Antonio Calmon (superior ao texto). Sob o ângulo material, *República dos assassinos* ganha um patamar ainda mais confortável e dá ideia do esforço que muitos profissionais brasileiros estão empreendendo para atenuar a defasagem técnica diante dos centros produtores mais avançados – antiga situação de inferioridade que o culto do pauperismo (teorizado pelos zeladores da "estética da fome") agravou. Quando até um cinema tão desenvolvido como o francês entra em pânico, sob a pressão da força espetacular e dos investimentos do cinema norte-americano na constituição de suas equipes técnico-artísticas e no arsenal tecnológico, impõe-se arquivar o culto da quantidade que é o tabu mais entranhado no meio cinematográfico nacional. Inclusive porque os recursos são insuficientes até para bancar com alguma assiduidade o padrão médio de produção representado por *República dos assassinos*.

A rigor, *Lúcio Flávio, o passageiro da agonia* é o único exemplar do ciclo Esquadrão da Morte que não dá certa cobertura aos crimes dos "homens de ouro" da polícia. Tanto *Eu matei Lúcio Flávio* como o filme em questão expõem a fria crueldade do Esquadrão, seu acobertamento no aparato policial, sua utilidade para certos interesses políticos, mas não evidenciam os cuidados indispensáveis para evitar que essas objeções encontrem abrigo à sombra da mitologia heroicinante do espetáculo cinematográfico.

República dos assassinos, assim como *Eu matei Lúcio Flávio*, transpira machismo em quase todas as sequências, mesmo quando os supermachos da repressão estão acuando, em grupo, munidos de armas especialmente fabricadas para seu trabalho de "elite", indivíduos fracos e desarmados. Em um filme e no outro, som e imagem falam mal dos "homens de ouro", sem evitar que, na soma das sequências, eles ganhem aura de vítimas. O fato de o herói (interpretado por Jece Valadão) em *Eu matei Lúcio Flávio* e de o personagem correspondente (Tarcísio Meira) de *República dos assassinos* terem caído em desgraça, terem sido traídos por seus patrocinadores, produz nos dois filmes uma sensação de injustiça. O trucidamento de um bandido, primeiro baleado, depois torrado no incêndio de um automóvel, tem menos peso dramático que a morte do policial criminoso Mateus Romeiro, alvejado, de frente, por uma das vítimas cúmplices de sua corrupção. Nem a tese (absurda) de que "numa sociedade criminosa todos são criminosos" pode justificar o colorido mitológico que tinge Mateus (Tarcísio) e a anterior metamorfose de Mariel Maryscott (Valadão). Para não cair na absolvição virtual dos matadores, *República dos assassinos* precisaria demonstrar mais do que exibe, isto é, mais do que a assimilação de técnicas do filme policial norte-americano. Se Bonnie Parker e Clyde Barrow podem encontrar, com legitimidade, halo de legenda, é porque Arthur Penn, ao tomá-los como heróis (no filme *Bonnie & Clyde – Uma rajada de balas*) situa um e outro em contexto de tragédia e desenha a crise socioeconômica que os condicionou.

O filme dirigido por Miguel Faria Jr. (o melhor trabalho deste realizador, que se perdeu, antes, em rescaldos do cinemanovismo como *Pecado mortal*) se apoia em uma organização de produção que se revela, sequência por sequência, na facilidade com que harmoniza grande variedade de locações e cenários, personagens e situações. Poderíamos destacar o trabalho de cada um dos elementos-chave da equipe de produção, se o êxito desta não se evidenciasse, sobretudo, pela diluição de seu esforço por detrás da eficiência do elenco e dos acertos do diretor. A título de curiosidade (ou homenagem ao trabalho conjunto) vale registrar a presença de um realizador de filmes como diretor de produção: Luiz Carlos Lacerda de Freitas, o Bigode.

Basicamente, apesar das ambições de representar "um painel da vida brasileira" entre 1968 e 1972, com "desdobramento até começo de 1976" (no dizer do autor do romance original e coautor do roteiro, Aguinaldo Silva), o filme repete muitos lugares-comuns do gênero policial e não se atreve a pinçar dados políticos reais – apesar de incluir ente suas autoridades um personagem (interpretado pelo cineasta Carlos Alberto de Souza Barros) que responde ao título de governador. Embora Aguinaldo Silva milite no jornalismo, de onde partiu para o romance, também não se encontra um retrato palpável, realmente articulado de homens de jornal.

O roteiro, apesar do fragmentarismo de sua orientação não cronológica, cativa a atenção. E o elenco se situa entre a eficiência e a excelência. Não há dúvida: muito acima dos demais, a atuação de Anselmo Vasconcelos (como o travesti Eloína) tem força de revelação. Há uma impecável pequena participação de Wilson Grey como Felipão. E se Sandra Bréa sustenta mal o papel de Marlene, a amante de Mateus, este conta com um Tarcísio Meira seguríssimo. Também vale destacar, apesar do risco de omissões, outros trabalhos do numeroso elenco: Tonico Pereira (Carlinhos), José Lewgoy (o dono do jornal sensacionalista), Vinicius Salvatori (Alcino), Rogério Froes (promotor), Álvaro Guimarães (Cabeção), Flávio São Thiago (Jarbas).

(Texto publicado com o título "A glória dos homens de aço", no *Jornal do Brasil*, 1979.)

A volta do filho pródigo

Trágico, épico, lírico, existencial, socioeconômico, polêmico-político – o tema da migração admite quase todos os enfoques. Ipojuca Pontes realizou um filme pequeno à primeira impressão, mas que vai ganhando vulto após as primeiras cenas. Dez ou quinze minutos depois, *Antonio Maria ou a volta do filho pródigo* (título original do roteiro) já se encravou na sensibilidade do cinéfilo e de todo espectador atento. A primeira impressão (o filme tem início como uma crônica neorrealista das dificuldades da mão de obra qualificada na megalópole) serve como aviso. Sem que nenhuma frase de diálogo ou dos raros monólogos interiores esbocem mensagens, sentimos um alerta. Uma inquietação em nosso íntimo chama a atenção para o que pode significar, mais além de sua imagem exterior, um rapaz magro, barba por fazer, de poucas palavras – esse Antonio Maria, despojado das marcas tradicionais do herói cinematográfico.

O paraibano Ipojuca Pontes está falando de nós, isto é, do Brasil. Espelhando o sofrimento da maioria truncada em suas raízes familiares, regionais, culturais, sem um pedaço de chão próprio ou sequer um teto confiável. Do mal-estar de dezenas de milhões de pessoas que se sentem inseguras até entre as paredes de sua casa própria, mais atordoadas do que esclarecidas pela discussão sobre as causas do crescimento vertiginoso da violência. Da passividade, que é a principal característica da miséria extrema que envolve dezenas de milhões de brasileiros. E da responsabilidade, que será carga atroz, sem resgate, enquanto milhões de cidadãos informados esperarem que soluções empacotadas escorreguem pelos tapetes do Brasil burocrático.

Migração, tema eterno. Passa pelo nômade clássico, Carlitos, que pula do fundo do baú cinematográfico provocando risos e lágrimas numa sociedade atemporal, que vai ganhar contornos precisos, reconhecíveis de imediato, em *Tempos modernos*. Migração de sopro heroico na criação dos mitos do *western* e, *a posteriori*, de um travo amargo pela abordagem do genocídio na conquista do Far West. Migração forçada pela injustiça social em clássicos do porte de *Vinhas da ira*, de John Ford. Ou impulsionada pelas promessas das metrópoles em *Rocco e seus irmãos*, de Luchino Visconti. Fluxo dimensionado também pelo impulso de liberdade e dignidade, por Elia Kazan, em *América, América*, com transcendência de crítica à Terra Prometida do século XX.

O migrante, no cinema moderno, ultrapassa os marcos dos dilemas socioeconômicos. Materializa-se em personagens açoitados por dramas existenciais, como os de Michelangelo Antonioni (*O grito*) e Federico Fellini (*Os boas-vidas*). Busca-se o pão, mas sobretudo o vinho inigualável da liberdade em *Cinzas no paraíso*, de Terrence Malick.

Ipojuca Pontes busca e encontra seu próprio caminho projetando o dilema do nordestino nas agruras do Sudeste. *A volta do filho pródigo* trata direta e indiretamente do drama da migração interna, do grande contingente humano de nordestinos que desembarcam diariamente nas metrópoles (no caso, o Rio de Janeiro), fugindo do desemprego, da fome absoluta e do latifúndio improdutivo. Apoiado em sua experiência no campo do legítimo documentário, Ipojuca pisa terreno muito trilhado sem cair (se excetuarmos duas ou três cenas secundárias) em formulações convencionais. Se "o ideal seria fazer um filme épico", o cineasta, "suspeitando de todas as generalidades", preferiu "a estratificação dramática do problema (...), através da história de Antonio Maria, indivíduo comum, que perde os pontos de referência numa sociedade cada vez mais obcecada pelo lucro e pela força".

O Cinema Novo dos anos 1960 teve momentos correlatos significativos em *Vidas secas* – o Graciliano Ramos visto por Nelson Pereira dos Santos – e *A grande cidade*, de Carlos Diegues. O primeiro, vendo na inclemência da natureza e, sobretudo, na injustiça social, as raízes do êxodo nordestino. Um êxodo modulado na figura patética do vaqueiro Fabiano, com sua pequena célula familiar, que põe os pés na estrada precária à procura de algum oásis providencialmente não muito distante de seus pagos. O segundo, abordando nordestinos na penosa tentativa de arrumar a vida no Rio, sem que o realizador enverede pelo otimismo, fornecendo um retrato de revolta individual pela delinquência.

A volta do filho pródigo retoma esses temas, constituindo para seu autor uma estreia exemplar em longa-metragem ficcional. Vale dizer que Ipojuca Pontes aprendeu sob vários prismas as lições do intervalo histórico. Na forma, destaca-se principalmente seu acerto em evitar o distanciamento na narrativa (um dos fatores que, pelo exagero, levaram o cinemanovismo a perder sua oportunidade histórica junto ao público), sem aderir à identificação tradicional entre espectador e personagem. Na essência, no núcleo do que propõe com os recursos ficcionais, o criador de *A volta do filho pródigo* também escapa ao sociologismo que tornou tão monocórdica e pregadora uma vasta área do Cinema Novo.

Uma vez engrenada na rodovia Rio-Bahia, a trajetória dos protagonistas (Antonio Maria e Maria de Jesus) mostra-se impregnada de uma revolta surda, sem contornos realistas em sua esperança. Dadas as características desses personagens, Ipojuca Pontes não lhes pode dotar de nenhuma consciência das forças sociais que os marginalizam. Maria de Jesus (Dilma Lóes), doméstica violentada pela metrópole, busca apenas uma carona para Caratinga, Minas Gerais, sem perceber que as circunstâncias a levarão para o Nordeste. Antonio Maria (Helber Rangel), ao volante do carro da mulher que roubou e matou, pensa apenas em regressar à localidade de Laranjeiras, em Sergipe, à procura da mãe que deixou ainda garoto, obcecado pela ideia do reencontro como algo capaz de absolvê-lo. A interpretação de que busca uma "redenção" ou um "justo" esquecimento do fracasso e do crime, decorre não só do título, como do próprio comportamento de Antonio Maria, no qual o autor (ou os autores, porque o cineasta contou com a colaboração de Zevi Ghivelder na história) elabora uma inversão amarga e lúcida do relato bíblico.

O movimento da narrativa, implacável, teria que terminar com a reiteração da trajetória Sul: ao fim da jornada de Antonio Maria, outro jovem cruza com Maria de Jesus – outro Antonio, certo de que "aqui não dá mais nada", pede a primeira carona, de olhos brilhando ao referir-se ao Rio de Janeiro.

Em sua primeira aparição, ao acordar em um banco de jardim, Antonio Maria tem um sonho interrompido pela determinação de um guarda para que ele "circulasse". Em posteriores e muito breves imagens de sonhos, a ideia fixa na "mãe-redenção" e na "terra natal-paraíso" é reiterada. Já perto do destino, tem um pesadelo: ele de novo menino e a mesma figura feminina mergulhando-o várias vezes nas águas do rio, como que em tentativa de afogá-lo.

A volta ao cenário-tapera sergipano (muito diverso das imagens coloridas do folheto turístico que leva no bolso) é um mergulho no esquecimento, uma abdicação da vontade.

O carro e o dinheiro roubado, como reflete o próprio comportamento de Antonio Maria (a mesma roupa, a mesma barba por fazer), funcionam apenas como instrumentos; não têm nenhuma conotação de busca de *status* social. O que lembra um artigo do psicanalista Eduardo Mascarenhas sobre miséria e violência:

> A vida cronicamente humilhada volta-se irada sobre seu portador, agora sob alguma forma de morte. Morte da autoestima, da iniciativa, da imaginação criadora, do sonho, do espírito de luta, da visão política, do sentido global da existência. No lugar da vida, instala-se a desolação, a apatia, a indiferença, a resignação.[13]

Ao matar a mulher que o surpreende roubando, no Rio, Antonio Maria já estava possuído pelo desamor a si próprio. No final, ao agachar-se contra a casca do casebre, na situação alucinatória que encontra em lugar da "paradisíaca" Laranjeiras, é como o cordeiro incapaz de reagir ao sacrifício. Na inversão do relato bíblico, a vítima é o filho, literalmente pródigo em cédulas de 500 cruzeiros. Ninguém saberá de seu fim, nem do fim de milhões de outros brasileiros – como o outro Antonio, que, de roupa e maleta novas, começa a repetir sua trajetória.

(Texto publicado com o título "A imolação do filho pródigo", no *Jornal do Brasil*, 1980.)

13 *Jornal do Brasil*, 24 abr. 1980.

Parceiros da aventura

José Medeiros chega à direção em longa-metragem anunciando um filme "sem maiores pretensões, propondo um tema que prima pela simplicidade": a soma de momentos de um punhado de personagens cuja ambição é vencer os obstáculos do dia a dia, sobreviver com modesta esperteza ou estoica adesão à dignidade, mas cujos esforços nesse sentido encontram repressão quase absoluta. "Meu objetivo é ser simples. Se conseguir isso considero-me realizado." A simplicidade está entre as metas de maior facilidade aparente. Como todos os que a procuram, *Parceiros da aventura*, de 1979, corre o risco do simplismo, da mera espontaneidade. Este é o prêmio do amador, que nada consegue enxergar acima da superfície do cotidiano. Não confirma nem satisfaz o profissional. *Parceiros da aventura* atinge a recompensa-simplicidade pela vivência humana e profissional do diretor e de seus colaboradores, pelo capricho técnico sem adornos. O que não nos dispensa de dizer que, no conjunto – marcado sobretudo por emoções e afetividade, às quais se unem elementos de humor, de um desencanto sábio e, de vez em quando, de uma indignação irrefreável –, há também alguns personagens e situações por demais simplórios.

Quem acompanha com mais atenção o cinema brasileiro dificilmente deixará de estranhar o que desde as primeiras sequências salta aos olhos: o despojamento da fotografia. Há 15 anos diretor de fotografia no cinema, depois de vasta experiência no fotojornalismo,[14] Medeiros estreia como realizador e coprodutor evitando tanto a pletora de cores de *A Rainha Diaba* quanto a sofisticação de *Aleluia, Gretchen* – para citar dois filmes que fotografou. O estilo fotográfico, em *Parceiros da aventura*, revela mais o passado de Medeiros como testemunha de nossa realidade pobre, fantasiosa, incerta. Um elo dessa realidade da qual a maioria dos mais afortunados não tem sequer uma visão distorcida, porque não lê os chamados "jornais de crime", nos quais os deslizes e os delitos obscuros encontram espaço.

Por certo, o estilo fotográfico despojado, na seleção de ângulos, cores, iluminação, não é um capricho autônomo: prende-se à orientação fornecida à narrativa, aos personagens, às próprias características dos ambientes em que se desenvolve a ação. A história, escrita para o cinema por João Felício dos Santos e roteirizada por José Louzeiro, ganha muito com este postulante de um cinema todo nutrido de realidade imediata, colhida e transmitida com o calor da grande reportagem. O filme, embora realizado com o mais aberto espírito de equipe, tem marcas que indicam uma personalidade nova de diretor no veterano fotógrafo. Há uma afetividade por vezes próxima do sentimentalismo (ou ultrapassando ligeiramente a acumulação de bons sentimentos), que não é a das obras de Louzeiro (*Lúcio Flávio, o passageiro da agonia*), escritor cujo calor humano evita atenuar a aspereza que confronta o indivíduo em nossas grandes cidades.

"O dia a dia amargo da grande cidade", quadro que Medeiros desejou pintar, restringiu-se disciplinadamente, ao longo da elaboração do roteiro, a uma pequena galeria de protagonistas sem destaques estelares, cujo traço de união é um bar reminescente da fisionomia da antiga Lapa, mas geograficamente não localizado. Não vamos encontrar sensações próximas do mundo paralelo e delirante de *A Rainha Diaba*, de Antonio Carlos Fontoura, por exemplo. São raros os lances de violência. Os personagens, que procuram animar suas noites depois de dias monótonos ou cruéis, são por definição marginais (como Fumaça e Vaselina, que estão no pequeno varejo de entorpecentes, e a amante do segundo, a prostituta Ana Maria); ou estão marginalizados pelo desemprego (Maestro, o saxofonista e compositor que

14 José Medeiros (1921-1990), solicitadíssimo como diretor de fotografia, realizou apenas este longa-metragem. Em curta-metragem, fez *Os Profetas do Aleijadinho* e *Reisados de Alagoas*. Em 1946, entrou para a equipe de *O Cruzeiro*, levado por Jean Manzon. Seu trabalho nesta revista é dos mais expressivos do fotojornalismo brasileiro.

resiste a propostas como a de fazer "um maracatu em ritmo de fox"; Bené, o motorista). Outros apenas espairecem do trabalho resignado: é o caso do contínuo de repartição, Erva-Doce, pressionado por policiais quanto ao desaparecimento de documentos de reclassificação de cargos, pretexto (provavelmente) para pôr as mãos em elementos relacionados com um ex-chefe, tido como "subversivo".

A corrente central da história cativa a atenção, tendo como expoentes de expressividade o Bené, de Milton Gonçalves (cuja presença em cena, mesmo quando silenciosa, desperta dramaticidade) e a Ana Maria, de Isabel Ribeiro. Esta, fiel ao grupo, dispõe-se a abandoná-lo por um improvável casamento quando as coisas ficam ruins. Cabe-lhe dar a nota de amargura, cara a cara com a câmera, no final. Bené, motorista quarentão, passa fome em regime de solidariedade humana: quando surge emprego em consequência de um movimento grevista, ele prefere rasgar sofridamente a ficha de inscrição. O veículo dos dois lances mais surpreendentes é literalmente dirigido por Bené, responsável indireto por um sequestro: ao aceitar, em desespero de causa, roubar um carro para a transa de Vaselina (Marcos Vinicius), descobre tardiamente, no banco de trás, uma menina, filha de industrial paulista. Assim tem início o suspense do grupo de Vaselina, amador em uma crise que demanda especialização.

Deixa a desejar, subalternizando-se na construção do filme, a abordagem do caso de Erva-Doce (Procópio Mariano), personagem próximo da caricatura. Mais simplória e superficialmente tratada, com uma ponta de pieguice, é a relação amistosa do músico negro (Paulo Moura) com a velha senhoria. De porte médio como produção, *Parceiros da aventura* se beneficia bastante com a experiência da coprodutora Adélia Sampaio. Paulo Moura garante a qualidade da música. A notar, como sintoma da admiração que um profissional como José Medeiros soube despertar ao longo dos anos, a presença (evidente homenagem) de um contingente de atores de fama em pontas ou em figuração.

(Texto publicado com o título "O primeiro longa de José Medeiros", no *Jornal do Brasil*, 1980.)

Jeca e seu filho preto

Aqueles que se preocupam com a colonização cultural 12 meses por ano, em horário integral, deveriam ver *Jeca e seu filho preto*, de 1976, misturando-se com o povão, em vez de teorizar em gabinetes ou nos saraus da alta burguesia. Está aí, mais uma vez, o fenômeno Mazzaropi, talvez o único homem de cinema em todo o mundo que continuaria milionário ainda que seus produtos fossem boicotados por todos os exibidores fora das fronteiras de um município. Da capital de São Paulo – cujas bilheterias cobrem seus custos – as produções de Amácio Mazzaropi partem invencíveis para todas as regiões do país – "do Oiapoque ao Chuí", poderiam proclamar os mais nacionalistas, se o cinematógrafo estivesse implantado nessas referências geográficas.

Na entidade (muitas vezes abstrata) conhecida como reserva de mercado, os filmes interpretados por Mazzaropi ocupam espaços concretos: não apenas datas nas agendas, mas poltronas ocupadas por espectadores pagantes. Comercialmente, tudo bem. Esses encontros imediatos do terceiro grau com formas de vida primariamente inteligente – ou com a contrafação do polêmico Jeca Tatu, de Monteiro Lobato – proporcionam vistosas estatísticas à Embrafilme e são interessantíssimos para os que pensam a nação sob o prisma da balança de pagamentos. Ufanam-se os nacionalistas fisiológicos. E com motivos: aptos a ocupar grandes circuitos com ou sem medidas protecionistas (e Mazzaropi não custa um centavo ao erário), os filmes mazzaropianos mantêm à distância um bom número de produções de notórios colonizadores culturais como os Estados Unidos, a França etc.

Mazzaropi já foi defendido por críticos de respeitável gabarito intelectual. No entanto, o vernáculo padece de incompreensível lacuna: faltam estudos sobre a significação desse arauto da descolonização cultural. Onde estão os simpósios, ensaios, mesas-redondas e retrospectivas capazes de garimpar e expor aos integrantes dos conselhos oficiais de cultura e das academias de imortais as preciosidades do universo mazzaropiano? A obra de Amácio Mazzaropi é ampla e (ao contrário do que registram as filmografias de Oscarito, Grante Otelo e outros comediantes importantes) nenhuma produção se perdeu em incêndio ou por deterioração.

Mas não é fácil, para cinéfilos, suportar os 100 minutos de projeção de *Jeca e seu filho preto*. Bem-aventurados os generosos, os de riso fácil, que vemos e ouvimos na sala escura. Mas ao crítico cabe somente registrar o fenômeno de receptividade ininterrupta, constatar que – embora sem a força histriônica de um Oscarito – há alguém que não deixa morrer a tradição da chanchada.

Permanece a pseudoautenticidade, o caipirismo de programa radiofônico ilustrado em imagens coloridas, embora *Jeca e seu filho preto* apresente nível mais razoável que a maioria das produções de Mazzaropi. Certamente pelo esforço de Pio Zamuner (bom fotógrafo promovido a diretor), há mais fluência no relato; a composição visual é rotineira, mas demonstra capricho em várias ocasiões; e a orientação do elenco é menos primária. Não seria possível esperar um padrão atualizado de narrativa cinematográfica, pois o próprio "estilo" do ator-produtor pede respeito ao anacronismo. A história caminha para um final previsível, com julgamento e condenação do mau coronel e tranquilidade para a vida do Jeca, seus amigos e sua família. Uma pitada de antirracismo, alguns números musicais, sentimentalismo, a decantada sabedoria popular ("Deus tarda, mas não falha") e piadas fracas – às vezes com um grão de malícia inofensiva, à moda dos antigos almanaques de farmácia.

(Texto publicado com o título "Jeca, o descolonizador", no *Jornal do Brasil*, 1978.)

Tudo bem

A soma final de *Tudo bem*, de 1978, de Arnaldo Jabor, não corresponde às excelentes parcelas de talento que ele reuniu na equipe. Mas, tudo bem. Da concepção da história e da direção à caracterização da variada galeria de atores e personagens, encontramos atrativos substanciais: inteligência, segurança técnica, entusiasmo – este especialmente perceptível no comportamento de alguns intérpretes – e a ave rara que se chama originalidade. Tudo bem porque, depois de dois sucessos incontestáveis, *Toda nudez será castigada* e *O casamento* (realizações facilitadas por já encontrarem vasto arsenal espetacular no universo ficcional de outro autor, Nelson Rodrigues), Jabor atravessa com vigor e dose considerável de lucidez o terreno de transição para um trabalho mais pessoal: a ideia-base do filme em cartaz é sua e, a partir desta ideia, ele conseguiu, com a colaboração de Leopoldo Serran[15] no roteiro, flutuar sem agarrar-se aos padrões de uma obra

15 O carioca Leopoldo Serran (1942-2008) nunca dirigiu um filme. O cinema brasileiro teria sido muito mais rico, certamente, se ele tivesse o dom de levar à tela, sem intermediários, sua dramaturgia. Atuante no cinema desde 1963, quando colaborou com Carlos Diegues no roteiro de *Ganga Zumba, rei dos Palmares*, é o mais fértil e eclético roteirista da produção brasileira – pelo menos no período entre *A grande cidade* (realização de Diegues, em 1964) e *Eu te amo* (de Arnaldo Jabor, em 1980). Sua participação em *Dona Flor e seus dois maridos*, dirigido por Bruno Barreto, foi das mais importantes para a receptidade deste filme – um dos campeões de bilheteria da produção nacional. Alguns de seus originais mais inventivos, como *Revólver de brinquedo*, não encontraram diretores sintonizados com sua imaginação ou >

literária ou teatral. Mas digo "tudo bem" com um pouco da conotação que a expressão ganhou no coloquial cotidiano. Porque há algo insatisfatório e desconcertante nessa comédia. Embora enriquecendo-se com elementos dramáticos e até com alguns lances de tragédia, *Tudo bem* é uma comédia. E raramente propicia o riso em generosas proporções, seja ele proveniente das facetas de farsa ou de sátira, ou seja amargo, corrosivo, orgiástico ou simplesmente amável.

Nas palavras do próprio realizador, ele pretendeu "juntar uma série de aspectos da realidade brasileira". Pensou "em sair por aí, filmando estes aspectos, contradições sociais e políticas", fazendo "praticamente um filme de viagem". Depois, julgou que "em vez de ir às coisas, poderia fazer com que elas viessem a mim. Então, dentro de um apartamento, botei o Nordeste, a zona rural, as favelas, o misticismo, o delírio da classe média". Várias circunstâncias – uma reforma no imóvel (a principal), a presença de domésticas e a romaria provocada por um milagre – levam à residência dos protagonistas pessoas das mais diversas origens sociais. O desafio era fascinante: fazer de um apartamento, de um núcleo familiar, "uma espécie de ilha cercada de Brasil por todos os lados". Com trancas de alienação, delírios, sonhos, vaidades cegas e veleidades de *status* social, os protagonistas procuram barrar qualquer visita da realidade. Esta entraria "sem pedir licença"; e o filme se apresentaria, então, como "um universo concentrado das contradições do Brasil de hoje". Arnaldo Jabor se compraz com uma espécie de inversão da ideia original de *O anjo exterminador*, de Luis Buñuel: em vez de uma força indefinida (elemento surrealista) impedir a saída dos personagens convidados a uma recepção elegante, motivos naturais, realistas, fazem com que a família seja levada a admitir a entrada e (em alguns casos) a permanência de pessoas que, "socialmente" (no sentido superficial da expressão), gostariam de ver muito distantes ou de ignorar.

A inventiva do roteiro é ampla. Juarez (Paulo Gracindo), funcionário público aposentado, impotente, impulsionado por um misto de ufanismo pelas coisas mais decorativas da pátria (como as belezas naturais, os trinados dos pássaros) e de negativismo (vive escrevendo cartas aos jornais, contra o

> realmente à altura dos textos. Entre os filmes vigorosos que contaram com sua colaboração destacam-se *Copacabana me engana*, dirigido por Antonio Carlos Fontoura, e *Bye bye, Brasil*, realizado por Carlos Diegues. Na fase conhecida como a Retomada da produção brasileira, deu sua contribuição a *O quatrilho*, de Fábio Barreto, e *O que é isso, companheiro?*, de Bruno Barreto, que reconquistaram grandes plateias em meados da década de 1990. Seu talento também iluminou a dramaturgia da televisão – mais intensamente ao adaptar para minissérie (1995) o romance *Engraçadinha*, de Nelson Rodrigues.

descalabro em que vê o país, a sonegação da carne etc.), convive com os fantasmas – aliás muito palpáveis, nada espectrais – de três amigos mortos, que podem ser vistos como aspectos de sua personalidade: o poeta romântico tuberculoso (Luís Linhares), que representa seu ângulo mais generoso; um imigrante italiano (Fernando Torres) dedicado ao culto da fortuna, que subiu na vida com uma fábrica de massas; e um integralista (Jorge Loredo, o Zé Bonitinho da televisão), fiel a Plínio Salgado, temeroso dos riscos da liberdade.

Elvira (Fernanda Montenegro), a esposa, insatisfeita com tudo, acredita que o marido tem uma amante (inventa-a com tantos detalhes que leva Juarez a partilhar tal fantasia) e desabafa seus problemas de sexo e de supermercado com santas e com uma falecida avó. Agora, depois de muitos anos, consegue do marido uma compensação: a reforma do velho apartamento copacabanense. Entram em cena, então, um empreiteiro explorador e o ajuntamento de biscateiros e operários de construção civil desempregados que ele procura passar por empregados tremendamente onerosos para sua folha de pagamento. Os filhos do casal, Vera Lúcia (Regina Casé) e José Roberto (Luiz Fernando Guimarães) são plausíveis em sua mediocridade: ela, muito burra, à caça de um casamento materialmente sólido; ele, adulador, subindo no quadro de uma empresa ao inventar o hino dos empregados ("unidos pelo mesmo ideal..."). Esses dois personagens convergem para o pior lugar-comum do roteiro, o irmão arranjando para a irmã um noivo norte-americano, ridículo representante de empresa multinacional. Esse lance do roteiro fica atenuado pelo inegável sabor da interpretação de Paulo César Pereio, mas o discurso do noivo, na festa de reinauguração do apartamento, encerra o filme em nível inferior a quase todas as sequências anteriores.

Através da relativa coabitação dos operários da obra com os integrantes da família, o filme alcança os resultados humorísticos mais espontâneos, além de flagrantes patéticos dos contrastes de qualidade de vida originários do que se convencionou chamar de distribuição da riqueza nacional. Este confronto entre os personagens de classe média e retirantes, favelados, pobres-diabos nem superficialmente conscientes da brutalidade e da injustiça de sua miséria, bastaria para transmitir uma posição inconformista sem necessidade de submeter os dois protagonistas, por exemplo, a exageros de ridículo. Para a salvação do filme, Fernanda Montenegro e Paulo Gracindo são atores excepcionais, experientes especialistas em levitação dramática para momentos em que os autores deixam brechas perigosas no chão do texto. Muitos intérpretes afundariam em cenas de frágil patetismo, como a da bebedeira de Juarez, que Gracindo consegue "segurar" parcialmente. E nenhuma atriz do cinema

Fernanda Montenegro e Paulo Gracindo: *Tudo bem*

atual poderia enriquecer tanto quanto Fernanda a sequência do impossível diálogo (a rigor, um monólogo) de Elvira com os operários, procurando estimulá-los com palavras de esfarrapado humanismo.

Sem pretender um paralelo que não faria justiça a *Tudo bem*, o defeito mais grave do filme de Jabor me faz lembrar o que há de insatisfatório em *Se segura malandro*, divertida comédia de Hugo Carvana – ambos, aliás, com participação de Serran. Há excesso de ideias de roteiro, assim como acúmulo de ambições, o que pesa demais na construção. Sem dúvida, em cada um desses roteiros há matéria para dois ou três filmes. Jabor citou, a propósito do filme em cartaz, sua admiração pela obra-prima de Jean Renoir, *A regra do jogo*. Esqueceu-se, infelizmente, da regra que mestres como Renoir sempre deixaram bem nítida em seus filmes: há um ponto de saturação que é preciso ter sempre em vista, especialmente na comédia. A comédia sofre terrivelmente com sobrecargas de proezas formais – algo que Jabor não consegue evitar. *Tudo bem* pretende um salto muito superior à força do roteiro. E cansa, às vezes, na procura de um brilho que não é garantia de valor.

(Texto publicado com o título "Tudo bem, até certo ponto", no *Jornal do Brasil*, 1978.)

Parada 88, o limite de alerta

Tema: poluição ambiental. Proposta do cineasta José de Anchieta: "Uma parábola sobre as angústias do homem no final do século". Cenário: um gueto de contaminados com dioxina liberada por explosão em uma indústria química. Tempo: 1988 a 2000. Estilo: próximo do realismo fantástico de *Ponto final* (1974), curta-metragem do mesmo realizador, com o mesmo tema. *Parada 88, o limite de alerta* fica aquém da expectativa, valendo mais pelo brado de alerta e por demonstrar que há fronteiras inexploradas e estimulantes para o exercício do cinema no Brasil.

O veterano Roberto Santos, que colaborou com José de Anchieta no roteiro e como coprodutor, disse bem: "(...) é uma aventura, mas eu acho que o cinema brasileiro exige fundamentalmente perigo e aventura como grande necessidade para sobreviver". Numa fase em que nosso cinema se vê ameaçado de total aviltamento pela avalanche da pornochanchada e iniciativas afins, *Parada 88* se apresenta sobretudo como um ato de dignidade e mais uma demonstração da existência de número considerável de pessoas dispostas a riscos. Os subfilmes estão aí, em muitos cinemas, praticamente institucionalizando outra espécie de poluição.

A realização de José de Anchieta levou vários anos nos estágios de ideia-matriz e roteiro. Durante sua gestação, deu origem a uma amostra: o citado *Ponto final*, notável exercício formal, focalizando uma comunidade (fictícia) vítima de envenenamento do ar e a busca de refúgio em uma espécie de centro de respiração. Anchieta quis provar "que há um caminho para o cinema de ficção científica ou de realismo fantástico em nosso país". Experiência positiva, de boa repercussão crítica, reconhecida com o Prêmio de Melhor Curta-metragem no Festival de Gramado.

Os dramas da poluição ambiental, no Brasil, já fizeram um número incalculável de vítimas, mesmo sem um inventário dos casos admitidos como rotina; aqueles que, sem matar ou hospitalizar, deterioram a qualidade de vida. A preocupação de José de Anchieta levou-o ao curta *Reticências*, de 1971, e à criação de um programa de televisão da série *Globo Repórter*, intitulado "Limite de alerta". Ele sofreu na prática, durante as filmagens, quando trabalhava em Santo André, na Grande São Paulo, na realização de *Parada 88, o limite de alerta*, situação parecida com a que motivou a história do filme. Uma fábrica de cimento liberou um gás de alto teor tóxico. "Em vez de se diluir no ar", disse o cineasta,

> o gás formou uma nuvem que obrigou as pessoas a saírem às ruas com um pano molhado no rosto para continuar respirando. Nós mesmos, da equipe, que estávamos presentes, tivemos que usar o mesmo artifício. Centenas de crianças foram internadas com distúrbios circulatórios.

Enfim, as datas que Roberto Santos e José de Anchieta usaram na história são mera escolha dramática: de poucos dias antes do final de 1988 até as primeiras luzes de 2000. Ainda não temos a nossa Seveso (localidade do norte da Itália isolada após um acidente industrial), mas – a acreditar nos estudiosos da matéria – pode surgir um gueto como o da cidadezinha fictícia do título do filme. Defeito em válvula de segurança de uma grande indústria libera, em 1984, após explosão, centenas de quilos de dioxina que tomam forma de gás, matando parte da população. Os sobreviventes passam a viver sob coberturas de plástico transparente. A burocracia amarra a solução do problema, que se agrava com o contínuo escapamento de gases, até o limiar do ano 2000. Quando uma expedição oficial chega à Parada 88, o protagonista, o operário Joaquim Porfírio, já conseguiu sacudir em si a inércia que domina a população e, abrindo uma brecha na cobertura do gueto, sai à procura de solução.

José de Anchieta fez carreira como cenógrafo e figurinista. Não por acaso as virtudes do filme estão principalmente em seu clima e na criação do *habitat* insólito e visualmente expressivo. A harmonia (sinistra) das cores é uma proeza que põe em destaque o trabalho do diretor de fotografia Francisco Botelho.

As falhas ocorrem sobretudo no roteiro, que não aponta razoavelmente as condições de vida dos segregados e, em especial, do operário Porfírio (Joel Barcelos), sua mulher (Yara Amaral) e Ana, a filha cega, de vida quase vegetativa (interpretada por uma Regina Duarte distante de sua imagem televisiva), que se apaixona por um dos cobradores da "conta de ar". Também faltam liames que poderiam relacionar substantivamente – sobretudo em termos de comportamento – os anos 1970 com a época da história.

(Texto publicado com o título "*Ouverture* contra a poluição", no *Jornal do Brasil*, 1978.)

Os sete gatinhos

Pela segunda vez o realizador Neville D'Almeida recorre a Nelson Rodrigues. Primeiro, socorreu-se de um texto de limitadíssimo, anedótico e discutível significado: *A dama do lotação*, origem do filme que se tornou campeão de bilheteria nos circuitos nacionais. Agora temos a versão da peça *Os sete gatinhos*. A providência liminar para bem situar o público diante do novo evento parece-nos a sugestão de parcial amnésia. Esquecer *A dama do lotação*, produto de impacto mercadológico, mas não representativo das melhores transações do autor com o cinema. Se a luta pelo mercado interno exigisse a figura de "similar nacional" (esta obsessão utópica de produtores brasileiros), seria lógico admitirmos a possibilidade de os iranianos fazerem seu *Macunaíma*, e Hollywood, seu *Vidas secas*, ou, pelo menos, um sucedâneo de *Emmanuelle*, a marginal produção francesa que os censores tentaram imortalizar. *Os sete gatinhos*, de 1977, esmeradíssima produção, dá a Neville D'Almeida, também como coprodutor e responsável pela adaptação, oportunidade para elevar-se muito acima do patamar qualitativo de suas realizações anteriores. A peça teatral, levada ao palco pela primeira vez em 1958 (com ruidosa batalha campal entre admiradores e desafetos), está entre as mais características da criação de Nelson Rodrigues. As dificuldades de transferência ao cinema faziam supor a necessidade de mobilização de algum de nossos diretores mais talentosos e consagrados. Suposição equivocada. Os que tiveram filmes pessoais bafejados pelo sucesso e se estabeleceram em suas carreiras sob determinadas constantes tendem a procurar adaptar o universo do ficcionista à sua imagem e semelhança. Defeito de base, que vulnerou a maioria das versões anteriores de obras rodrigueanas (à exceção de *Toda nudez será castigada* e *O casamento*, dirigidas por Arnaldo Jabor), porque o cinema brasileiro carece de autores aptos a acrescentar algo de substancial (e coerente) ao mundo do autor de *Vestido de noiva*.

Neville D'Almeida não teve ambição de reinventar *Os sete gatinhos*. Ao longo do processo de adaptação e roteirização, procurou as bênçãos do teatrólogo, que acompanhou parte das filmagens e interferiu no texto. "Não reescrevi os diálogos", disse o teatrólogo, "porque basicamente continuam como no original. Refiz algumas frases, sim, para renovar expressões de gíria, palavras e palavrões, embora tenha feito isso de maneira funcional, para não alterar a estrutura da peça." O diretor conseguiu assimilar e transmitir, em respeitável nível de eficácia, seu choque essencial. Choque da intimidade com uma galeria humana animicamente violentada, murada e alienada em um gueto de hipocrisias sociais. Choque produzido pelo fervor sensual e bárbaro com que os "gatinhos" (os sete integrantes da família de seu Noronha) assumem suas humilhações, seu quinhão de sordidez ou, como resumiria Nelson Rodrigues, "a lama" que os habita.

Em uma de suas típicas e paradoxais colocações, o teatrólogo afirmou:

> Todas as vezes que o cinema colocar o homem diante de suas próprias abjeções, cada um de nós sentirá o eterno que existe em suas profundezas e, aliás, verá a própria sombra de Deus, pois sem Ele, nós não passamos de uns canalhas...

Cara a cara com a abjeção, premido a assumir sua pequenez animal e sua vertigem no caos de seu cotidiano, o homem teria oportunidade de pressentir o vulto espantoso da ordem divina. Antes de concordar ou discordar, o espectador de Nelson Rodrigues tem pela frente um cáustico desafio à cultura, à moral e à economia de sentimentos vigentes. Sem pretender paralelos, vale dizer que, para atravessar a barreira de degradação dos "gatinhos", e penetrar sua dor de "almas enganadas", de "sonhos de isopor" (da "família que ninguém queria" – nas palavras da música-tema de Roberto Carlos e Erasmo Carlos), exige-se do público sensibilidade aberta e generosa como aquela que permitiu a tantos transporem o umbral do *habitat* suicida e fétido dos protagonistas de *A comilança*, de Marco Ferreri, um grande filme.

Como as peças, os melhores filmes rodrigueanos são os que mais se arriscam a sofrer o escárnio da incompreensão. Ante os bons sentimentos de

Kramer x Kramer e tantos outros filmes sobre gente "normal", razoavelmente aquinhoada, sociável, a grossura de seu Noronha, contínuo da Câmara dos Deputados (com uma esposa que se autossatisfaz sob os lençóis e desenha obscenidades no banheiro; quatro filhas prostitutas; e a caçula pseudovirgem, de imaginária pureza), transmite – no mínimo – nos primeiros momentos a impressão de uma realização que chafurda por prazer, que procura a "lama" por uma questão de rentabilidade. O cartaz e outros recursos promocionais empregados tendem a propiciar confusão entre os valores artísticos de *Os sete gatinhos* e a atitude de deboche boçal que caracteriza uma parte ponderável da produção brasileira dos anos 1970. Contudo, a meu ver, a força dramática de Nelson Rodrigues conseguirá dissolver vastas frentes de incompreensão e de preconceitos culturais.

Tendo frequentado o terreno da pornochanchada, Neville D'Almeida comete alguns erros, aproximando-se – em cenas como a da visita de Arlete (Regina Casé) ao deputado lascivo (Mauricio do Valle) – da grosseria gratuita daquele subgênero. Outros momentos, como alguns de pretensão erótica (as visitas de Aurora e Silene a Bibelô, o cáften), mostram-se supérfluos ou desnecessariamente detalhistas em função da bilheteria. O final, com apresentação das personagens-intérpretes do lar-bordel, é frágil, solapando a força do duplo clímax que o antecede, isto é, dos confrontos trágicos com Bibelô e seu Noronha.

As falhas (e na interpretação – não por culpa de Lima Duarte – há evidente queda de densidade em Noronha a partir do momento em que desaba o mito da pureza de Silene) não impedem que *Os sete gatinhos* possa ser recomendado como bom filme, cujas deficiências quase esquecemos sob a força do trabalho da equipe técnico-artística. Quando um elenco encontra, além de direção inteligente, autênticos personagens, falando a linguagem das ruas, o vernáculo não oficial de Nelson Rodrigues, até os menos talentosos ganham garra e expressividade.

O trabalho de Lima Duarte, sem perder o humor que acompanha as tragédias rodrigueanas, é provavelmente o mais autêntico e pungente de sua trajetória cinematográfica. Antes do final, ele reage à mencionada perda de densidade dando à bárbara violência a garra de um grande ator. Não está mais perfeito que Antonio Fagundes, enriquecedor de um tipo de personagem – o cáften convicto das "prerrogativas" de sua condição – quase tão antigo quanto o cinematógrafo. Thelma Reston enfrenta sem o menor deslize o que há de grotesco e miserável na derrota da Gorda (a mãe das "gatinhas") como mulher, dando-lhe interioridade, e não apenas o já difícil impacto tom cotidiano dos silenciosos humilhados. Regina Casé, no despudor de Arlete, dá o contraste forte exigido pelo ritual mantido até certo ponto por seu Noronha. Ana Maria Magalhães, com maior oportunidade, e Sura Berdichevsky, em plano mais passivo, atuam com persuasivo equilíbrio. Ary Fontoura parece insubstituível no formal assessor de diretoria do colégio. E Cristina Aché, com a responsabilidade de Silene, o símbolo de pureza, a única chama de redenção sonhada pela família, faz muito bem um papel que nenhuma outra atriz, no momento, poderia (como tipo) desempenhar.

A família é célula e matriz em toda sociedade organizada. E toda organização social traz em seu bojo uma estrutura repressiva, uma carga de medo disciplinador que mutila a liberdade e, em consequência, a dignidade do indivíduo. Mas Nelson Rodrigues não prega em seus álbuns de família a dissolução da família, mas sim o reconhecimento de laços e compromissos que a transcendem e que não se permite aparecer em nenhum álbum. O que dá ao autor de *Os sete gatinhos* o estigma do "escândalo" é sua preocupação em situar muito perto de nós, em cenários vizinhos, e em problemas que, de certa forma, a todos atingem, seus personagens atrozes, vítimas-algozes. O choque rodrigueano é o do reconhecimento sem distância, pois seus personagens não chegam de outros tempos e outras culturas, como Macbeth e sua rainha, as filhas do Rei Lear, Édipo ou Medeia.

(Texto publicado com o título "Desastres da virgindade", no *Jornal do Brasil*, 1980.)

Revólver de brinquedo

Ao conquistar, com o roteiro original de *Revólver de brinquedo*, um dos prêmios do primeiro concurso de roteiro realizado em âmbito nacional, iniciativa do Instituto Nacional do Cinema, Leopoldo Serran se animou a abandonar a carreira de criador de publicidade para dedicação integral à dramaturgia cinematográfica. Excelente notícia para a arte do filme. Tendo começado como roteirista em parceria com Carlos Diegues, em *Ganga Zumba, rei de Palmares*, de 1963, ele contribuiu para *A grande cidade*, do mesmo cineasta, e *Copacabana me engana*, a vigorosa estreia de Antonio Carlos Fontoura em longa-metragem. Seu talento também não pode ser dissociado de um dos maiores êxitos de público da produção nacional, *Dona Flor e seus dois maridos*, dirigido por Bruno Barreto. *Revólver de brinquedo*, de 1976, comédia dramática dirigida por Antonio Calmon, tem frustrações que enfraquecem em muitos momentos o humor do texto, mas é um filme inteligente, inegavelmente curioso.

A mera ausência de apelações grosseiras em comédia nacional já é, isoladamente, algo a comemorar. Outro fator positivo a registrar é a abordagem do tema repressão sexual com elementos de legítimo erotismo – virtude que, longe de inibir, pode até exacerbar o erótico.

O título do filme não esconde a inspiração de uma tirada clássica da rainha do duplo sentido, a estrela Mae West ("terror" da censura dos Estados Unidos), durante um amplexo ardente – "será o seu revólver ou você realmente me ama?" – repetida pela metade por Leninha (Maria Lúcia Dahl), ao excitar-se com um abraço de Leônidas (Helber Rangel). Símbolo deliberadamente óbvio de impotência sexual, a arma de brinquedo comprada pelo tímido e sonhador Leônidas também frisa a prisão em que a mãe possessiva, Catarina (Teresa Raquel), mantém o "filhinho", desajeitado virgem de 28 anos. Alegoricamente, a arma também fala dos impulsos de violência antissocial que coabitam com a violência. Ao fanatismo individual com o qual a caprichosa e sensual supermãe consegue manter o filho ilusoriamente livre (uma pseudoliberdade de corda curta e chantagem erótico-sentimental) corresponde o fanatismo religioso parafascista, da risível organização secreta liderada por um *führer* magricelo e subdesenvolvido, o síndico (Wilson Grey), vizinho de Leninha.

Em devaneios de pseudoescritor de novelas policiais, perambulando pelo bairro de Santa Teresa com um cão fiel e passivo, ostentando uma capa reminiscente dos detetives particulares hollywoodianos dos anos 1930 e 1940, Leônidas mistura ficção e realidade (esta já quase imperceptível à sua galopante alienação). Entre situações que arma ou imagina viver nos moldes dos filmes de Humphrey Bogart, Dick Powell e outras estrelas do gênero policial, Leônidas tem impulsos de ingenuidade marcados pelas sofisticações da tela grande, como a declaração a Leninha, que pinta em grandes letras no muro em frente da casa da amada. Imediatamente será visto como subversivo pelos policiais da radiopatrulha; e depois, quando a moça desaparece, como possível assassino. Sua tentativa de realização sexual é prejudicada a partir do momento em que, eufórico, aceita como presente da mãe o *walkie-talkie* que dará à edipiana personagem o dom da ubiquidade.

Antonio Calmon tomou poucas liberdades com o roteiro original de Serran. Sua preocupação de "construir um equivalente visual da loucura do personagem, que se sente vivendo o tempo todo dentro de um *thriller* clássico do cinema americano", realiza-se parcialmente, gerando sequências muito boas. Os cuidados cenográficos e figurinos de Marília Carneiro, o esforço da fotografia dirigida por Miguel Rio Branco e o bom entendimento que parece haver encontrado com os atores permitiram alcançar um clima razoável dentro daquela preocupação.

No elenco, Teresa Raquel se situa em ótimo nível; Helber Rangel rende razoavelmente bem em dificílimo papel; Wilson Grey desempenha sua missão com o talento de sempre; e Maria Lúcia Dahl surpreende no meio-tom de erotismo e procura corresponder à desejável ambiguidade de sua dupla Leninha – a real e a imaginada por Leônidas.

(Texto publicado com o título "Impotência e fantasia", no *Jornal do Brasil*, 1976.)

A Lira do Delírio

Poucos cineastas se entregam por inteiro a um filme, jogando nele suas certezas, dúvidas, paixões ou desilusões. Entre os realizadores de longas-metragens brasileiros lançados em 1978, três se soltaram sem cair: Ana Carolina, com *Mar de rosas*; Rubem Biafora, com *A casa das tentações*; e agora Walter Lima Júnior, com *A Lira do Delírio*. Acredito que este filme supere as expectativas do público, inclusive pela fusão das surpresas da trama com uma linguagem que, sem dribles ilícitos, tende a manter um clima de imprevisibilidade. E parece plenamente satisfatório para seu criador. No entanto, para o crítico, as insuspeitadas qualidades de realização que se mostram logo nas sequências iniciais, e que mantêm *A Lira* tensa em quase toda a sua extensão, ficam muito acima da soma. A sofrida vivência que o cineasta transmite às imagens (principalmente) e aos personagens não supre as carências destes enquanto criações ficcionais.

Walter Lima nos oferece ao mesmo tempo um cinema fácil de assistir (sem complicações em termos de espetáculo) e de gostar, e difícil de criticar. "O cinema brasileiro sério é chato exatamente porque substituiu a emoção pela gravidade do discurso", disse o cineasta ao *Jornal do Brasil*. Embora muito pessoal, *A Lira do Delírio* já nasce com emoção e não a sacrifica a troco de dissertações. Justamente no polo oposto àquele cinema "sério" que não supera o "enfadonho exercício do ego do cineasta". Tal superação, efetuada com muito profissionalismo e sensibilidade, constitui um dos pontos mais significativos do filme em questão.

No carnaval de 1973, em Niterói, Walter Lima fez a primeira investida de filmagem de *A Lira do Delírio*: os atores soltos na folia de rua, fantasiados à vontade – cada um dos integrantes do bloco representando uma música carnavalesca – e filmados em 16 milímetros, sem roteiro, pelo prodigioso fotógrafo Dib Lufti.[16] A filmagem na multidão com a câmera leve, a participação (mais ou menos) despercebida dos blocos e dos foliões do tipo "eu sozinho", a improvisação criativa solicitada ao elenco profissional – tudo isso deveria resultar em um musical. Uma das razões para o cineasta mudar de ideia foi a violência captada pela câmera entre os que brincavam nas ruas; violência que, em parte, permanece nas sequências carnavalescas do filme. "Quando acabou, eu me vi com um material nas mãos que tinha elementos para um drama, por exemplo, mas não para um musical", disse. "Era outra coisa, outro clima".[17]

Walter Lima Júnior já tinha uma experiência anterior na área do musical: o tropicalista, alegórico e contestatório *Brasil ano 2000*. A experiência carnavalesca de 1973 seria retomada como uma espécie de leitmotiv na versão definitiva de *A Lira do Delírio*, que começa e termina com Carnaval. O bloco Lira do Delírio reaparece de vez em quando, pontuando com um clima onírico, descontraído e poético a construção do filme, sem o tradicional caráter de retrospecto ficcional, embora vários dos foliões se encontrem – no tempo presente da obra – envolvidos em situações dramáticas e até mesmo trágicas: um motorista de táxi, que já esteve "numa boa" (contrabando de uísque) e vive agoniado pelos aumentos da gasolina (Pedro Bira); um repórter de polícia que se envolve emocionalmente em uma de suas tarefas profissionais (Paulo César Pereio); um homem rico – aparentemente deu o golpe do baú – que transaciona friamente com traficantes de drogas a fim de satisfazer um obsessivo desejo (Claudio Marzo); um homossexual solitário (Othoniel Serra), cujo assassinato proporciona uma linha de trama que vai ser relacionada quase ao acaso com outra, a do sequestro de um bebê; um marginal (Tonico Pereira) incumbido do sequestro; um médico (Antonio Pedro) que atua como receptador de crianças sequestradas para venda a lares mais favorecidos economicamente; e a figura central, a *taxi girl* que atende pelo nome de guerra de Ness Elliott (Anecy Rocha). O principal ponto de convergência dos personagens é um *dancing* típico da Lapa, onde Ness, que no Carnaval exercita sua

16 Muito mais foi filmado, mas só podemos falar sobre o que o cineasta utilizou na edição final.

17 Entrevista à revista *Filme Cultura*, n. 29.

liberdade na generosidade com os homens, raciona o contato de seu corpo segundo o sistema de bilhetes a picotar, e atravessa as noites nessa faina, enquanto o bebê repousa em um quarto do estabelecimento.

Sem dúvida, *A Lira do Delírio* é uma celebração do gosto pelo cinema. Não estamos ante um filme-veículo, algo que serve para mera ilustração de uma história. Mais que em qualquer de seus filmes anteriores, Walter Lima Júnior

Anecy Rocha em *A Lira do Delírio*

demonstra ter absorvido em seus tempos de cinéfilo e crítico um acervo de cultura cinematográfica muito ponderável, sem copiar ninguém – aquém ou além-fronteiras. Antes, talvez não lhe fosse possível driblar tanto as palavras de ordem sobre conteúdo, mensagem e formalidades desse tipo. Hoje, o chamado Brasil pragmático parece apto a aceitar, até nas esferas oficiais, um filme que se mostraria inútil ao exame dos criptólogos de qualquer ideologia.

Se na concepção muito brasileira do filme podem ser apontados reflexos de influências de diretores nativos, como Nelson Pereira dos Santos, o trabalho da imagem evidencia a aprendizagem de quem viu muita realização norte-americana (o filme de produção B em geral; o *thriller* atmosfericamente negro) e não negligenciou as lições do expressionismo alemão. A herança expressionista, especialmente por meio da vertente norte-americana, reforça a face noturna de *A Lira do Delírio*. E como não pensar em imigrantes como Fritz Lang ou Robert Siodmak na nervosa corrida de um táxi pelas "barras pesadas" ou na porta gradeada de elevador que fecha bruscamente sobre a imagem de Ness/Anecy?

Algumas diluições de ritmo e clima podem ser apontadas em alongamentos de *flashes* de Carnaval, na parte que envolve o médico e em momentos que parecem depender da modorrenta atuação de Claudio Marzo. A plausibilidade cai na investida detetivesca de Pereio, capaz de desencadear com velocidade hollywoodiana a descoberta do bebê. E o som direto torna difícil a compreensão de muitas falas.[18]

(Texto publicado com o título "A tensa *Lira do Delírio*", no *Jornal do Brasil*, 1978.)

18 Falhas de som atribuídas a um filme são, muitas vezes, deficiência da sala exibidora.

Mar de rosas

Depois de quase dez anos na área do documentário, a diretora-roteirista Ana Carolina estreia em longa-metragem de ficção de forma totalmente inesperada: *Mar de rosas*, de 1977, é um *road movie* mais próximo da inspiração surrealista de Luis Buñuel do que dos enfoques realistas do cinema brasileiro contemporâneo. *Mar de rosas* corre riscos, mas não faz das falhas coração, ao contrário de tantos filmes que tropeçam pedantemente, como se seus defeitos devessem constituir uma questão de estilo. A estética do precário não seduz a cineasta.

Ana Carolina soma (e bem) o que convinha aproveitar de nosso ontem e de nosso antes de ontem – e não se dá por satisfeita com a proeza. Certos estímulos cinemanovistas estão bem à vista para quem conhece as fontes: há desinibição na seleção dos planos e a montagem é menos preocupada com o ritmo do que com a aproximação mais inquietante entre segmentos da narrativa. Ana Carolina faz um filme muito ligado a "máscaras" (exemplos: o dentista e sua mulher) e ao descompromisso com o racional (as admiráveis sequências na casa-consultório do frustrado poeta e improvável odontólogo), características que víamos quase sempre desperdiçadas nos antigos êxitos comerciais da Atlântida e de outros fornecedores do gênero. Mas o planejado desatino de *Mar de rosas* traz uma lucidez e uma inventiva que os responsáveis pela chanchada não alcançavam. As súbitas exacerbações surrealistas, que reforçam a elaboração das absurdas relações de poder no comportamento dos personagens, certamente derivam de fascínio pelo universo de Buñuel

(*O anjo exterminador*, *A bela da tarde*). E é provável que também resultem de válidas lembranças das provocações humorísticas de Groucho Marx.

Nesses pontos encontramos a mais nítida ruptura entre *Mar de rosas* (que já se apresenta estimulante na ironia do título) e o Cinema Novo: a convivência (sem solução de continuidade interior) entre o ranger de dentes e o riso, entre a angústia e a busca do prazer que são próprias do homem. Ana Carolina comprova na tela o que mencionou em entrevista: "O humor é a melhor maneira de abordar coisas sérias". Seus personagens evidenciam a influência do desenho animado e das histórias em quadrinhos: na crueldade (que a autora transforma em elemento crítico), na franca estupidez, nos frequentes "diálogos de surdos", nas rupturas estapafúrdias no andamento normal das ações. Até a vulgaridade de certos *cartoons* transparece em vários momentos, nas sequências que envolvem Felicidade (Norma Bengell), sua chateadíssima filha, Betinha (Cristina Pereira) – personagem rebelde que incorpora o ponto de vista da narrativa – e o policialesco Orlando (Otávio Augusto), com o dr. Dirceu (Ary Fontoura) e dona Niobi (Miriam Muniz). Como Ana Carolina

Miriam, Norma e Cristina: *Mar de rosas*

anunciara, seus personagens “pensam clichês, sentem lugares-comuns e vomitam provérbios”.

Em *Mar de rosas*, a suspensão do real em favor de um suprarreal, que se faz crítico sem ser discursivo ou mensageiro, foi concretizada com segurança impressionante em uma autora estreante no cinema de ficção. Uma sucessão de ocorrências que Ana Carolina criou em oposição à noção convencional de que tudo deve ser claro, compreensível, lógico.

Neste filme-surpresa, tudo “vai bem”, mas há um ato criminoso que deve permanecer obscuro, resultante de um relacionamento em que o preço do bem-estar é a eterna violência. “Tudo bem”, todo mundo diz. Como o título do filme, expressões desse tipo são, para a realizadora, “máscaras do horror de uma época”. Convidada a resumir o que pretendeu com *Mar de rosas*, Ana Carolina houve por bem reunir quatro palavras (no caso) abrangentes: “Não dá mais pé”.

(Texto publicado junto com comentários sobre *Três mulheres*, de Robert Altman, com o título “Mulheres/As contidas de Altman/As frenéticas de Ana Carolina”, no *Jornal do Brasil*, 1977.)

O mundo em que Getúlio viveu

Embora seu terceiro filme ficcional, o subestimado *Viver de morrer*, de 1972, esteja entre os mais vigorosamente críticos de todo o cinema brasileiro, é possível que os historiadores situem *O mundo em que Getúlio viveu* como o melhor dos quatro longas-metragens de Jorge Ileli. Mas a importância deste filme não se deve apenas à excelência e à dignidade de sua realização, que desarma a resistência daqueles que o procuram motivados pela polarização político-emocional. A exibição revelou um público surpreso ante a reflexão serena – ainda que comovida – que a obra suscita e, sobretudo entre os mais jovens, a sensação de revelação da força de um gênero tão conspurcado pelo oportunismo e pela mediocridade – o documentário. Chamando atenção para o período que gerou o fascismo, o nazismo e seu reflexo no Brasil sob o rótulo de Estado Novo – que atrasou a formação política de várias gerações –, *O mundo em que Getúlio viveu* testemunha em favor de um cinema participante de seu tempo, socialmente responsável, e livre – sobretudo liberto de sectarismos que servem de pretexto à armação de barreiras obscurantistas.

Eis um programa não somente consentido para as faixas de público de menor idade, mas também irretorquivelmente recomendável como todas as obras de nobreza intelectual e importância histórica. "Durante o Estado Novo, em meu tempo de juventude, fui contra Getúlio", disse o cineasta.

> Mas, em 1950, seu retorno ao poder me encontrou com maturidade para compreender a legitimidade de sua base popular e de sua jogada histórica. Sem dúvida, nos últimos anos de sua vida ele demonstrou estatura de estadista, e a descoberta do chamado "mar de lama" ao seu redor também o estarreceu, mas não manchou sua honra.

Se é impossível deixar de perceber que as simpatias de Ileli pendem acentuadamente para o ex-caudilho convertido, sem consciência ideológica, em líder popular, ungido de imprevisível grandeza nos trágicos, indômitos dias do fim de sua vida (e que o levam a minimizar no filme as fraquezas geradas na excessiva acomodação ao poder personalista), também é verdade que os pequenos desmaios de sua isenção não chegam a danificar o enfoque. A honestidade e a veracidade deste enfoque são reconhecidas até por antigetulistas de antiga e nobre espécie, como Octavio de Faria, segundo o qual Ileli contou uma vida como Plutarco o faria.

Trata-se calorosamente de uma vida, de alguém que, embora colhido no elenco da História, não perde na tela sua condição de indivíduo. A fim de enriquecer seu filme, fugindo ao risco do retrato oficial ou oficioso, Ileli dedicou muitos anos a pesquisas, chegando a constituir uma filmoteca particular a partir da primeira prospecção efetuada no início da década de 1960. No gênero, nenhum outro filme brasileiro exigiu tanto investimento em tempo e pertinácia quanto o projeto Getúlio. Inicialmente, seria uma série de curtas-metragens para a televisão. Depois assumiu a forma de um longa-metragem de material documentário brasileiro e limitado à biografia do político. Efetuada a montagem, Ileli e seus principais colaboradores – Orlando Caramuru (corresponsável pelas pesquisas, pelo roteiro e texto) e Maria Guadalupe (edição) – compartilharam certa insatisfação: faltava algo para que o filme ganhasse maior emoção e fôlego histórico. Começou, então, a seleção de material estrangeiro, a decisão de levar até as últimas consequências a conclusão de que os acontecimentos brasileiros não poderiam ser perfeitamente sentidos e compreendidos sem seu posicionamento no mundo. Se nenhum homem é uma ilha, o que dizer das nações? Surgiu, então, o mundo, o complexo sociopolítico internacional, entre as imagens de Getúlio e seu tempo brasileiro.

Somente em 1968, com uma sequência do prólogo fotografada por Ozen Sermet no Palácio do Catete deserto, a forma do filme se completou. As circunstâncias nacionais levariam Ileli a somente repensar *O mundo em que Getú-*

lio viveu no início da década de 1970, ainda continuando a adiar a submissão da obra à Censura. A ideia de não tocar na montagem, resistindo à tentação de efetuar cortes, mantendo o filme como documento integral de um tempo muito preciso (letreiro final: "Fim de uma época") fez com que o cineasta também abandonasse o projeto de acrescentar imagens capazes de facilitar a aceitação comercial.

O prólogo quase marienbadiano, de excepcional beleza – o palácio vazio, com a reverência dos cenários de tragédia –, reforça a sensação do distanciamento cronológico, da dimensão do tempo. De fato, sem eliminar elementos de humor que fazem parte da personalidade do biografado, sem fugir à irreverência (na abordagem das manifestações subdesenvolvidas dos integralistas em paralelo com o aparato estético-marcial das apresentações públicas do espetáculo nazista, por exemplo) e as inserções nostálgicas da alegria dos tempos condenados, o filme é fiel ao tom do prólogo. Prevalece o ângulo trágico, decorrente "do fato de ser Vargas um homem acossado por pressões de todos os lados, investido pelos acontecimentos, e que, na condição de estadista, serviu de leito à correnteza da História".

Se toda filmagem documentária – de atualidades ou reconstituição – levasse assinatura, a ficha técnica do filme em cartaz comportaria mais de uma centena de nomes só no que se refere à cinegrafia, dada a utilização de material nacional e estrangeiro sobre a quase totalidade das grandes convulsões político-sociais de meio século. A montagem inclui imagens da Belle Époque, os pródromos da guerra de 1914-1918, a ascensão do fascismo e do nazismo na Itália e na Alemanha, a Revolução Russa, a Guerra Civil espanhola, as inquietações de massa do período entre as duas guerras mundiais, a guerra entre o Eixo e os Aliados (inclusive a valorosa participação brasileira no Atlântico Sul e em solo italiano), o movimento peronista, a agonia da velha república no Brasil, a Coluna Prestes, os movimentos armados de 1930 e 1932, o Estado Novo, as tentativas de tomada do poder por comunistas e integralistas, a democratização de 1945, as eleições subsequentes, o movimento queremista (o "Queremos Getúlio!"), a avalancha de votos que reconduziu Vargas ao Catete, em 1950, as sucessivas crises – as válidas e as artificiais – por ocasião do novo mandato presidencial e, finalmente, o suicídio, que ao mesmo tempo reforçou a mitologia de Vargas e confirmou uma vocação política sem precedentes em nossa história.

Fica bem dividida a trajetória de Getúlio: tibiezas, acomodações, tergiversações hábeis que deságuam no Estado Novo, mantendo a distância as radicalizações ideológicas mediante a força e o atendimento paternalista de reivindicações populares; depois, na volta eleitoral, a legitimação definitiva do estadista com um programa de medidas nacionalistas. As imagens não podem mentir: nenhum peleguismo poderia mobilizar o oceano de povo que vemos nos comícios da última campanha e, depois, como um imenso coro (silencioso) de tragédia no cortejo fúnebre. E a montagem, sempre lúcida – mesmo quando nervosamente crispada –, testemunha um trabalho não apenas admirável sob o prisma técnico, mas sobretudo pela vivência posta em cada segundo de sua criação. Além do talento do cineasta, impõe-se destacar o que Maria Guadalupe evidencia em sua contribuição inestimável na montagem.

Excelente a narração na voz de Armando Bogus, com participação também perfeita de Roberto Faissal no final. Embora importante, o texto permanece em segundo plano, discreto. A imagem reina.

(Texto publicado no *Jornal do Brasil*, 1976.)

O casamento

Pergunta do crítico José Lino Grünewald, ao entrevistar Nelson Rodrigues, depois do lançamento da vitoriosa versão cinematográfica de *Toda nudez será castigada*: "Enfim, o cinema nacional tem futuro?". Resposta: "Acho que dá pé quando desaparecer o Cinema Novo até o último vestígio". Exageros e idiossincrasias à parte, esta opinião seria ainda mais polêmica se veiculada quatro ou cinco anos antes. Desde o final da década de 1960, muitos cinemanovistas vinham fazendo a crítica do Cinema Novo e há muitos denominadores comuns em suas observações.

A declaração do dramaturgo não é gratuita. Em meados dos anos 1960 não se poderia esperar de qualquer cinemanovista, como Arnaldo Jabor, um *Toda nudez será castigada* ou um *O casamento*. O cinema brasileiro de então permanece superior ao da primeira metade da década de 1970, mas – levado principalmente pelo elitismo e pelo hermetismo dos cinemanovistas mais "empolgados" – já se encontrava a caminho de um impasse, ante o qual, obras como *O amuleto de Ogum* e *O casamento* são tentativas de solução.

A par do encantamento pelos paroxismos de tragédia de peças como *A falecida* e *O beijo no asfalto*, havia o medo terrível de assumi-los na íntegra. E não só nas hostes do Cinema Novo. Flávio Tambellini, em sua versão de *O beijo*, de 1965, evitou o suor dos personagens do asfalto carioca e procurou caminhos mais aparentados com o do cinema psicológico de William Wyler, sob luzes que lembram seu amor aos filmes expressionistas alemães. Na área dos simpatizantes do cinemanovismo, ocorreram outros "desvios": o de Nelson Pereira dos Santos (*Boca de ouro*, de 1962), com um didatismo de sabor social que diminuía o impacto da peça, e o de Leon Hirszman (*A falecida*, de 1965), que tinha maior êxito na fixação ambiental, mas exagerava o ângulo escatológico e – talvez por inibição ideológica, por temer um sorriso diante da pobreza – fugia a toda sugestão de humor. Havia também aquele orgulho "autoral" que amarrava os cineastas dos anos 1960 e os levava (com raras ex-

Paulo Porto com Adriana Prieto: *O casamento*

ceções) a um laborioso esforço de copidesque quando se aproximavam de textos do teatro, do romance, da novela ou do conto. Agora surgem atos de humildade, como o do Nelson de *Rio, 40 graus*, cujo *O amuleto de Ogum* é uma chegança ao cinema legitimamente popular; e os de Jabor, reconhecendo como superiores às diferenças de classe as aproximações universais dos personagens de Nelson Rodrigues.

Possuído por insatisfações semelhantes às de outros diretores de sua geração, Jabor sentiu "imperiosa" necessidade de "um pouco mais de modéstia em relação ao cinema". *O casamento*, de 1975, dá consequência ao filme que ele definiu como "um momento de humildade em minha carreira": *Toda nudez será castigada*. Reconhecer a força dramática de Nelson Rodrigues e levar ao cinema, sem pesado *make-up*, sem cautelas de despojamento, suas situações e personagens. "Ao contrário do que pensa o Jabor", disse o escritor, "*Toda nudez* é um filme que tem todos os meus defeitos". Evidentemente, ele se referia aos "excessos", às idiossincrasias da tipologia humana e da construção coloquial que integram suas obras, e são inseparáveis do que elas têm de grandeza. Ao aceitar os chamados "defeitos" do escritor em dois filmes, Arnaldo Jabor assume as misérias dessa galeria humana – a miséria afetiva, moral, a incontornável solidão a dois ou a dez – enfim, dá (com décadas de atraso em relação ao realismo italiano) aquele passo que vai da orfandade da guerra (e em guerra estamos sempre, com ou sem armas de fogo) à orfandade existencial; da perda do trabalho (*Ladrões de bicicletas*) à perda da autoestima (*A doce vida*) e do equilíbrio mental (*Deserto vermelho*). Se o cinema deve refletir a realidade ao seu redor (transfigurando-a no sentido de dotá-la de uma forma que atinja profundamente a alma coletiva), então *O casamento* pode ser situado entre os mais importantes filmes brasileiros dos últimos anos, nas vizinhanças de *A extorsão*, de Flávio Tambellini, e de *Viver de morrer*, de Jorge Ileli.

Embora Nelson Rodrigues seja o nome exponencial de *O casamento*, não há como ver diminuído, com tal afirmativa, o trabalho do diretor-roteirista. Com fôlego insofismável, Jabor soube permanecer à tona na adaptação do caudaloso romance. O fato de já haver fartura de sugestões cinematográficas no original poderia resultar em prejuízo para o filme. Era preciso selecioná-las para que não pesassem demais sobre o resultado final. Sobretudo era preciso não abrir mão do teatralismo que impregna suas páginas. Em consequência, o trabalho da direção seria inevitavelmente um ritual de risco: as "facilidades" do naturalismo (como as que Hirzman admitiu em *A falecida*) privariam *O casamento* de toda sua força vulcânica, sísmica.

Contrariamente ao que seria lícito esperar de um herdeiro do cinemanovismo, há pouca ênfase no virtuosismo da *mise-en-scène*. (O filme talvez fosse mais eficiente com maior controle temporal das grandes explosões.) O cineasta lançou mão de tomadas longas e de intensa dialogação, sem temer o teatral, sem medo de acreditar na receptividade do público, ao qual geralmente se oferece um coloquialismo revestido de naturalidade. Jabor acreditou no texto, acreditou nos atores e obteve da equipe um nível de eficácia incomum.

Tanto a bifurcação das ações no tempo (o recurso ao *flashback* sem função meramente descritiva), quanto a multiplicidade de clímaxes, encontraram nos atores importantíssimo apoio. Não há restrições a fazer a nenhum deles. Adriana Prieto (dublada), no papel de Glorinha, a noiva, está longe de alcançar nível comparável ao de Darlene Glória em *Toda nudez será castigada* (e seu papel é muito menos importante), mas dá um tom eficientemente ambíguo. Camila Amado (Noêmia) se situa em plano superior e (sem ter aqui a primeira prova de talento) oferece a maior surpresa em rendimento dramático. Nelson Dantas (como o amante de Noêmia) é outra surpresa em sua primeira grande oportunidade cinematográfica, alcançando um momento de irresistível pungência no confronto final com a a mulher morfética. André Valli (o homossexual) também impressiona, ainda que prejudicado pelo prolongamento excessivo de sua sequência. Érico Vidal fornece muita veracidade a outro personagem difícil, Antonio Carlos. Fregolente (dr. Camarinha) é sempre perfeito em criaturas de Nelson Rodrigues. Mas, sem dúvida, a maior surpresa vem do veteraníssimo Paulo Porto, cujo Sabino – o personagem-chave do filme – supera sua excelente atuação no Herculano de *Toda nudez*. Exemplar atuação de um ator que não se deixou embriagar pelo sucesso, nem permitiu que sua condição de produtor lançasse na sombra qualquer momento dos que contracenam com ele.

(Texto publicado com o título "A lama quente do vulcão", no *Jornal do Brasil*, 1975.)

A extorsão

Na insólita e obscura imagem de abertura de *A extorsão*, de 1975, uma mulher, Renata (Suzana Faini), examina obsessivamente seu corpo no espelho. A seguir, paralelamente aos letreiros de apresentação, os amantes, Laura (Kate Lyra) e Murilo (Paulo César Percio), entregam-se aos movimentos de plenitude sexual. Ouve-se a campainha da porta. Duas mulheres de aparência humilde insistem estranhamente em perturbar a tranquilidade do apartamento de encontros. "Não se preocupe, ninguém sabe que você existe", diz Murilo a Laura – frase emitida sem nenhuma intenção diminuitiva, mas cuja segunda leitura (ela é esposa e mulher-objeto de um jovem político em ascensão) põe em evidência a vulnerabilidade da personagem e a inteligência do filme, o segundo em que o cineasta Flávio Tambellini contou com a colaboração do escritor e cinéfilo Rubem Fonseca. Em telefonema anônimo, uma voz de homem falará (em tom efeminado) da conveniência de receberem suas "emissárias": o envelope que elas portam, sem desconfiar da motivação, traz cópias de uma série de fotografias comprometedoras, especialmente para pessoas com a posição social dos amantes. À primeira vista parecerá, ao chantageado relutante e ao delegado (Carlos Kroeber), uma chantagem sem complexidades, talvez obra de amador. Apenas uma extorsão? Pouco depois, a filhinha de Renata e Murilo é esperada à porta da escola por um substituto do motorista da família. É um rapto.

E o filme, que parecia apenas um policial de surpreendente originalidade e verossimilhança (em especial no paralelo com a produção brasileira do

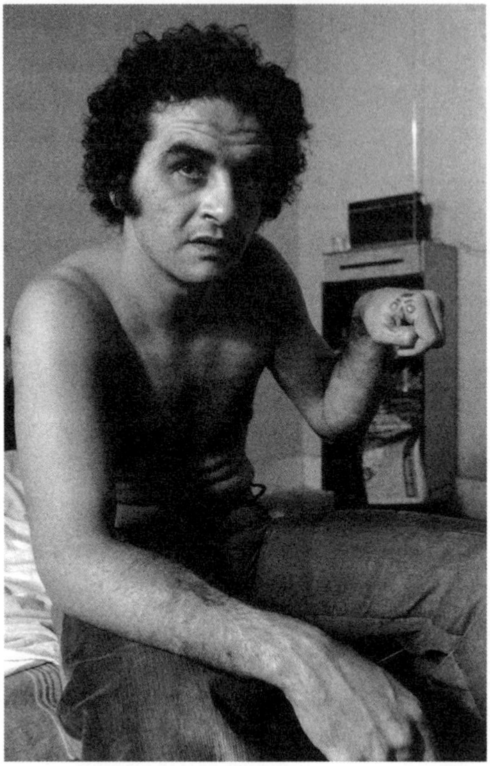

Otávio Augusto no trágico *A extorsão*

gênero, tanto em cinema como em livro), vai se revelando também algo superior: um painel de instigante veracidade sobre as chantagens que se realizam a todo momento, à sombra de quaisquer códigos de comportamento. No fundo, não há apenas uma extorsão (uma chantagem em aberto: "Uma voz de homem... mas não falou de nenhum resgate..."), mas um processo generalizado de extorsão, que envolve ampla galeria de personagens, da nata da sociedade ao chamado submundo.

Segundo uma observação de Kroeber, os personagens de *A extorsão* teriam aflorado do roteiro e das imagens filmadas "suficientemente desenvolvidos para serem compreendidos e suficientemente misteriosos para suscitarem adivinhações". Exemplar roteiro este, elaborado por Fonseca e Tambellini a partir de uma história escrita especialmente para cinema pelo autor de *Lúcia McCartney* e *Feliz ano novo*. Sem ser alguém dedicado ao gênero policial, mas um observador do "caso de polícia" que costuma ser tão frequentemente a vida, Rubem Fonseca conseguiu com o cineasta – superando a marca de sua colaboração anterior em *Relatório de um homem casado* – desenvolver um extraordinário roteiro, que parte do episódio policial curioso para a construção de um microcosmo ao mesmo tempo absorvente e trágico, sem omitir subjacentes notações de humor derrisório.

Desse humor que aflora dos poros do drama, poderíamos citar muitos exemplos (recorrentes, também, em outros filmes de Tambellini), porém o mais singular é o que se vislumbra na dureza do padre (com algo de indiferença) na leitura junto ao túmulo de um personagem brutalmente assassinado:

> A tragédia maior de quantas há debaixo do sol é que todos têm o mesmo destino. (...) Enquanto alguém desfruta da companhia dos vivos ainda alimenta esperanças – melhor um cão vivo do que um leão morto. Os viventes sabem, pelo menos, que vão morrer. Os defuntos, porém, de nada sabem. Para eles não há mais salário, ninguém se recorda deles. Seus amores, seus ódios, seus ciúmes extinguiram-se: nunca mais participarão daquilo que sucede sob o sol.

Enfim, a encomenda fúnebre parece frisar (ou recomendar) a danação do personagem.

E aquilo que sucede sob o sol, ao contrário da beleza que flui do enlevo sexual do início, à luz mansa do apartamento de encontros, é ao mesmo tempo torpemente insólito e espantosamente natural, segundo o enfoque do cineasta. A patética cegueira dos personagens, na agressão ao próximo ou (o que lacera mais) no abandono à solidão e à perplexidade, parece refletir (o que dá a medida do plano de grandeza com que os autores abordam a pequenez humana) uma frase da citada encomenda fúnebre: "O homem não conhece nada daquilo que está a sua frente".

A perplexidade da menina sequestrada, apavorada, sem compreender a necessidade de comunicação humana do assassino (que, em um grande momento de cinema, procura alegrá-la projetando sua solidão na figura pintada em sua mão e procurando brincar de ventríloquo), repete-se em cada um dos que, estupefatos, recebem a visita do "anjo exterminador", nessa extorsão que passa de mão em mão, inesperadamente. O que, a princípio, lembra Hitchcock (*Pacto sinistro*), depois David Samuel Peckinpah (e tem a beleza de um plano do cineasta de *Tragam-me a cabeça de Alfredo Garcia*: o encontro do corpo, no final, em um local deserto com ressonância de cenário de *western*). Os cenários, extremamente sugestivos, a sábia montagem de Sílvio Renoldi, a fotografia de um Fernando Amaral sensível ao clima de cada momento da obra, contribuem para torná-la uma das mais expressivas do cinema brasileiro.

Para este resultado foram decisivos a sensibilidade e o espírito de equipe de Tambellini no trabalho com o elenco, solicitado a ultrapassar os limites da atuação comandada e a participar criativamente. No maior nível estão Otávio Augusto e Emiliano Queiroz, realmente estupendos. Mas todos atuam com esmero, destacando-se ainda Pereio, Suzana Faini, Roberto Bonfim, Arlete Salles, Lícia Magna, Ivan Setta, Carlos Kroeber, Carlos Gregório e Judy Miller.

(Texto publicado no *Jornal do Brasil*, 1975.)

O homem e o limite

Durante mais de um ano o documentário de curta-metragem *O homem e o limite*, de 1975, de Ruy Santos, aguardou lançamento nos cinemas deste país desmemoriado, onde os cineastas que não disputam o fardão dos colunáveis correm o risco de virtual inexistência civil. Depois de exibições especiais em auditórios, finalmente encontrou um espaço nobre na programação do recente Festival de Brasília – sem prêmios, mas tendo reconhecida sua importância pelos cinéfilos.[19] Muito antes, cinéfilos ilustres, como Rachel de Queiroz e Octávio de Faria, já sabiam da significação singular do trabalho de Ruy Santos que, com injustificável modéstia, diz que apenas pretendeu contribuir para o conhecimento da história do cinema nacional e levar aos jovens a importância de *Limite*, de 1931), o inigualável e único filme concluído por Mário Peixoto. *O homem e o limite* se propõe a um gesto raro: um cineasta exalta o outro, dá-lhe (veiculando sequências selecionadas) dois terços de sua metragem, coloca-se à sombra da arte do outro e o defende contra as lendas menores, os preconceitos formais e, sobretudo, contra a amnésia que assola a cultura brasileira. O outro é um artista de significação universal, um cineasta sem seguidores, mas admirado pela crítica no Brasil e no exterior.

19 Prêmios em festivais geralmentre são fruto de circunstâncias dissociadas da arte. Mas vale registrar que no Festival de Gramado de 1977, que homenageou Mário Peixoto, *O homem e o limite* recebeu o Kikito de Ouro como o Melhor Curta de 35 milímetros.

Depois de décadas de quase esquecimento, cineastas e críticos brasileiros redescobriram a importância de Humberto Mauro. Daí por diante, partiu-se da injustiça para o polo oposto: o endeusamento. Nenhum outro cineasta possui uma filmografia tão arraigadamente brasileira e tão rica em sua variedade e amplitude quanto Mauro. Fui dos primeiros a estimular o interesse pela obra do cineasta de *Ganga bruta* depois de seu afastamento dos estúdios, inclusive colaborando com o memorável Festival Humberto Mauro, realizado (até com êxito de público) em Cataguases (MG), onde ele desenvolveu um dos mais importantes ciclos pioneiros que, no silencioso, deslocaram do eixo Rio-São Paulo o primado da criatividade cinematográfica. Mas passaran do justo reconhecimento a uma espécie de "culto da personalidade". Tenho um amor todo especial pela arte de Mauro e uma admiração quase filial pelo patriarca. Mauro é como uma grande árvore de profundas raízes, frondosa até mais não poder, deitando uma sombra incomensurável, projetando um ar puro, saudável como nenhum outro, na atmosfera de nosso cinema.

A idolatria por Mauro, no entanto, bloqueou o estudo de outros pioneiros de valor extraordinário – como José Medina (*Exemplo regenerador*), para citar apenas o mais esquecido dos grandes. É verdade que Mário Peixoto[20] cultiva a solidão, não se tortura com a limitação que o espírito exigente e a fibra de esteta impuseram à sua obra. As próprias exigências de qualidade de projeção que faz para permitir, de raro em raro, exibições de *Limite* em salas de cineclubes ou mesmo em recintos particulares – sempre sob vigilância de alguns de seus amigos de certa intimidade – aumentam a auréola legendária em torno das virtudes do filme.

O mistério desta obra reaparece fascinante, em 20 dos 30 minutos que compõem o corpo de *O homem e o limite*, de Ruy Santos. Nos outros dez minutos, filmando Mário Peixoto em seu *habitat* insular de Mangaratiba (RJ) (é a primeira vez que o autor aparece em imagens animadas desde sua participação no elenco de *Limite*), tateando com talento os cenários onde o clássico foi filmado, Ruy Santos dá testemunho de sua própria sensibilidade cinematográfica e, simultaneamente, oferece uma oportunidade inesperada para que

20 Mário Peixoto (1908-1992), também romancista (*A alma segundo Salustre*; *O inútil de cada um*) deixou inacabado um segundo longa-metragem, *Onde a terra acaba*. Deixou inéditos roteiros, peças teatrais e poemas. O Arquivo Mário Peixoto, sob os cuidados de Saulo Pereira de Mello, foi acolhido na sede da Videofilmes, no Rio de Janeiro, por iniciativa de Walter Salles. Sua vida e obra foram abordados por Sérgio Machado no documentário *Onde a terra acaba*, produzido pela Videofilmes e disponível em DVD.

O clássico *Limite*, de Mário Peixoto

o mundo repense – ou avalie pela primeira vez – o fenômeno Mário Peixoto. Um fenômeno cinematográfico "insular" (e não só no sentido geográfico), distante da produção corrente da alvorada dos anos 1930. Hoje é mais fácil acreditar nos veteranos críticos (como Pedro Lima e Jonald) que viam em *Limite* algo à altura da mais substanciosa e autêntica vanguarda. Mas, sem dúvida, três décadas antes do impacto dos primeiros longas-metragens de Alain Resnais (com sua prospecção do "universo mental"), Peixoto penetra profundamente no universo cinematográfico cujo nascimento a crítica consideraria mérito exclusivo do mais expressivo cineasta da Nouvelle Vague.

Ruy Santos era um desconhecido assistente de câmera ao participar da prática do cinema na equipe de *Limite*. Seu filme pretende ser também uma homenagem a Edgar Brasil, o inesquecível fotógrafo, a Brutus Pedreira, responsável pela produção da trilha musical que acompanharia as imagens mudas de *Limite*, e a Plinio Sussekind Rocha, a quem se deve a preservação física do filme (com a colaboração de Saulo Pereira de Mello na restauração).

"Às sequências de *Limite* anexei sequências dos locais de filmagem, que passaram a ser o mundo de Mario Peixoto", disse-nos Ruy Santos, "e procurei levar o espectador a viver por momentos nesse mundo que hoje cerca o cineasta." Experiência insólita e só possível pela confiança de Peixoto no homem de cinema que ele passou duas décadas sem encontrar. Nesse mundo muito pessoal,

> longe de rebuliço da cidade, Mário continua consciente de tudo o que se passa (...), convidando só quem lhe interessa para a conversa entre seus móveis de época, seus lampiões a querosene, em sua casa construída em 1929, na praia do Morcego,[21] na ilha Grande.

(Texto publicado no *Jornal do Brasil*, 1976.)

21 Daí o título de outro curta-metragem sobre Mário Peixoto, *O homem do morcego*, de 1980, de Rui Solberg.

O amuleto de Ogum

"Para mim é como se fosse o primeiro filme", disse Nelson Pereira dos Santos sobre sua 11ª realização, *O amuleto de Ogum*, de 1974. E, ao afirmar que este filme "não tem sociologia, não critica os personagens, não toma partido de ninguém", antecipou-se à crítica na indicação de algumas das principais diferenças no paralelo com os filmes precedentes.

Como precursor do Cinema Novo, tendo influenciado e recebido influências de cinemanovistas mais jovens (especialmente de Glauber Rocha), tendo sofrido com eles as consequências de uma série de impasses (sobretudo dos desencontros com o grande público), Nelson Pereira dos Santos está à vontade e dispõe das melhores condições para fazer, na prática, a crítica de uma vertente dotada de certas características revolucionárias, mas cheia de descaminhos e de frustrações.

Ao focalizar, a partir de argumento de Francisco Santos (que participa do elenco), o complexo caldeirão humano de Caxias, no Estado do Rio de Janeiro, a imigração e a marginalização do nordestino nos grandes centros, a criminalidade, a corrupção e as crenças umbandistas (até então vistas pelo cinema sob prisma folclórico, sensacionalista, turístico, preconceituoso), *O amuleto de Ogum* o faz sem a distância do documentarista, sem a frieza do pesquisador social, sem a neutralidade fria de um juiz. Há imensa ternura, uma real comunhão do cineasta com as ilusões, os prazeres e os sofrimentos de seus personagens, mas sem exaltação ou adesão literal. Assim, não surpreende descobrir, por exemplo, que alguns dos mais belos momentos do filme mostram as relações dos umbandistas entre si e os ritos de sua fé. O cineasta, que se mostrou dogmático em parte de sua carreira, aproximou-se da umbanda (com a qual não tem identificação pessoal) preocupado em "mostrar que é uma religião, com um respeito absoluto por sua teologia, seus ritos, sua formação, sua hierarquia, e pela liberdade que existe na própria umbanda, que varia de terreiro para terreiro". Para um personagem como Gabriel (Ney Sant'Anna), o estágio no terreiro do Pai Erley (Erley José) é uma retomada do gosto pela liberdade, depois de ser matador cativo do dr. Severiano (Jofre Soares) e de ser caçado como fera por hordas de bandidos e de policiais. E numa festa de Cosme e Damião ele sorri como se voltasse à inocência da infância ao receber as prendas votivas compradas por Eneida (Anecy Rocha).

A não adesão a este ou àquele personagem permite que o filme não antagonize outros. Todos são banhados da mesma luz: se o dr. Severiano tem parecenças com o Diabo (como nota um dos pistoleiros), isso se deve à crueldade inevitável na liderança do crime, mas não implica halo de personagem demoníaco. Os matadores não são beneficiados com justificativas de ordem sentimental ou social, mas é natural de todo ser humano ter virtudes, como a fidelidade aos que lhe são afins, a amizade, os rasgos de generosidade. Assim, não espanta que, valorizado também pela personalidade de Jofre Soares, Severiano seja um dos criminosos de maior simpatia humana vistos no cinema brasileiro. Não há, como em algumas produções cinemanovistas, exaltação do criminoso (como uma condição eventual de revoltado), mas sim uma espécie de desmistificação do conceito de "submundo". O mundo é um só, e esses personagens refletem a violência, a corrupção, a feira de vaidades de outros extratos da sociedade. Não há complacência, e sim forte observação humana, que naturalmente não conduz a estereótipos. O bajulador e amoral dr. Baraúna (Emanuel Cavalcanti), braço direito de Severiano, pode até ser alvo de compaixão na solidão de suas frases feitas, acompanhado (como um sucedâneo da dignidade) do guarda-chuva sob qualquer condição da meteorologia. Marginais como Quati (José Marinho) e Zé Índio (Antonio Carnera) podem ser comovedores em sua fidelidade ao chefe. O homossexual Madame Moustache (interpretado pelo cineasta Luiz Carlos Lacerda) está longe da vinheta cômico-grotesca tão comum na abordagem desses tipos pelo cinema brasileiro. Eneida, a jovem amante de Severiano, que se enternece com Gabriel, embora capaz de levá-lo a uma tocaia em troca de dinheiro (meio de abandonar o velho e voltar à sua família), é suficientemente forte para revoltar-se contra o machismo dos amantes e frágil demais para resistir à corrupção.

Estamos tão habituados a encontrar personagens-títeres, dotados de rótulos ideológicos, que a liberdade de Nelson Pereira dos Santos com os personagens de *O amuleto de Ogum* deve dar aos espectadores uma sensação de alívio. Ao contrário de tantos filmes do Cinema Novo, este não é uma "armação" do autor-diretor contra os personagens, nem uma contestação formal, nem uma defesa de tese. Ausente o colete ideológico, os personagens respiram a plenos pulmões, todos os intérpretes estão à vontade, os movimentos de câmera e os planos parecem os mais naturais para cada situação abordada. Depois de tantos anos, Nelson nos dá um filme realmente livre. Sem dúvida, não livre de preocupações: as do cineasta como indivíduo, com sua ideologia e com os espectadores. Mas um filme não vive somente de gestação de ideias, nem de proezas de câmera. Pode incorporar estas e aquelas, se digeríveis. Um filme vive de uma realidade específica e dos indivíduos (personagens) que são sua expressão autêntica. Daí a opção lucidamente enunciada pelo cineasta a propósito de *O amuleto de Ogum*: "Saber um pouco mais a respeito de nosso ser cultural, se ligar mais a ele, praticar uma observação mais aberta, menos facciosa".

O amuleto de Ogum está nos antípodas de vários filmes de Nelson Pereira dos Santos, como *Fome de amor*, por exemplo. Mergulhando fundo em suas origens populares e propondo uma prospecção não sectária da realidade brasileira, o cineasta não pratica nenhuma heresia. Sugere, capitalizando a experiência dos anos 1960 e 1970, a retomada do espírito popular que estava à raiz das propostas iniciais (e mais estimulantes) do Cinema Novo.

(Texto publicado no *Jornal do Brasil*, 1974.)

O marginal

Na época áurea da chanchada, quando os críticos se batiam pela necessidade de algo mais e os profissionais de cinema se irritavam com a exigência, pela impossibilidade de encontrarem meios de produção para seus projetos mais interessantes – que iam além da piada radiofônica e do cineminha de paródia dos sucessos norte-americanos –, Carlos Manga dirigiu uma série de filmes que sintonizavam com o gosto do público (o que equivale a dizer: com aquilo a que habituaram o público): *A dupla do barulho*, *Guerra ao samba*, *Esse milhão é meu*, *De vento em popa*, *O homem do Sputnik*. Quanto mais o diretor acertava (na bilheteria), menos a Atlântida queria ouvir falar de qualquer tipo menos ingênuo de cinema. Manga trabalhou pacientemente com o receituário básico do estúdio – que vivia principalmente da popularidade de Oscarito – durante uma década, até cansar. Antes de abandonar o cinema tentou, com *As sete Evas*, dar uma pitada de sofisticação à comédia, mas o resultado foi menos feliz que a média de suas chanchadas.

De *As sete Evas*, de 1961, a *O marginal*, de 1974, os anos de ausência permitiram-lhe acumular na televisão uma experiência de planejador e de *expert* em diversas facetas do espetáculo, que agora se revela preciosa na tela. Os supersticiosos não podem encontrar aplicação para a contagem de 13 anos que vai da deserção (mais que justa) ao reengajamento (auspicioso): *O marginal* é inquestionavelmente um bom filme.

A primeira parte da sequência inicial – o traslado de Valdo (Tarcísio Meira) para a penitenciária, na treva de uma viatura policial – já marca fotográfica e ritmicamente o clima opressivo e sem saída que o cineasta saberá manter, sem desfalecimentos, ao longo das quase duas horas de projeção. A tentativa desesperada de fuga antes do registro na prisão, o protagonista rebelando-se como uma fera acuada e, como tal, sendo brutalmente subjugado, fixa um tom justo de violência: a do homem que não encontrou na sociedade motivos para respeitá-la e a do organismo encarregado de manter as prerrogativas daquela. (Diga-se de passagem: embora os produtores tenham importado dos Estados Unidos um especialista da Special Effects Unlimited, o filme não admite os excessos que configuram, internacionalmente, uma "pornografia da violência". Salvo algum lapso de memória, as cenas de violência física de *O marginal* são as mais verossímeis já realizadas no cinema brasileiro. E nisso não vai elogio apenas à tecnologia importada; sem a vigorosa construção devida principalmente à montagem solicitada e obtida pelo diretor, as cenas citadas não teriam mais que um virtuosismo gratuito.)

De diversas circunstâncias do cotidiano do protagonista aprisionado brotam as ligações (não inovadoras, mas sensivelmente concebidas e orquestradas) com momentos do passado. Ora uma frase contundente, ora um ângulo plasticamente instigante, sempre uma ponte cinematográfica abre e fecha os *flashbacks*. A constante do medo à escuridão, originário de castigos na infância passada numa instituição dita social, fornece algumas das melhores conexões a partir da tensão da treva inicial. Manga parece ter recebido mais da pressão empresarial da televisão do que de seus tempos de cineasta o sentido de alerta diante do valor do tempo. *O marginal* só repete aquilo que dramaticamente convém reiterar.

Os prolongados liames de Carlos Manga com a televisão não o inibem: ao situar o papel da avidez de consumo e de fácil ascensão social de Valdo, ele não esquece de enfatizar, com humor, os fantásticos apelos da publicidade e sua eficácia. Numa época em que as telenovelas fornecem o pão (do espírito) e o circo a grandes faixas de público, ele evita repetir os recursos da concorrente. A organização do tempo, por meio da montagem, está nos antípodas da linguagem complacente da telenovela. Há só uma concessão ao padrão televisivo: as gravações musicais, inseridas de maneira muito esquemática para sublinhar determinados personagens.

O diretor não descuidou do roteiro: em vez de pontificar sozinho, contou com três colaboradores na fase de elaboração que antecede o tratamento especificamente cinematográfico (Inalda Manga, Dias Gomes e Lauro Cesar Muniz). Pôde, assim, conduzir com total coerência o projeto, da ideia original à escrita visual. Salvo irrelevantes insuficiências dramáticas em alguns momentos, *O marginal* concilia a gravidade do tema com o afã de comunicabilidade ampla.

Tarcísio Meira (também coprodutor) está cada vez melhor como ator, não perdendo no confronto com a intérprete *hors concours* que é Darlene Glória. Vera Gimenez dá ao seu papel a justa medida de frieza, elegância e ávida sensualidade. Não vemos nenhuma restrição digna de nota em relação ao elenco, se excetuarmos a dublagem a que foi submetido Anselmo Duarte. Victor Merinow, Carlos Kroeber, Maurício do Vale, Lutero Luís e Francisco di Franco compõem com precisão seus personagens.

Oswaldo de Oliveira nos apresenta seu melhor trabalho na direção de fotografia. Campelo Neto reitera sua sensibilidade como diretor de arte, cenógrafo e figurinista. A produção musical, apesar das facilidades já citadas, tem nível apreciável.

(Texto publicado com o título "O prazer do cinema", no *Jornal do Brasil*, 1975.)

O anjo da noite

Não foi por falta de concorrentes categorizados que *O anjo da noite*, de Walter Hugo Khouri, 1974, conquistou um Prêmio Especial do Júri no Festival do Cinema Fantástico e de Terror de Sitges, na Espanha. Mas não deixa de ser surpreendente que somente agora o cineasta enverede pelo terreno do fantástico. Porque ele cultivara um clima de presságio já em 1958, com seu segundo filme, *Estranho encontro*, que, em várias sequências, evidenciava um admirador do cinema e da literatura de terror, e especialmente das produções de Val Lewton, uma das referências máximas do gênero.

Entre os elementos constantes da obra khouriana figura a extraordinária assimilação do medo, este acompanhante de sempre do homem, seu guardião e sua fera. Chega a ser insólito que, sem jamais ter realizado um filme de terror ou um *thriller*, a trajetória do autor tenha sido tão marcada pelo sentimento de medo que envolve os personagens, que os motiva ou esvazia, ora levando-os à realidade, ora à retração em sua concha.

O anjo da noite é um de seus momentos menos ambiciosos em termos de espetáculo. Só foram mais simples seu primeiro filme, *Gigante de pedra* (projeto de outro diretor que ele assumiu como desafio artesanal) e o exercício mais ou menos experimental que realizou, sem roteiro, como segundo episódio de *As cariocas*. Tem menor número de protagonistas e de cenários do que este episódio. Nesse despojamento, que o aproxima do que nos bons tempos do cinema falado norte-americano se chamava de "produção B", sobressai mais a força do estilo de Khouri, sua extraordinária aptidão para envolver tudo – um figurante, um detalhe cenográfico, um plano aparentemente secundário, um olhar dramaticamente significativo ou mesmo vazio – numa soma expresiva. Daí conseguir, com um tênue fio de história e apenas dois personagens construídos com alguma argamassa de protagonistas, a proeza de um filme tenso e sempre cativante, embora mobilizando com excessiva discrição certos elementos psicológicos pouco acessíveis ao grande público.

Falei em "dois protagonistas" com certa impropriedade. Nem a jovem universitária que ganha extras como babá (Selma Egrei) nem o vigia noturno (Eliezer Gomes) têm a tessitura dramática que costuma justificar a divisão de uma galeria de personagens em protagonistas e coadjuvantes. Apesar do rótulo propagandístico, provavelmente sugestionado pelos fluidos comerciais de *O exorcista*, que procura cativar os adeptos do gênero de terror ("entes diabólicos, impalpáveis e incontroláveis"), *O anjo da noite* é filme de puro clima, que ecoa a efervescência estética de produções de Val Lewton, como *Sangue de pantera* ou *A ilha dos mortos*, da década de 1940.

A retração à concha (erótica, psicológica, social) é um reflexo característico na galeria de personagens de Khouri, de *Estranho encontro* a *Na Garganta do Diabo*, de *Noite vazia* a *As deusas*. Reflexo que, em *O anjo da noite*, chega ao gótico namoro com a morte. Os cenários sem saída, mesmo quando em plena natureza, são aqueles em que melhor se aloja o impasse dos personagens khourianos. E, fechando-se trágica e insolitamente, quando (à primeira vista) tudo parece indicar a tranquilidade do cotidiano, os destinos dos principais personagens de *O anjo da noite* têm ponto de encontro com os dos filmes anteriores.

O filme se passa praticamente todo em uma noite, numa casa milionária nas vizinhanças de Petrópolis. Ana, universitária residente em um subúrbio do Rio de Janeiro, deslumbra-se com o trabalho de babá, num fim de semana, enquanto os proprietários se ausentam para intensa agenda social. O diretor-roteirista vê na casa "o mal imanente", algo como um númen, um espírito diabólico e destruidor, mas absolutamente impessoal, que atua sobre as pessoas. O númen desta casa atua sobre as pessoas num clima incômodo e estranho, desde sempre. Nessa noite, porém, o equilíbrio desta anormalidade será quebrado pela presença da moça, desencadeando-se a destruição.

Nada de sobrenatural na história. Apenas um súbito rompimento dos comportamentos normais, propiciado pela presença da jovem (seduzida pela casa e que, embora amedrontada, a ela se entrega), de uma das crianças (um menino que sente prazer mórbido em amedrontar os outros e a si próprio) e do vigia (que teme a casa, à qual, por sobrevivência, está preso). Explicação racional para as ocorrências é impossível, mas a plausibilidade do comportamento dos personagens não pode ser contestada. A psicologia, que pode facilitar a compreensão, não vai além dos fatores que provocam a tragédia. O essencial permanece indiscernível, como nos habituaram – entre outros mestres do fantástico – Edgar Allan Poe e Carl Theodor Dreyer.

(Texto publicado com o título "Os demônios da noite", no *Jornal do Brasil*, 1974.)

A Rainha Diaba

A distância de cinco anos entre a realização de *Copacabana me engana* e *A Rainha Diaba*, o primeiro e o segundo filmes de longa-metragem de Antonio Carlos Fontoura, reforça a impressão inicial que tive do jovem cineasta: a de alguém que sabe o que quer, avalia com lucidez suas possibilidades a cada momento e não procura extrair de cada filme aquilo que não pode oferecer concretamente. Em poucas palavras: *A Rainha Diaba* é um bom filme. E até um êxito estimulante se avaliarmos as dificuldades de caracterização, da ambientação, da multiciplidade de personagens.

Ao procurar o tom exato para um filme de bandidos e "bonecas", de pivetes e "piranhas", de sangue e de lantejoulas, da outra margem do Rio, o cineasta soube marcar o encontro certo: o entendimento com o teatrólogo Plínio Marcos (*Navalha na carne*; *Dois perdidos numa noite suja*) para levar adiante uma ideia que o "perseguia há muito tempo". A abordagem das "bocas" (pontos de maconha), de seus exploradores e intermediários exigia um conhecimento que escapava à vivência do diretor de *Copacabana me engana*. Ao voltar as costas à Zona Sul, à classe média, ele abria mão – perigosamente – de conflitos dos quais tinha conhecimento direto. *A Rainha Diaba* se ressente dessa migração: é obra menos pessoal. Mas seu nível superior evidencia a importância de somar, de aceitar experiências e maturidades alheias, que é um sintoma positivo visto com certa frequência no cinema brasileiro mais recente.

A superação de cinemanovismo não se realizará sem um esfriamento: depois do movimento sísmico, a acomodação das camadas do solo, o endurecimento da lava. A sabedoria de *A Rainha Diaba* e de outros filmes da fase atual (como *Vai trabalhar, vagabundo*), para citar exemplo novo, está em compreender a mutação, em pesquisar soluções de comportamento mais produtivas para a consistência do terreno. Impossível cultivar vinhedos em área de pedra. A ligação Plínio Marcos/Antonio Carlos Fontoura apresenta limitações: o filme não é tão rico de imaginações como pretendeu o cineasta, nem tem a força trágica, o clima explosivamente dramático das obras do teatrólogo. (A comparação com *Navalha na carne*, filmada por Braz Chediack, em reapresentação, não pode deixar dúvidas.) A contribuição de Plínio Marcos foi mais positiva na dialogação extremamente veraz, rica de um conhecimento que não se aprende na escola, e no embasamento das caracterizações dos personagens. Jamais se enfatizará em demasia como esse tipo de trabalho é importante para nosso cinema. As falas dos personagens de *A Rainha Diaba* reforçam a variada gama de sua galeria humana.

Como coargumentista e roteirista, Fontoura admitiu uma linha mestra comum ao filme de *gangsters* americano: o protagonista Bereco (Stepan Nercessian), marginal de pequeno porte, é estimulado a uma jogada audaciosa pelos homens a serviço de rei do crime (no caso, a "boneca" Diaba, interpretada por Milton Gonçalves), a fim de desviar, como bode expiatório, uma cartada policial que poderia pôr em risco o bando. Mas não é um tipo de situação improvável para o marginalismo que o filme expõe. E o roteiro, embora respeitando as linhas clássicas do gênero, ganha validade pela armação com características muito locais. O mundinho liderado por Diaba, disputado pelo melífluo braço-direito Catitu (Nelson Xavier) e, em consequência, pelo pivete Bereco – induzido a crer na trama que, declaradamente, tenderia a elevá-lo à coapropriação da rede de "bocas" – concretiza-se na tela com muita convicção e coerência.

Creio que, se não tivesse cedido à tentação de ficar exclusivamente na abordagem da "barra" – de trabalhar num universo fechado como é do gosto de Plínio Marcos – Fontoura teria enriquecido esta visão. Sinto, no entanto, que ao ficar na "outra margem do Rio", sem que vislumbremos o lado oposto, integrado e (digamos) "normal", diminui o impacto da Diaba e seus satélites. A direção tirou bom rendimento do elenco que soube selecionar. Há uma falha grave, porém, no que se refere à interpretação do papel-título. Seria difícil encontrar melhor ator que Milton Gonçalves, com possibilidade de concretizar a proposição da Diaba. E ele tem momentos excelentes. Mas a direção admite (ou encoraja) um semitom de gaiatice (presente também, em excesso, na galeria de "bonecas") que nega ao filme a efervescência trágica desejável. Sem dúvida, não se espera que Fontoura realize essa meta com a mesma tarimba de um Fellini. Mas em *Navalha na carne*, por exemplo, aquele desvio não ocorreu. Na margem carioca de sangue e lantejoulas de *A Rainha Diaba*, as últimas, às vezes, levam a melhor. E esta não era a melhor opção.

Entre os principais personagens, o de Odete Lara é o vivido com mais garra – aliás, um trabalho impecável. Em seguida, destacam-se Stepan Nercessian (amadurecendo sem pressa, mas com segurança e consciência: um ator de absoluta fidelidade aos seus personagens) e Nelson Xavier (um Catitu precioso para o filme, mas que se prejudica em excessos, como se tivesse necessidade de garantir o aplauso). Entre os coadjuvantes, Wilson Grey (Manco) é o equilíbrio em pessoa. O filme tem muito bom nível de produção. Cenografia, figurinos, montagem e fotografia de nível evidente. O trabalho de José Medeiros na fotografia, evitando a sofisticação, dosando as luzes com sabedoria, é contribuição especialmente preciosa.

(Texto publicado com o título "As artes da 'Diaba'", no *Jornal do Brasil*, 1974.)

Quem tem medo de lobisomem?

No terreno traiçoeiro da comédia de terror, o resultado alcançado pelo ator--cineasta Reginaldo Faria com *Quem tem medo de lobisomem?*, de 1974, é surpreendentemente bom. A realização é inventiva e – o que não constitui novidade na pequena filmografia do diretor de *Os paqueras* e *Pra quem fica, tchau!* – muito comunicativa. A surpresa decorre da felicidade com que Faria e sua equipe contornaram as dificuldades de produção, quando se sabe que o fantástico e sua conexão com o cotidiano muitas vezes derrotam até empreendimentos de centros produtores mais desenvolvidos.

"Eu classificaria o filme de terror com bom humor – a tônica para ridicularizar a seriedade que os homens se querem dar. Ridicularizar a própria seriedade que se espera de um filme de terror. 'Gozar' o terror pelo terror", disse o cineasta. O que não é fácil. Lá fora, para se alcançar resultado de primeira qualidade no exorcismo humorístico do terror é preciso mobilizar alguém da estirpe de Roman Polanski (*A dança dos vampiros*). O propósito de Polanski exigia outro tipo de abordagem – motivo a mais para que não se pretenda um paralelo impertinente. Vale a citação, no entanto, para frisar a sedução universal do fantástico e as dificuldades da abordagem humorística. *A dança dos vampiros*, que está longe de figurar entre os trabalhos mais expressivos de Polanski, sofreu mutilações graves na montagem determinada pela empresa produtora. Reginaldo Faria não sai sem arranhões do encontro com seu lobisomem, mas demonstra uma garra cinematográfica inesperada.

"A ideia do filme surgiu da necessidade de comunicar por uma linguagem indireta, subconsciente", disse Faria, também autor do roteiro. Em seu projeto, "o exercício e o jogo do subconsciente" deveriam tomar o espectador "gradativamente, até o envolvimento total". Optou, então, pelo recurso do onirismo, isto é, não procurando a fusão do elemento fantástico e do comportamento cotidiano, operação que, em outros níveis, com outras ambições, foi executada em *O amuleto de Ogum* e *O anjo da noite* – respectivamente de Nelson Pereira dos Santos e Walter Hugo Khouri –, deixando ao espectador total liberdade. Há uma lógica no tipo de abordagem desejado por Faria, menos interessado no mito (o lobisomem) do que nos fantasmas psicológicos dos quais ele seria uma projeção. E há, por isso mesmo, um insuperável pecado original em seu roteiro: à grande riqueza de "projeções" não corresponde aceitável definição dos "projetores", isto é, dos protagonistas. Stepan Nercessian e Reginaldo Faria são os mesmos atores de *Pra quem fica, tchau!*, o que não implica aceitá-los como os mesmos personagens – sobrevivências de *Os paqueras* projetadas abruptamente em confronto com o mundo mágico do interior subdesenvolvido.

Os três personagens principais de *Quem tem medo de lobisomem?* – Lula (Faria), Neto (Nercessian), Iracema (Camila Amado) – foram isolados da cidade, "do grande movimento". O cineasta pretende demonstrar que, com os "preenchimentos" urbanos, os personagens "não se dão conta do que são". No ermo interiorano, durante uma viagem, eles são colocados diante do espelho, "vendo seus próprios medos, não aceitando enxergar sua própria imagem já velha e ultrapassada, querendo a todo custo justificar um ruído – que pode estar dentro de si próprios – como algo sobrenatural".

O que são os protagonistas? Até o desencadeamento total da "projeção" (ou da possessão dos personagens por seus fantasmas interiores) o filme é pouco mais do que um preâmbulo bastante divertido em que Lula e Neto parecem ilustrações superficiais dos jovens "paqueras" de muitos outros filmes brasileiros. Ao terminar a possessão (ou "projeção") o filme também estará em seus últimos minutos, sem tempo para uma caracterização que, a essa altura, seria tão supérflua quanto extemporânea. A autossegurança artificial, que desmoronaria em confronto com o *habitat* do lobisomem, não chega a ser definida.

Não somente Iracema, a noiva abandonada à porta da igreja (e logo apelidada de Baixo-Astral pelo aparente azar que traz aos rapazes que a aceitam no jipe), como também Lula e Neto, deverão ser compreendidos pelo espectador a partir da projeção onírica. Se a pobreza de definição do preâmbulo nega ao filme uma largada mais positiva, o que vem depois é de uma riqueza insuspeitada. A agressividade e os temores ocultos, os desejos sexuais reprimidos e a vontade de poder serão deflagrados a partir do momento em que, durante a noite no casarão-tapera, Iracema é atacada (?) por alguém – um anormal ou um lobisomem? Quando Lula volta da perseguição infrutífera, encerrada à porta do casebre de um colono (Arthur Maia), ele e seus companheiros caem sob a proteção (?) de Leão, proprietário de terras (Carlos Kroeber) que, aparentemente, teria se apropriado de áreas pertencentes (?) à família de Lula. Os três se tornam hóspedes-prisioneiros do engole-terras na mesma casa deserta (?) de pouco antes, agora cheia de vida e conforto, mas sempre apavorante.

Um varão nascido depois de uma série de sete filhas, como Pedro (Zanoni Ferrite), o filho deficiente de Leão, "é o lobisomem", pensam os dois amigos. Ou seria o colono de orelhas grandes que usa como coador de café o sutiã roubado a Iracema? No casarão e em suas imediações – ora paradisíacas, ora infernais – os três hóspedes encontram sugestões sensuais e medos-pânicos. O ritual de boas maneiras de Leão, sua não menos ameaçadora mulher (Neuza Amaral) e as sete encantadoras (ou diabólicas?) filhas se confundem com uma espécie de cerimonial macabro, celebrado com sugestões ou francas ameaças de morte e de torturas. Há algo de vampira na sedutora Sílvia (Cristina Aché) ou há algo de vampirismo nos secretos desejos de Lula? A ambiguidade é essencial ao pleno sabor de *Quem tem medo de lobisomem?*, como na sequência excelente em que o sarau no salão de Leão ameaça transformar-se em bacanal e, ao mesmo tempo, em um fenômeno coletivo de possessão demoníaca (a filha muda passa a falar enquanto Iracema parece perder a voz).

Apoiado em equipe técnico-artística altamente produtiva – na qual se destacam a fotografia de José Medeiros e os cenários e figurinos de Arthur Maia –, Reginaldo Faria alcança um clima onírico-alucinatório que, na linha procurada, não tem precedentes no cinema brasileiro. Do elenco, muito seguro, acho que basta acentuar a contribuição de Cristina Aché e Camila Amado, vivendo a pseudovampirinha Silvia e a reprimida Iracema Baixo-Astral, que parece ambicionar a plena realização amorosa nas garras do provável lobisomem.

(Texto publicado com o título "Exorcismo de lobisomem", no *Jornal do Brasil*, 1975.)

Sedução

Comédia geralmente lastreada com real senso de humor, certa inventiva e cuidados de produção acima da média, *Sedução*, de 1974, é recomendável dentro dos limites do cardápio. Objetivo: divertir segundo a opção do humor erótico. Tal é a distância entre o filme de Fauzi Mansur e a quase totalidade das produções ditas eróticas, que os observadores assíduos podem ser levados a entusiasmos fora de hora. *Sedução* é, de fato, um filme e não um aglomerado de situações segundo o modelo de grosseria que substituiu o primarismo ingênuo predominante (apesar das exceções) na antiga chanchada.

Presenciamos no cinema brasileiro dos anos 1970 um trabalho de erosão nas bases da multimilenar significação do erotismo. De fato, há erotismo em filmes como *Relatório de um homem casado*, de Flávio Tambellini, *As deusas*, de Walter Hugo Khouri, *Todas as mulheres do mundo*, de Domingos Oliveira, *Quem tem medo de lobisomem?*, de Reginaldo Faria, e até em realizações nas quais o sexo quase não se extroverte, como *Os deuses e os mortos*, de Ruy Guerra, ou *O anjo da noite*, de Khouri. Quando um crítico veicula a definição genérica de "comédia erótica", usada e abusada pela propaganda de filmes tipo *Como é boa a nossa empregada*, está inadvertidamente desservindo ao cinema. A maioria dos filmes que lançam mão desse rótulo são meros exercícios de voyeurismo. O que encontramos com maior frequência sob a máscara de erotismo são o que deveríamos chamar de comédias "genitais". Menos nocivas que a pornoviolência importada, mas igualmente classificáveis como forma de *doping*.

Apesar de sua concepção estritamente comercial, *Sedução* foge (com exceção da cena de alcova entre o mafioso Dom Fausto Belacosa e a profissional contratada para dar-lhe um filho) à grosseria da chanchada sexual. Existem na história dois elementos dramáticos latentes que Fauzi Mansur não deixa emergir em desejável simbiose com a tessitura de comédia: a obsessão de Dom Belacosa em ter um neto, fator de continuidade de sua carne e de suas conquistas materiais; e a vida reclusa e de intermitente viuvez de sua fogosa filha, Fiametta. Os elementos macabros (ao contrário da crispação nervosa decorrente da expectativa de morte, que parece a única possível aos maridos de Fiametta) afloram pouco na narrativa. Em consequência, o filme se realiza mais como farsa do que em sua vocação de comédia com um subsolo dramático.

Ao início do relato – década de 1930, São Paulo –, o alemão Hans, segundo marido de Fiametta (Sandra Brea), é assassinado no sanitário de uma cervejaria. Motivo: não conseguiu gerar um neto para a sucessão do velho mafioso (Fregolente). Tranquilamente, cumprida a missão, o siciliano Tony Buscheta (Edward Freund) volta para sua terra. Mas o círculo vicioso – é evidente – não será liquidado tão cedo. Os exames médicos revelam que Fiametta é portadora de um tipo sanguíneo raro; e só poderá ter filhos com um homem da mesma característica. "Há um em 100 mil", dizem os doutores. Dom Fausto, encorajado pelo dr. Mariani (Francisco Negrão), promove uma campanha para doação de sangue aos hospitais. Entre os milhares de doadores deverá surgir o homem providencial. Após longa espera, aparece um cidadão com o mesmo tipo sanguíneo: um ambulante ignorante, feio, quase anão. Fiametta se enfurece, mas o pai planeja casá-la com o pobre-diabo (Bentinho), consolando-a com a garantia de rápida (terceira) viuvez. No compasso de espera, a jovem é cobiçada por um dos servidores de Dom Fausto, Tomasino (Ney Latorraca) e por um modesto consertador de relógios, Omar (David Cardoso).

Fauzi Mansur conduz com desenvoltura a história, evitando o supérfluo com elipses frequentes, de hábil pontuação (reticente, estilística) e, às vezes, trabalhando com certa musicalidade o ritmo, eficiente na manutenção de um bom suspense humorístico. O erotismo é alcançado pela inteligente direção do elenco – valorizando (sobretudo no que se refere a Sandra Brea e Ney Latorraca) a expressão corporal – e principalmente pela definição rítmico-visual tensa. A ótima sequência do tango (Brea e Latorraca) é apenas o momento mais explícito dessa tessitura que atravessa altiva, com raros desmaios, toda a projeção.

A eficiência interpretativa do triângulo Ney Latorraca-Sandra Bréa-David Cardoso garante ao espetáculo outra base sólida. Melhor que eles está Fregolente, infelizmente prejudicado por caricatos diálogos ítalo-brasileiros, no estilo pseudocoloquial usado em certas telenovelas.

(Texto publicado com o título "Genuíno humor erótico", no *Jornal do Brasil*, 1974.)

Ainda agarro esta vizinha

Fui ver com muitas reservas *A viúva virgem*. Saí do cinema com reservas menores e a certeza de que Pedro Carlos Rovai é capaz de fazer comédias de nível maduro, pondo em prática toda a extensão de seus conhecimentos e abandonando a tendência (comercial) à grossura. Seu filme anterior, *Os mansos*, embo ra na esteira do fabuloso êxito de bilheteria de *A viúva virgem*, fez marcha à ré qualitativamente. *Ainda agarro esta vizinha*, de 1974, recupera em grande parte o tempo (de evolução) perdido na produção anterior. Ainda há muita concessão ao grosseiro e ao escatológico (o que não é pecado exclusivo do cinema brasileiro), mas no ritmo, na caracterização, na direção de atores, na dinamização dos personagens em sintonia com a funcionalidade cinematográfica dos *décors*, Rovai confirma sua aptidão para um tipo de comicidade agressiva, desenfreada, totalmente irreverente. Pode-se recusar, por um prisma pessoal, o desatino rovaiano. Mas somente atrás de uma couraça de preconceitos é possível permanecer impassível ante a provocação de comicidade de *Ainda agarro esta vizinha*.

Nada de novo na trama-base. A história, originalmente escrita por Marcos Rey (de *Memórias de um gigolô*; *O enterro da cafetina*), se passa num edifício de apartamentos de Copacabana, atormentado pela hiperdensidade demográfica, poluição sonora (entre outras) e moral definitivamente em processo de falência. Na ideia de promover em direção humorística a promiscuidade de múltiplos conflitos e inconciliáveis tipos humanos não é difícil reconhecer a inspiração do programa radiofônico *Balança, mas não cai*, adaptado para o cinema e a televisão – explorado até a exaustão. Na adaptação e no roteiro realizados por Oduvaldo Viana Filho e Armando Costa, a história não ganhou pintura original nem os desejáveis (e de fácil inserção) elementos de crítica. Certamente evoluiu em termos de dinamização cinematográfica. (Armando Costa foi um dos roteiristas do bom *Vai trabalhar, vagabundo*) e Rovai pôde intensificar sem muita dificuldade aquela virtude.

Lembra o cineasta que *Ainda agarro esta vizinha* "vem restabelecer no cinema brasileiro um modo de filmar que estava sendo sistematicamente esquecido, isto é, a utilização de estúdios". De fato, a tendência – com raras exceções entre nós –, é o aproveitamento de exteriores e cenários interiores naturais.[22] Motivo principal: limitação dos custos de produção. As outras motivações pesam menos na balança. "Nos estúdios da Cinédia, erguemos um cenário de mais de vinte metros de altura, uma réplica de um prédio de Copacabana, com corredores, elevadores, apartamentos etc. Construímos e decoramos dez apartamentos." Esta base cinematográfica e sua perfeita fusão com as filmagens em exteriores, em torno de um prédio real, proporcionaram a possibilidade de dar ao filme efervescência rítmica e fluência de movimentação de câmera que seria impossível nas estreitas dependências de um edifício similar. Há coisas inaceitáveis, como o excessivo apelo ao personagem homossexual (o porteiro do edifício), a dispensável procura de certos elementos escatológicos, a exploração grosseira da volumosa Berta (a cargo de Wilza Carla). Os ingredientes eróticos (em torno de Valentina Godoy, Meiry Vieira, Nídia de Paula, Veluma) não têm como chocar uma plateia adulta. E o núcleo da história é até romântico-humorístico: a corte do pobretão e inimigo do trabalho Tatá (Cecil Thiré) à vizinha Tereza (Adriana Prieto), cuja virgindade a madrinha (Lola Brah) pretende capitalizar. Além de muito profissional na fotografia e na montagem, o filme conta com elenco eficiente, no qual se destacam Adriana Prieto, Cecil Thiré, Lola Brah, Sérgio Hingst (Bob Simão, o administrador de negócios sexuais) e, num papel sem imaginação (o síndico moralista), o sempre expressivo Fregolente.

(Texto publicado com o título "Esta vizinha agarra o seu público", no *Jornal do Brasil*, 1974.)

22 A filmagem em estúdios, para maior agilidade de produção e domínio de fatores fundamentais, como a luz, atravessa a história do cinema desde os primórdios. Até mesmo Humberto Mauro (1897-1983), patriarca de nosso cinema-arte, preferia filmar em estúdios (Cinédia, Brasil Vita Filme) e utilizou para seu último longa-metragem, *O canto da saudade*, o modesto estúdio Rancho Alegre, que montou em sua terra natal, Volta Grande, Minas Gerais. Mas a produção brasileira é, essencialmente, um cinema de locações – exteriores e interiores (cenários autênticos, adaptados ou não). A opção entre estúdios e cenários naturais não é uma questão de qualidade, mas as locações constituem um fator forte na identidade do cinema nacional.

70 anos de Brasil

Seria injusto comparar o documentário *70 anos de Brasil* (1974) com o primeiro em longa-metragem dirigido por Jurandyr Noronha, *Panorama do cinema brasileiro*, visão de nosso cinema da primeira década do século XX até 1966, produzida pelo Instituto Nacional do Cinema. Neste, o material disponível para edição era muito mais vasto, beneficiado por melhor preservação, e a equipe de realização, mais numerosa, incluiu na consultoria, além de críticos, um pioneiro da direção-produção e da pesquisa, Adhemar Gonzaga, e o cineasta (e também crítico) Rubem Biafora. Apesar do prisma documental-crítico, *Panorama* era sobretudo uma coletânea e, como no caso de *Era uma vez em Hollywood*, o resultado tão atraente e expressivo somente foi possível em consequência do interesse dos trechos de filmes selecionados – privilegiando o cinema ficcional.

O documentário *70 anos de Brasil*, ao contrário, raramente recorre a filmes de ficção (como produções da Cinédia, *O cangaceiro*, de Lima Barreto). O documentário e o cinejornal – as maiores vítimas da falta de aplicação de recursos na preservação de filmes no país – seriam fatalmente as suas fontes na tentativa de produzir um grande painel histórico. E convém frisar de imediato a diferença entre o projeto ideal, contar a história de sete décadas de vida política, econômica, social e cultural, e o trabalho concreto de fazer essa narrativa com o que restou na memória cinematográfica. Embora o resultado seja bastante interessante, a produção foi traída, em parte, por suas ambições e virtudes: o afã de comunicar visualmente como deixamos de ser (com atraso de várias décadas) uma nação do século XIX; e a paixão pela pesquisa que levou a equipe a trabalhar especificamente para esse filme durante alguns anos, decantando do material coligido quase uma centena de itens da memória cinematográfica brasileira. Procurou comunicar uma grande quantidade de tópicos e não abriu mão da excessiva metragem de alguns deles. Os prejuízos do filme decorrem paradoxalmente, à primeira vista, de atitudes positivas. Comunicar é uma coisa, expressar é outra. Apesar da comunicabilidade, da preciosidade, da frequente emoção – enfim, de uma série de qualidades – do material selecionado, Jurandyr Noronha exprime menos do que era lícito esperar.

O cineasta foi, de certa forma, traído pelo pesquisador. Há várias evidências de que um resultado superior não estava fora do alcance de Jurandyr Noronha e seus colaboradores. Um exemplo: a simbiose de um número de cinema-espetáculo, no qual Francisco Alves canta a transformação do Rio de Janeiro, com fragmentos de documentários mostrando homens e máquinas nas demolições para a abertura da avenida Presidente Vargas. A sequência exprime a fatal mutação da fisionomia urbana e a resistência – que aos poucos seria inexoravelmente destruída – da alma popular do antigo Rio seresteiro, bom vizinho, mais civilizado, embora menos metrópole. Em outros momentos, o filme homenageia, com sabor e objetividade, a Cidade Maravilhosa de outrora, tão mais legítima no espírito lúdico e coletivo dos antigos Carnavais, na poesia e na funcionalidade dos bondes (desde os bondes de tração animal), no intercâmbio humano das ruas verdadeiramente ruas, onde se fazia quase ritualmente o *footing*, a corte, e de onde se saía por períodos não minutados para cultivar a grande tradição do cafezinho, sentado.

Com frequência, a forma de *70 anos de Brasil* o aproxima de um critério de coletânea excessivamente preocupado com a intercalação de sequências ou flagrantes leves com o objetivo de atrair um público maior. Na parte inicial, por exemplo, a primeira corrida automobilística realizada no país – sequência documentária de 1909, valorizada por uma pitoresca narrativa verbal – ganha em metragem um destaque insólito. Neste exemplo, o espírito de coletânea, a preocupação de bilheteria e a paixão do pesquisador pelo material preservado andam de braços dados, levando desequilíbrio ao conjunto do panorama. O estado relativamente ótimo das filmagens da corrida, assim como o da reportagem (do mesmo ano) sobre o encontro de futebol entre o Paulistano e o Palestra Itália, certamente teve peso decisivo na decisão de destacá-las. Pouco depois, uma expedição do marechal Rondon à Amazônia e os reflexos da Primeira Guerra Mundial (1914-1918) podem dar a muitos espectadores, pelo peso menor na montagem, a ideia errônea de que despertam menor interesse do cineasta.

Outros desequilíbrios são evidentes e alguns inexplicáveis. As imagens de Lampião e seu bando, filmadas pelo mascate Benjamin Abraão, são interessantíssimas, mas não deveriam ocupar mais tempo que a Semana de Arte Moderna e suas consequências na arte e na cultura brasileiras. À falta de documentação filmada em bom estado, Jurandyr Noronha poderia ter ampliado a sequência fotográfica a que recorreu, assim como teria sido recomendável filmar testemunhos sobre a Semana. Outras limitações na área artística e cultural: estão ausentes a arquitetura e a literatura; a música para em Heitor Villa-Lobos; o teatro não vai além do TBC (Teatro Brasileiro de Comédia); o cinema parece ter chegado ao ápice com *O cangaceiro* e *O pagador de promessas* (momentos historicamente importantes, mas quase "pré-históricos" em comparação com pelo menos cinco outros filmes pós-1962 incluídos no *Panorama do cinema brasileiro*). As lacunas mais graves se referem à história política. A timidez na abordagem (ou mero registro) da política nacional se instala desde a primeira inserção, que lembra Washington Luís e o fim da Primeira República: com referência ao malogro desta, cita-se apenas a não industrialização do país. Não há menção ao Estado Novo, nem aos acontecimentos políticos posteriores à queda da ditadura getuliana.

No prato positivo da balança podem ser situadas, entre outras, a rememoração da participação brasileira na Segunda Guerra Mundial e a da figura de Monteiro Lobato, uma das personalidades mais polivalentes e importantes da vida nacional. Vemos Lobato acompanhando a prospecção de petróleo e, adiante, seu sonho sendo materializado por outras sondas e outras mãos em solo baiano.

Saímos do pioneiro empreendimento que é *70 anos de Brasil* com inúmeras perplexidades. Por que a ausência de Humberto Mauro? Por que Adhemar Gonzaga aparece apenas como espectador de uma corrida de automóveis no circuito da Gávea? Por que nenhuma inserção do tricampeonato mundial de futebol, façanha tão grata à alma popular? E onde estão as referências (só há esportivas) à evolução do país nas duas últimas décadas?

Coerentemente, Jurandyr Noronha, que tanto atuou como cinegrafista (desde 1942), encerra o filme homenageando os pioneiros do documentário brasileiro, a estirpe de homens de cinema cujo trabalho mais sofre com as deficiências da preservação da memória nacional. A última sequência – com muita adequação – não chega ao fim: é de uma reportagem sobre aviação na qual perdeu a vida o cinegrafista Ortiz Rúbio.

(Texto publicado no *Jornal do Brasil*, 1974.)

Uirá, o índio em busca de Deus

A longa gestação de *Uirá, o índio em busca de Deus*, 1972-1974, resultante de dificuldades de produção e de descobertas que o cineasta Gustavo Dahl foi acumulando em suas pesquisas, na fase de pré-filmagem e também durante a filmagem, pôs à prova sua legitimidade cultural e, com as mutações que provocou, deixou-o com desequilíbrios e falhas evidentes. Contudo, a recomendação que merece não deriva apenas de sua utilidade social: é um trabalho comovente (apesar de seu despojamento) e envolvente (embora não elabore qualquer tipo de identificação do espectador com o protagonista), a que se assiste com o singular sentimento de estar participando de uma experiência profundamente vivida pelo autor.

Dahl escreveu o argumento a partir de um ensaio de Darcy Ribeiro, "Uirá vai em busca de Maíra". A produção se tornou uma possibilidade concreta quando a Rádio-Televisão Italiana se interessou pelo projeto. Integrou o programa de filmes da RAI-TV em associação com cineastas latino-americanos, assim como *Os inconfidentes*, de Joaquim Pedro de Andrade. Também entusiasta do Cinema Novo, Dahl evitou em seu segundo longa-metragem o elitismo de concepção que tornou o primeiro, *O bravo guerreiro*, uma das maiores frustrações de bilheteria dos anos 1960. Uirá se identifica, à semelhança do Fabiano de *Vidas secas*, de Nelson Pereira dos Santos, com milhões de outros retirantes de um mundo cada vez mais ecocida, mais genocida, mais hostil às minorias sem peso na balança do poder.

Um objetivo declarado do cineasta:

> Fazer compreender que, do mesmo modo que o índio integra os valores da cultura branca, nós devemos integrar os valores do índio. Se é possível ter algum contato com a cultura indígena, é fácil perceber que somos mais índios do que imaginamos; que eles possuem uma proposta cultural muito nítida e útil para o gênero de problemas que o mundo está enfrentando agora.

Dahl partiu para o que chama de "ficção antropológica" em seu propósito de expor o choque cultural da hinterlândia brasileira, pateticamente exemplificado na história verídica de Uirá. Mas, à medida que desenvolvia seu trabalho (ele reconhece), ia trilhando mais o lado da ficção que o da antropologia. A parte inicial, que se situa entre os índios, mostra com eficácia os hábitos dos kaapor (ou urubus). Qualquer eventual preconceito antidocumentário do espectador se dilui diante dessas cenas. No final, quando o índio, livre dos cuidados paternalistas dos brancos, volta à procura de Maíra, seu Deus, o enfoque antropológico é retomado com pureza. Mas, em geral, o hibridismo domina, com decisões prejudiciais ao filme.

Há um desafio óbvio e que, sem ser ao mesmo tempo artista e antropólogo, nenhum cineasta poderia enfrentar sem perigo: o desenvolvimento do comportamento do protagonista. A aventura de Uirá o situa diante de solicitações e agressões estranhas à sua cultura. Por mais primitiva que seja a sua formação, as reações que o filme nos apresenta são toscas. Gustavo Dahl encara com simpatia o personagem, mas raramente nos comunica alguma coisa que não seja a perplexidade dos brancos. A adaptação de Érico Vidal ao papel, a linha homogênea e convincente que ele apresenta em seu trabalho, sem sofrer com as mutações da direção, não impedem que, na longa trajetória em busca de Maíra, Uirá seja mais um objeto de curiosidade do que um personagem multidimensional e em crise.

A trajetória de Uirá tem início com a morte do filho mais velho, que ele não compreende e não quer aceitar. "A morte para o índio é uma coisa cotidiana, se chora durante um certo tempo, se fazem as coisas que se têm que fazer, e depois não se fala mais nisso", disse o diretor, para concluir que esse personagem é um caso-limite. Isso justificaria a convocação de um ator (e branco) que, mesmo caracterizado, teria algo de estrangeiro entre os índios. A meu ver, a excepcionalidde da crise de Uirá justificava maior elaboração ficcional, maior intervenção da direção para que o filme assumisse todo o impacto desejável.

Justamente porque Uirá sofre ante a morte súbita do filho, uma crise semelhante, na origem, à de um homem branco, um maior desenvolvimento ficcional desse personagem ampliaria a compreensão do espectador. Como o vemos na tela, Uirá não é um personagem cuja "crise messiânica" o reveste de condições especiais de herói, nem inteiramente convincente como o indivíduo comum de uma raça vitimada pela incompreensão do civilizador branco.

Enfim, o filme é importante inclusive pelas discussões que pode suscitar, por seu caráter pioneiro. Se Uirá nos comove mais do que nos esclarece, também é verdade que abre caminho para que surjam na tela outros representantes de sua raça. Com o tempo, talvez o índio nos pareça menos estrangeiro que Uirá aos olhos dos brancos do Maranhão, em 1939.

(Texto publicado no *Jornal do Brasil*, 1974.)

Os homens que eu tive

LEILA DINIZ – Atriz. Principalmente intérprete e musa do descontraído – ora grave, ora superficial – cinema brasileiro do ciclo gerado por *Todas as mulheres do mundo*, de Domingos Oliveira. Segundo Domingos, uma personalidade "solar". Morta aos 27 anos em desastre de avião, quando voltava ao Brasil, onde interpretaria *Os homens que eu tive*, de Tereza Trautman. Tinha projeto de escrever e dirigir filmes.

DARLENE GLÓRIA – Principalmente intérprete de filmes amargos, como *São Paulo S.A.*, de Luís Sérgio Person, *Os devassos*, de Carlos Alberto Souza Barros, *Toda nudez será castigada*, de Arnaldo Jabor. Papéis de mulheres livres (como em *Toda nudez*: uma prostituta que muda de vida e se suicida). Substituta de Leila Diniz como protagonista de *Os homens que eu tive*, que interpretou depois da grande performance de *Toda nudez será castigada*.

PITY – Personagem dominante de *Os homens que eu tive*. Assistente de montagem de filmes. Mulher da classe média, que inicialmente procura conciliar o casamento com um amante consentido pelo marido. Sua grande "carência emocional" (definição de Tereza Trautman) a leva a relações com outros homens. A alegre procura da liberdade de amor conciliada com a compreensão dos homens não caminha sem arranhões emocionais e frustrações. No momento final, conversando com os dois homens realmente importantes de sua vida, ela se sente tranquila.

TEREZA TRAUTMAN – Brasileira, filha de alemães, 22 anos. Cineasta em seu primeiro longa-metragem. Mulher do cineasta Alberto Salvá. Formação em fotografia *free lancer* (não cinematográfica) e teatro não profissional. Co-autora do argumento, diretora e montadora do curta *A curtição*, de 1970, incluído no longa-metragem *Fantasticon – Os deuses do sexo*, do chamado cinema *undergound* ou "marginal"). Frequentadora entusiástica de cinema, admira em especial – entre os filmes relacionados com *Os homens que eu tive* – *Jules e Jim*, de François Truffaut, e *As duas faces da felicidade*, de Agnès Varda.

* * *

Primeira mulher a realizar um longa-metragem no Brasil desde a década de 1950, Tereza Trautman poderá reivindicar um lugar na história do cinema brasileiro, no mínimo como a primeira realizadora a filmar entre nós com um ponto de vista nitidamente feminino. Classificar *Os homens que eu tive* de feminista me parece apressado e – a julgar pelas distorções sectárias sempre presentes nos movimentos feministas – uma atitude talvez injusta. Um "cinema feminino" está longe do pensamento da autora. Não é feminino o cinema de Truffaut em *Jules e Jim*, embora (muito identificado nesse exemplo com a atitude existencial de Jeanne Moreau no filme) ele defenda a liberdade amorosa da mulher. Assim como não são femininos os trabalhos de Walter Hugo Khouri (*Noite vazia* – exemplar em compreensão da mulher, assim como os seus momentos mais lawrencianos, como os de *Corpo ardente*), de Ingmar Bergman (encarnando-se em Eva Dahlbeck nas críticas ao mundo dos homens em *Sorrisos de uma noite de verão*; ou em Harriet Andersson em *Um verão com Mônica*) ou, ainda, de Michelangelo Antonioni (examinando com um olhar novo a posição da mulher em obras como *A aventura* e *A noite*). Nem Agnès Varda, a mais famosa diretora do cinema contemporâneo, amarrou-se a um esquema feminista ou irretorquivelmente feminino em *As duas faces da felicidade*, por exemplo.

Sem dúvida, Varda comunica um prisma feminino, mas o mais importante em *As duas faces da felicidade* é uma visão de liberdade existencial que, no cinema francês, por exemplo, tem exemplares mais expressivos em obras de cineastas como o sensual Jean Renoir (*As estranhas coisas de Paris*) e o intelectual Alain Resnais (*Hiroshima, meu amor*). Em *Os homens que eu tive* – que vai crescendo em qualidade como uma conversação esquenta com a continuidade e que, apesar de muitas fraquezas, é obra de sabor novo em nosso cinema e merece toda atenção –, Tereza Trautman se aproxima de *As duas faces da felicidade* pelo lado intensivamente solar ("solar como Leila"), pela genuína candura com que se aproxima do sexo sabendo que – ainda que não o quisesse – a fita

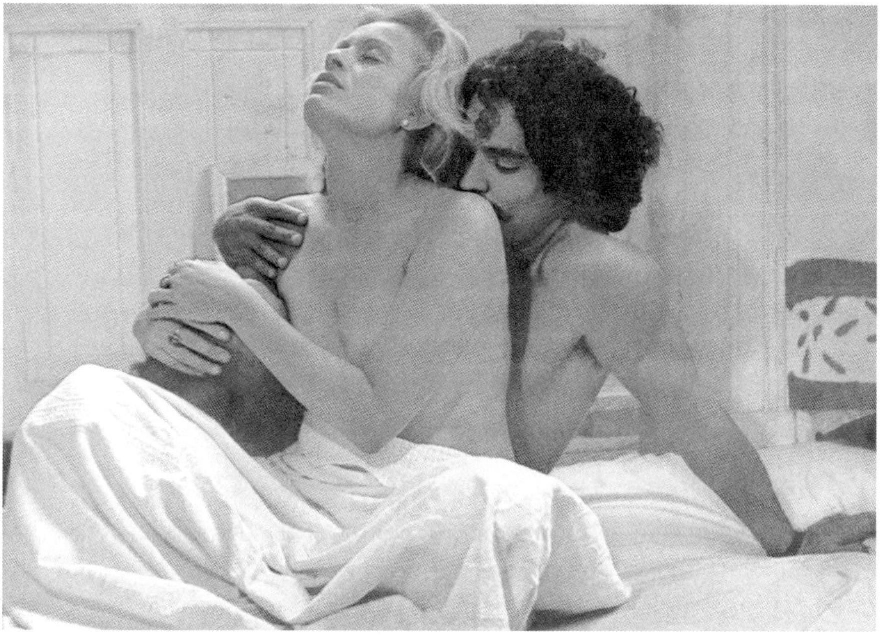

Darlene Glória e Roberto Bonfim

seria uma provocação. Mas se distancia muito claramente daquele filme por causa do caráter da narração verbal (voz *off* de Isabel Ribeiro) que encaminha uma vivência, mas não admite a colaboração do espectador. Obra fechada ("um mural que se fecha"), mas que leva suas confidências à plateia com uma irresistível ternura pelas personas, um amor pela vida que banha a fotografia plena de luz ("não deixo nada escondido"), feita por Alberto Salvá. Um filme inteiramente diferente de seu *trailer*, justamente por chegar ao sensual por um caminho desobstruído dos falsos pudores e do pseudoerotismo de tantas produções.

"Meu Deus, mas é a Leila!", disse Ítala Nandi, outra intérprete, ao ler o roteiro. Trautman está consciente da mutação de *Os homens que eu tive* ao passar de Leila Diniz para Darlene. Mas a presença de Darlene em Pity é mais poderosa que a comovedora "sombra" de Leila pelas esquinas afetivas do filme, que resultou mais sofrido. Melhor ou pior? Impossível responder. Uma coisa é certa: além de atriz excepcional, Darlene é um risco que pode enriquecer e dar a qualquer filme uma dimensão inesperada.

(Texto publicado com o título "Leila, Darlene, Pity e os homens", no *Jornal do Brasil*, 1973.)

Anjo loiro

O parcial acerto de Alfredo Sternheim na realização de *Anjo loiro*, de 1973, retida durante muitos meses pela Censura, cresce de significação se levarmos em conta deficiências técnicas fora de seu controle (em geral originárias dos modestos recursos da produção) e o interesse que o filme ainda retém depois dos muitos cortes impostos. Quando uma obra é concebida e realizada com uma visão coerente e íntegra, propósito artístico e empenho profissional, as mutilações resultam em dano mais profundo do que aqueles provocados em produções oportunistas e apressadas, mas no primeiro caso as imagens sobreviventes falam, até certo ponto, pelas ausentes. Cerca de 15 minutos de *Anjo loiro* foram cortados.

Embora este não seja *O anjo azul* do consagrado Josef von Sternberg, mas apenas o segundo longa-metragem do jovem Alfredo Sternheim, sugiro uma visita a *Anjo loiro*. A reação do leitor pode ser desfavorável ao filme. O risco é frequente. O crítico, porém, julga que vale a pena. O filme vive do início ao fim a sua proposição, sofrendo soluções de continuidade somente nos pontos censurados. A coerência do roteiro e da direção facilita muito o exercício daquele "sexto sentido" tão precioso: o que permite vislumbrar o sentido das elipses involuntárias.

Sternheim escreveu com Juan Siringo, a partir de sugestão deste, um argumento livremente inspirado na trama de *O anjo azul*, que Von Sternberg realizou na Alemanha, em 1930, com roteiro baseado no romance *Professor Unrat* (1905), de Heinrich Mann. Dispensável enfatizar, talvez, que o cineasta brasileiro não procurou fazer algo semelhante ou comparável a *O anjo azul*. Nem seria lícito falar em apropriação de ideias, já que o tema é universal e as preocupações de Von Sternberg escapam ao monopólio de culturas nacionais. "Refilmar" um clássico desse porte pertencia ao rol das ideias absurdas muito antes de Edward Dmytryk cometer o seu *The Blue Angel* (1959), em Hollywood, com May Britt e Curd Jürgens nos papéis protagonistas. Quando se retoma o fio narrativo de uma obra-prima com a pretensão de reproduzir o impacto da matriz, a operação está previamente condenada ao fracasso.

Independentemente de critérios qualitativos, saltam aos olhos as enormes diferenças entre as proposições de Heinrich Mann e Josef von Sternberg e as do cineasta brasileiro. Conhecedor de suas possibilidades, Sternheim trabalhou no roteiro com propósito de simplificação e de concentração no elemento dramático essencial daquelas obras: o conflito entre as duas personagens centrais, figuras de universos inconciliáveis. Nem ambicionou o terreno da crítica satírica e social do romancista, nem o de Von Sternberg, que é um mundo estético fechado em si próprio, uma representação formalmente perfeita do entredevoramento humano.

O protagonista de *Anjo loiro* não é aquele tirano do quadro-negro empenhado em enquadrar seus alunos em regras estritas de moralidade. O professor Armando (Mário Benvenuti) vai a Laura (Vera Fischer), inicialmente, por dois motivos: as relações afetuosas com a família do aluno (Ewerton Castro), cujas notas estão caindo verticalmente, e o que considera seu dever como mestre. Ao contrário do velho personagem isolacionista que Emil Jannings imortalizou, Armando é um homem de meia-idade que não desconhece os prazeres e as armadilhas do sexo.

Também na personagem que Vera Fischer interpreta, Sternheim e Juan Siringo evitaram reflexos diretos da prostituta vivida por Marlene Dietrich. Depois das péssimas imagens do início, quando Laura é vista (literalmente) passando de mão em mão, fica estabelecida a conduta ciclotímica da jovem estudante amoral, que não resiste à tentação do sadismo quando o professor se mostra incapaz de fugir ao plano inclinado da destruição ao envolver-se com ela. Faltou ao papel de Laura caracterização mais precisa. E Vera Fischer (ainda em seu terceiro filme) não poderia, por experiência própria, dar colorido mais verossímil ao papel da mulher incapaz de dominar a força agressiva de sua sensualidade. Mas a atriz possui a imantação erótica e a juventude indispensáveis ao papel, além de dotar sua personagem de constantes de doçura desejadas pelo diretor e, em alguns momentos, uma ponta de melancolia.

Mário Benvenuti fez *Anjo loiro* no vigésimo ano de uma carreira exclusivamente vinculada ao cinema. Creio que nem em *Noite vazia* (sua melhor oportunidade na filmografia de Walter Hugo Khouri) ele teve atuação tão expressiva. Está distante de seus verdes anos, quando brilhou no papel do chaveiro de *Mulheres & milhões*, de Jorge Ileli, mas a idade madura e até a gordura (que as comédias eróticas não impediram) favorecem o físico da composição exata, sem super-representação, sem medo do emocionalismo, que exibe como o professor. Faltam vários lances de sua performance nesta versão censurada, inclusive uma cena (imprescindível) na qual, segundo seu hábito de não envolvimento amoroso, Armando procura uma prostituta.

A concentração maior no jogo dos dois protagonistas não impediu Sternheim de abordar bem alguns ambientes de classe média: a escola; a redação de jornal onde trabalha o irmão do professor (Lineu Dias); a casa deste, onde resiste às tentativas casamenteiras da cunhada (Liana Duval). Os diálogos são eficientes, econômicos, uma virtude rara (certamente partilhada por Juan Siringo) e mais uma prova de que o cineasta aborda meios que conhece e não se aventura em terreno ignorado.

(Texto publicado com o título "Anjo loiro, contundido, passa bem", no *Jornal do Brasil*, 1974.)

São Bernardo

É tão grande o destaque de *São Bernardo*, o filme, no panorama atual do cinema brasileiro, que superestimá-lo seria até compreensível. A onda de brutalização da sensibilidade do espectador – em parte importada, em parte aqui fabricada – encontra na realização de Leon Hirszman uma barreira de dignidade, uma integridade à prova de erosão.

Em *A falecida*, sua adaptação da peça de Nelson Rodrigues, o cineasta conseguira esporadicamente estabelecer um clima de aprisionamento válido sob o prisma sociopsicológico, devendo, além da "conta" substancial do texto de origem, o muito que Fernanda Montenegro lhe emprestou em criatividade. Agora, embora não isento de equívocos do Cinema Novo, ele incorpora uma parte de sua herança ainda válida, e consegue atenuar aqueles. Despojando-se dos "transes" neoesteticistas do movimento, Hirszman se aproxima de *Vidas secas*, o filme, pelo ângulo da fidelidade de Graciliano Ramos à sua arte e ao seu povo.

De novo, o Nordeste (com o olhar daqui e não de Cannes) se apresenta como o Brasil mais reconhecível, como o reflexo mais complexo de nossas dores, e não daquilo que gostaríamos de ver em nossa face menos lisonjeira. Como Nelson Pereira dos Santos diante das páginas de *Vidas secas*, Hirszman encontrou no próprio livro um roteiro perfeito,[23] que admitia apenas a

23 "Eu não quis de modo algum fazer qualquer tipo de invenção a partir de uma obra literária de que gosto muito. Fiz com que meu trabalho fosse o de um cantor que interpreta a música >

eliminação de alguns trechos descritivos e de diálogos cinematograficamente dispensáveis. O diretor-roteirista se anuncia como "o intérprete da canção de outro compositor". Intérprete fiel no essencial. A coisificação de personagens de *Vidas secas* corresponde à do protagonista e narrador Paulo Honório (Othon Bastos),

> sertanejo que dedica sua vida à acumulação de capital, tornando-se um construtor de riquezas, transformando a natureza e reerguendo uma fazenda em decadência, mas ao mesmo tempo liquidando todas as formas de vivência humana para alcançar esse objetivo,

diz Leon Hirszman. "Ele se reifica na medida em que vai se tornando cada vez mais proprietário, a ponto de praticamente tentar comprar uma esposa."

Paulo Honório vai reconhecer sua "coisificação econômica" depois que a tragédia abala sua superorganizada existência. Vai reconhecer a tragédia no processo de escrever o livro, mas sem consciência do processo de autodestruição no papel de construtor. Daí a fúria seca, a frieza na rememoração de atos e pessoas, a despreocupação com outra continuidade que não a de suas obsessões. Hirszman encontrou a correspondência adequada a essa escritura: a narrativa cinematográfica responde com impressionante exatidão, frequentemente, às solicitações do texto.

O rigor, o despojamento na composição dos planos não poderia ser mais feliz. Mas as imposições do esteticismo enclausuram os planos, muitas vezes, num tempo que só o equívoco ou a adoração da imagem podem explicar. Ao mesmo tempo que, fiel ao encarceramento sociopsicológico de Paulo Honório, Hirszman se fecha no impasse do protagonista, diluindo em parte a força do texto original pela omissão de circunstâncias paralelas que o tornam mais patético.[24] O cineasta faz o protagonista repetir as palavras do livro em um de seus momentos mais expressivos (capítulo 21), quando a volúpia da posse e

> de outro compositor com admiração e respeito. *São Bernardo* é um romance que sempre achei muito cinematográfico, com a exata estrutura para as coisas que eu queria fazer num filme. À medida que eu lia e estudava o romance para pensar na filmagem, nada encontrava que pudesse ser elaborado." (Leon Hirszman, em entrevista a Alex Viany, *Jornal do Brasil*, 1973.)

24 Deve-se às difíceis condições materiais da produção – desconhecidas pela crítica à época da estreia – muito do que se apresenta precário ou insatisfatório. Filmado em 1971, *São Bernardo* só pôde ser finalizado em 1972. O conflito com a Censura para evitar cortes descaracterizadores atrasou o lançamento nacional, que se deu em outubro de 1973.

do arbítrio se confundem no espírito de Paulo Honório com um sentimento religioso ("15 metros acima do solo experimentamos a vaga sensação de ter crescido 15 metros"), mas suas imagens não conseguem transmitir sequer uma fração da derrisória ascese do personagem, do momento em que, sen-

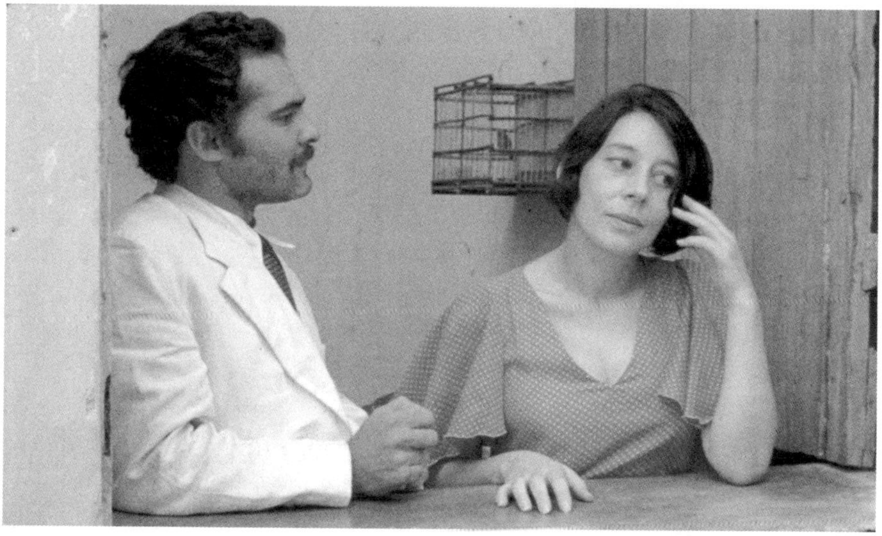

Othon Bastos e Isabel Ribeiro: *São Bernardo*

tindo-se "em paz com Deus e com os homens", ele acaba de tecer a teia de sua pequenez de inseto.

Do muito que deve ser dito sobre os valores da equipe de *São Bernardo*, impõe-se adiantar uma palavra sobre Isabel Ribeiro: o mistério de Madalena (a esposa) e o que é belo no universo que não chega a impregnar as imagens do filme estão na inesquecível criação da atriz.

(Texto publicado com o título "Memórias do cárcere de *São Bernardo*", no *Jornal do Brasil*, 1973.)

Aventuras com tio Maneco

Um cinema permanentemente "proibido até 18 anos" é suicídio. Apesar de uma frequente margem de exagero por parte dos censores, sabe-se que o cinema brasileiro tem trabalhado de costas para uns 30 milhões de brasileiros menores, dia a dia mais cativos da televisão. Esta situação tende a diminuir ainda mais, de ano a ano – porque ir ao cinema é sobretudo um hábito que se adquire ou não –, a plateia da produção nacional que, em média, já é insuficiente para manter saudável a indústria.

Daí, além das qualidades inegáveis do filme, a importância das urnas repletas de ingressos às portas do circuito que exibe esta festa, este momento de entendimento entre o cinema brasileiro e os espectadores infanto-juvenis – *Aventuras com tio Maneco*. Recentemente, a iniciativa privada tomou dois caminhos que são brados de alerta: *O meu pé de laranja lima* e *Aventuras com tio Maneco*. Dois filmes que encontram receptividade imediata, com grande sucesso de bilheteria. *O meu pé de laranja lima*, ainda que bastante profissional e honesto, representa bem o que não deve ser um filme para menores: narrativa viciada pelo receituário do cinema comercial rotineiro, impregnada pelo sentimentalismo de gerações que ganharam idade em sintonia com as radionovelas hoje metamorfoseadas (raramente com alguma redenção) em telenovelas. (Sintomaticamente, o romance de José Mauro de Vasconcelos também se tornou novela de TV.)

Aventuras com tio Maneco é a abertura positiva: um espetáculo que se comunica sem o tão comum sacrifício de valores na seara das chanchadas. Um feito como este merece receber dos órgãos do governo mais do que os certificados da Censura e do INC (Instituto Nacional do Cinema). Esses papéis mostram que o filme é legal, não desobedeceu à lei. Mas o que a lei fez por seu "parto" e para dar-lhe posteridade? O mais animador no êxito de *Aventuras com tio Maneco* é sua vinculação à Produções Cinematográfica R.F. Farias, empresa que tem os pés na realidade do mercado (os filmes com Roberto Carlos; *Os paqueras*) e que conta com recursos e garra para rasgar em novos filmes, com a abertura deste de Flávio Migliaccio, outros horizontes para o cinema brasileiro fora do circuito limitado das aventuras de "paqueras & donzelas". Sem ser muito ambicioso, o filme utiliza recursos de produção pouco acessíveis a equipes menos prósperas: um desenho animado que se insere orgânica e brilhantemente na narrativa; uma boa apresentação de títulos com elementos de *cartoon*; um respeitável disco voador tamanho natural e, entre outras qualificações técnicas, uma fotografia em cores de bom nível (direção de José Medeiros).

A trama escrita por Migliaccio, com colaboração de Roberto Farias no roteiro, é simples e bem urdida. Tio Maneco (Migliaccio) consegue convencer seu convencionalíssimo cunhado (Walter Forster) a confiar-lhe os filhos por um período de férias no sítio do avô, em Mato Grosso. Esse avô (Rodolfo Arena) é tido como maníaco por suas tentativas de radioamador para entrar em contato com seres de outros planetas. Ora, quando os três meninos mais o tio chegam ao sítio, há um disco voador aterrissado. De uma de suas vigias, dois seres minúsculos e esquisitíssimos informam que o velho está em poder de um robô enviado pelos supercomputadores que dominam seu planeta, a fim de descobrir e destruir uma flor misteriosa. Esta flor pode ser encontrada com uma tribo de índios cujo paradeiro o velho conhece. Mas este vai "enrolando" o ameaçador robô, em sinuosa viagem na esperança de ser encontrado por Maneco. Quase toda a aventura vive das vicissitudes e das proezas do tio e dos sobrinhos, sertanistas de improviso, na tentativa de localizar o velho, depois os índios, e impedir que a destruição da flor apague para sempre os sonhos de libertação dos seres do planeta escravizado pelos monstros mecânicos da tecnologia.

Flávio Migliaccio talvez tenha encontrado, com este filme, a melhor pista para sua realização como diretor de comédias, uma procura que iniciou em 1963, com o amadorístico *Os mendigos*. Não seria ele – guardadas as proporções – o nosso tio Hulot? Com alma limpa e alguns grãos de salutar loucura, o bom tio Maneco resgata os três sobrinhos de férias em prisão domiciliar, na megalópole carioca, e os leva pelos caminhos da aventura, da fantasia e do bom humor. Migliaccio soube reunir elementos de grande atração para o público infanto-juvenil: andanças pelas florestas com cipós dignos dos uivos de Tarzã e uma colorida fauna nacionalista (tamanduás, onças *et caterva*); um disco voador e criaturas de outro planeta; contrabandistas malvados e índios "boas-praças"; e, de lambujem, uma aventura em desenho animado em outra galáxia. A descontração, a ausência de violência, o humor limpo, a fluência e a nitidez da linguagem narrativa credenciam o filme como ponta de lança para começar com otimismo a batalha por um cinema apto a formar plateias sem traumas e sem deformações do gosto.

(Texto publicado no *Jornal do Brasil*, 1971.)

Um homem sem importância

De repente, uma surpresa: um filme brasileiro que vai direto ao assunto, que encara o espectador sem disfarces, que o envolve e comove com aquela pureza que parecia perdida desde meados da década de 1960. *Um homem sem importância* é um filme simples, sem novidades formais ou temáticas, porém o mais autêntico que o cinema brasileiro nos apresentou este ano.

Entre sua comunicabilidade e a efetiva comunicação com o público cabe frisar uma diferença. Dificilmente uma plateia de 1971 aceita um filme em preto e branco e com uma fotografia tão simplória, tão limitada ao registro. Apesar de tudo, o encontro com o público teria sido muito menos dificultado se Alberto Salvá fosse um desses inúmeros cineastas "oficiais" do cinemanovismo ou da marginália patrocinada. Livre atirador, Salvá tem errado e acertado por sua própria conta e risco. Fez um lamentável documentário, *Sala dos milagres*; alguns episódios curiosos do semiexperimental *Como vai, vai bem?*; uma das metades do fraquíssimo (de dois autores) *A cama ao alcance de todos*; o medíocre *Vida e glória de um canalha*. Finalmente, com *Um homem sem importância*, Salvá larga as amarras do cinema de pequenas bossas, do conformismo e do temor. E se atira na correnteza.

Este não é um filme pessoal de figurino narcisista, recheado de frases de autor. Alberto Salvá contorna a enorme confusão formalista e/ou conteudista-mensageira em que se perdeu o cinema brasileiro nesses últimos anos e, certamente, sem premeditação, reencontra aquele calor de trabalho vivenciado e transmitido à altura do espectador, e que estava à raiz de algumas manifestações da década de 1950, de modestos empreendimentos que prenunciavam o espírito renovador da primeira metade dos anos 1960. Sem certas limitações populistas que o tempo matou, ele se aproxima da comunicação franca de filmes como *O grande momento*, de Roberto Santos, e *Rio, Zona Norte*, de Nelson Pereira dos Santos. De lá para cá, poucos depoimentos pessoais (por exemplo: *Todas as mulheres do mundo*, de Domingos Oliveira) se comunicaram tão bem à primeira leitura, virtude indispensável a um cinema que, antes de aventuras mais temerárias, precisa entender-se com seu público.

Alberto Salvá diz:

> Antes de trabalhar em cinema eu era um simples escriturário, com uma habilidade medíocre para as funções normais desse tipo de trabalho. A minha família era pobre e eu, sem especialização profissional nenhuma, fiz parte, mais de uma vez, no intervalo entre empregos, das longas filas de candidatos (...) à espera de alguma outra oportunidade, também medíocre. Esta parte de minha vida, da qual, em certos momentos, parecia que jamais iria sair, deixou marcas profundas em mim,

E assim nasceu *Um homem sem importância*, um filme sofrido e em geral autobiográfico. Muitas vezes, durante anos, Salvá imaginou-o e reconstruiu-o. Ele afirma:

> É uma história absolutamente honesta, porque ninguém mente para si próprio. As situações em que se envolve o personagem principal, Flávio, interpretado por Oduvaldo Viana Filho, são profundamente desagradáveis e levadas às últimas consequências. Nada é poupado ao personagem e nem ao espectador, como nada me foi poupado. É um filme de desabafo, mas se justifica na medida em que existem muitos e muitos Flávios vivendo situações análogas, e com os quais – embora eu tenha superado esta fase – eu guardo uma profunda identificação e aos quais me liga um enorme sentimento de fidelidade.

Flávio, "um herói que luta contra o mundo de mãos vazias". Filho de um mecânico rude, sem instrução, que vive mergulhado em seu trabalho, sem tempo nem aptidões para compreender e dialogar com a família – a mulher, temerosa, que cuida da casa e de uma pensão de refeições comerciais; o filho caçula, silencioso e também absorto pelo trabalho na oficina. Flávio vive de empreguinho em empreguinho com intervalos desoladores entre um e outro.

Quis parar de trabalhar um ano, para estudar e disputar algo menos modesto na vida, mas o pai não permitiu. Agora, aos 30 anos, sem nenhuma qualificação profissional, ele vê perdida até uma oportunidade de contínuo numa organização em crescimento, onde haveria possibilidade de subir, porque o limite de idade para o cargo é de 28 anos.

Oduvaldo Viana Filho no filme de Salvá

A história se passa quase toda numa segunda-feira, quando, com uma coleção de recortes de anúncios classificados no bolso, Flávio vai de escritório em escritório, de decepção em decepção. O encontro casual com um japonês que veio tentar a vida no Brasil resulta em uma massagem grátis e na certeza de que também no país longínquo, envolto em legendas, a vida é dura e escassas são as oportunidades para o exercício da fantasia e do amor. Um segundo encontro, com um conhecido de 36 anos, intermitentemente desempregado, lhe proporciona uma projeção do futuro sem saída que o espera. Um terceiro encontro, numa fuga ao Corcovado e ao Mirante Dona Marta, choca-o com dois contrastes: o de sua idade (de quem não teve propriamente uma juventude) com três jovens "pra frente", e o de seu *habitat* Zona Norte com o mundo mais aberto desses espécimes afortunados da Zona Sul. Depois de tanta "fossa", o filme continua em nível amargo, mas não trilha o caminho do pessimismo e da autopiedade estéril.

O filme sobe nas duas sequências em que introduz Selma (maravilhosa interpretação de Glauce Rocha) – a do escritório, cenário da última derrota de Flávio, e a da residência onde a mulher, por ser desquitada e ter de dar um lar ao filho pequeno, vive constrangida em companhia dos pais. Na última parte desta segunda sequência, o encontro das duas solidões na cozinha, num silêncio apenas cortado pelo ruído da água que escorre, a obra sobe ainda mais e atinge um plano excepcional de humanismo. Mas o ponto mais alto é a penúltima sequência: o conflito definitivo entre Flávio (momento admirável de Oduvaldo Viana Filho) e o pai, uma crispação de terrível violência que, em seguida, cede lugar à reflexão, ao belo diálogo – o primeiro da maturidade – entre os dois irmãos, e à certeza de que a vida não faz concessões, mas oferece, do outro lado do desespero, o contrapeso da compreensão e do reconhecimento profundo de um destino que, por ser comum, pode ser enfrentado com menos amargura.

(Texto publicado no *Jornal do Brasil*, 1971.)

Um anjo mau

Depois de tanto cortejar, a distância, a bagagem literária de Adonias Filho, o cinema brasileiro se mostra um amante embaraçado, hesitante, às vezes pretensioso demais, ao possuir pela primeira vez uma obra do autor. Roberto Santos tem a virilidade necessária ao ato. Mas poucas vezes vai além da epiderme em *Um anjo mau*. É problema resultante do desencontro de personalidades e da memória obsessiva de outros amores. A sombra de *Deus e o Diabo na Terra do Sol*, poderosa, mas de alma poética intransferível, paira sobre alguns dos lances mais ambiciosos dessa adaptação do romance.

Roberto Santos admite que *Um anjo mau* não escapa à influência de seu encontro com o Guimarães Rosa de *A hora e vez de Augusto Matraga*, que gerou o filme de 1966. Este, até certo ponto, é seu lado fértil: uma consciência trágica dos descaminhos do instinto e da rebeldia em um contexto social primitivo; a materialização desses impulsos na minuciosa reconstituição da violência, com grande atenção para a expressividade da figura humana, para a expressão corporal; a inexorável caminhada dos personagens rumo ao desespero, à destruição. O cineasta é mais feliz quando se identifica com Açucena ou quando se situa por estratégia dramática na ótica da protagonista, que Adriana Prieto – o mais legítimo valor do filme – assume com extraordinária força. Sempre que se situa a distância e procura expor, com o mínimo de envolvimento, o mecanismo que leva à antirrazão e ao impasse dos personagens, Roberto Santos cai no artificialismo e na frieza de construção que vulneraram a parte final de *Matraga*.

Parece-me óbvio o desencontro entre o observador de comportamentos de *O grande momento* e de *A hora e vez de Augusto Matraga* e a literatura de Adonias Filho. A tragédia de Açucena situa-se em um nível existencial inacessível a Roberto Santos. Quando a composição exterior dos personagens e a ação violenta não solicitam seu nível de testemunho, o cineasta permite que um incômodo vácuo se estabeleça. À falta de "comportamentos" a observar, a câmera é levada a uma performance desligada e fria em várias sequências e, ainda pior, os personagens são lançados numa linha coreográfica por vezes bonita, mas desligada de qualquer coerência estilística ou funcionalidade na construção do relato. Entra aqui a admiração de Roberto Santos pela expressão corporal dos japoneses, pela composição visual e rítmica dos filmes de samurais. Em algumas sequências, como na impressionte marcha da horda de leprosos, o "japonesismo", aliado à inspirada elaboração expressionista (vestuário, atitudes, angulação), permite o desejável clima de pesadelo. Em outras, aquela influência resulta exótica e despropositada.

Um anjo mau conta com excelente nível de produção (aos cuidados de Walter Hugo Khouri), muito boa fotografia em Eastmancolor (Hélio Silva) e, ao lado da admirável Adriana Prieto, alguns bons intérpretes. Entre os principais, Flávio Portho, que vive Martinho, assinala a maior distância entre as ambições do papel e os esforços do ator. Entre os coadjuvantes, Bárbara Fazio tem atuação especialmente expressiva.

(Texto publicado com o título "A hora e vez de Açucena", no *Jornal do Brasil*, 1971.)

Viver de morrer

Viver de morrer, de 1972, de Jorge Ileli, evoluiu a partir da ideia de seu argumento *Um morto nas ruas*, cuja produção começou a armar em 1957, quatro anos após o bem-sucedido lançamento de seu primeiro longa-metragem *Amei um bicheiro*, dirigido em dupla com Paulo Vanderley. A inspiração partiu de reportagens publicadas pela *Tribuna da Imprensa* com o objetivo de desmascarar a "indústria" de atestados de óbito. Em reportagem que, além de imaginação e audácia, custou os poucos cruzeiros pagos por um atestado de óbito, Calazans Fernandes "morreu" para demonstrar que o documento estava ao alcance de todas as bolsas, o que oferecia soluções fáceis para inverter o velho refrão "o crime não compensa".

A realidade é muito mais impressionate que a ficção – ou do que pensam críticos apegados a critérios cautelosos de verossimilhança. Os abajures de pele humana poderiam parecer um delírio digno de Franz Kafka não tivessem sido encontrados em aposentos de oficiais de campos de concentração hitleristas. A aventura de Calazans Fernandes foi vivida, com alterações de *script* em 1973, por outros repórteres do Rio de Janeiro. Segundo matéria do *Jornal do Brasil*,[25] fartamente documentada, obteve-se "mediante o pagamento de 100 cruzeiros a uma funerária de Duque de Caxias, Estado do Rio, declaração de óbito dando enfarte do miorcárdio como *causa mortis*", atestada

25 Reportagem de Jairo Costa e Paulo César de Araújo.

por médico registrado no Conselho Regional de Medicina e "assinada sem ter sido ainda preenchida a identidade do morto". Segundo a mesma reportagem, só no Rio de Janeiro, de 1967 a 1973, foram roubados mais de cinco mil formulários de atestado de óbito.

O argumento de *Um morto nas ruas* retomava o humor negro da sequência do velório de *Amei um bicheiro*, com o objetivo de dar um acento hitchcockiano ao filme policial. Mas a sobrevivência daquele projeto em *Viver de morrer* limita-se à cena em que um médico vende um atestado. De fato, a proposição mais ambiciosa do filme é aquela implícita na aparente contradição do título: a morte como vida. Os lances de originalidade não constituem sua essência, ainda que sintonizados com o impacto espetacular e de reflexão que o cineasta procurou. A ausência de investigação em torno das sucessivas mortes deixa claro que não se procurou nada nas linhas tradicionais do filme policial.

Como se vive de morrer? Maria (Odete Lara), desesperada com a frustração econômica de Marcelo (Mário Benvenuti), seu marido, pretende abandoná-lo. Em reação, ele planeja um golpe contra uma companhia de seguros. Como primeiro passo, dá carona a um vagabundo (Flávio Portho) que tem as medidas necessárias para, com o rosto desfigurado em um "acidente", passar por ele. Marcelo articula, assim, sua morte civil. Usurpando a identidade do outro, possibilita o embolso do seguro de vida pela mulher. Depois do funeral-farsa, Maria liquida Marcelo. Adapta aos seus interesses a tese do marido, segundo o qual seria possível "viver de morrer". Sonha levar uma vida prazerosa com o amante (Carlo Mossy), bem mais jovem. Cabe à viúva, agora, a iniciativa de um novo golpe do seguro, transferindo sua identidade para Regina (Amiris Veronese), uma solitária no limiar do suicídio.

O jogo de "viver de morrer" prosseguirá em seu ciclo imprevisível com o surgimento de um maquiavélico personagem que rondou todas essas vidas como um anjo exterminador (Dieter Burgel). Uma trama insólita, muito bem urdida em roteiro do próprio Ileli. Nesta ciranda macabra, o que importa é a metáfora da morte (leia-se também: o desrespeito pela vida e pela qualidade da vida) em alta no mercado. "Nesse mundo que surpreendemos com a câmera não há momentos de piedade ou tolerância", frisou o cineasta.

> Mas não creio que tenha sido radical dividindo meus personagens em assassinos e assassinados. Trata-se apenas de uma redução dramática para mostrar bem o

> mecanismo, a estrutura daquilo que descobrimos um dia: a essência humana não é mais respeitada. Ela vale menos que um papel, um documento – mesmo falsificado. Ao mostrar os personagens em casa, nos bares, nos restaurantes, ou no próprio necrotério, alimentando-se da morte, quis ressaltar o drama de homens e mulheres que, em sua atividade cotidiana, descem todos os degraus da condição humana para simplesmente sobreviver.

Acima da eficácia técnica, Ileli surpreende (mesmo aos mais sensíveis às arestas desencantadas e cruéis de seu filme anterior, *Mulheres e milhões*) pela visão amarga de um roteiro cujo aparente absurdo nos parece cada vez mais lógico e real.

Dos críticos brasileiros que passaram à realização cinematográfica, Ileli foi o único a não se encabular com o título de cultor de um gênero tão alienígena como o *thriller* – essa invenção norte-americana muitas vezes esnobada, mas responsável, no cinema e na literatura, pelo nascimento de inúmeras obras-primas. *Amei um bicheiro*, policial com certa observação de costumes, deu novo alento ao cinema carioca, abalando a tendência monopolista da chanchada. *Mulheres e milhões*, menos equilibrado, mais sofisticado e rico sob o prisma da forma, seguiu com um saldo positivo bastante expressivo a vertente clássica de *O segredo das joias*, de John Huston, obra de natural influência em muitos centros produtores, e também obteve boa receptividade popular. *Viver de morrer* retoma a conduta do *thriller*, demonstrando a vitalidade do gênero como instrumento universal de comunicação. Assinala a plena maturidade de Ileli e sua importância para a saúde de nosso cinema.

A "nudez do ser humano em suas fragilidades fundamentais – física, moral e psicológica" – uma constante sob a aparente superficialidade de *Mulheres e milhões*, tem agora um retrato mais convincente, que (sem nenhuma semelhança como história) lembra o inexorável canibalismo de *O sol por testemunha*, de René Clément. Se em Clément a sordidez e a brutalidade eram envolvidas em halo de poesia, no Ileli de *Viver de morrer* – no qual "o amor é uma fraqueza" em baixa no mercado – elas se revelam em planos que falam direta e claramente de sua inevitabilidade em um mundo em que a inversão de valores se fez processo normal, embora camuflado sob pretextos humanistas.

A psicologia, elemento obrigatório em exemplares clássicos do gênero, é menos que coadjuvante em *Viver de morrer*. O crime, isoladamente, tem importância secundária. E é sintomático que – apesar do *frisson* que nasce dos planos inesperados da trama – o cineasta, desta vez, não trabalhe em função do suspense, e sim da fatuidade da vida dos personagens e do ritual de morte que engendram como meio de vida.

Viver de morrer fica a poucos passos do grande cinema.

(Reunião de textos publicados no *Jornal do Brasil*, 1972, e "Dossiê Jorge Ileli", na revista *Filme Cultura*, 1973.)

Um certo Capitão Rodrigo

Rico manancial romanesco de 2.400 páginas, traduzido para nove línguas segundo a última contagem, *O tempo e o vento*, de Érico Verissimo, seria um objetivo natural para o cinema brasileiro no momento em que voltasse os olhos para a História e as histórias do Sul e assestasse suas armas industriais com vistas ao mercado internacional.

Verissimo sempre esteve nos planos da Vera Cruz, em seus sonhos de "um cinema brasileiro para o mundo". *Um certo Capitão Rodrigo* e *Ana Terra* eram projetos nos estúdios de São Bernardo do Campo, em São Paulo, na fase anterior à crise que, em certo momento, paralisou a companhia após a saída de Alberto Cavalcanti, seu produtor geral. Nos mesmos estúdios, sob a marca Brasil Filmes, surgiu uma adaptação de *O sobrado*, dirigida por Walter George Durst e Cassiano Gabus Mendes. Filmada com a mesma equipe de uma versão anterior de TV, resultou numa experiência honesta, mas sem atrativos cinematográficos.

Um certo Capitão Rodrigo, de 1971, realização de Anselmo Duarte, surge em filme no quadro de uma nova Vera Cruz, sob controle dos irmãos Khouri – o cineasta Walter Hugo e o produtor William (tardiamente atraído ao cinema). É uma de suas produções mais caras e ambiciosas. Quase simultaneamente, o gaúcho Durval Gomes Garcia produzia *Ana Terra*. Na área do cinema de ação e de colorido épico, o desafio do *Capitão Rodrigo* é uma oportuna e bem-vinda contrapartida ao excesso de tropismo cangaceiro na produção brasileira.

Teria o Capitão Rodrigo direito a um destino autônomo, fora da extensa galeria humana de *O tempo e o vento*? Érico Verissimo assentiu quando autorizou a edição de sua história em separado. Antes, ela fora editada no contexto três vezes maior da primeira parte (*O continente*) da trilogia. Diz-se que o autor levou em conta exatamente essa noção de que *Um certo Capitão Rodrigo* constitui algo completo em si mesmo. Sendo *O continente*, em suas palavras, "uma espécie de feixe de novelas independentes, por assim dizer amarradas pelo episódio intitulado *O sobrado*", várias histórias poderiam ser extraídas daquele filão, sem prejuízo.

A adaptação para o cinema cuidou de evitar a fórmula do *western*, tão sedutora e válida quanto (no caso) inconveniente, por aproximar de um arquétipo estrangeiro o grande painel do povoamento do Sul e da sedimentação de sua sociedade patriarcal. Da chegada de Rodrigo à povoação de Santa Fé, onde pela primeira vez cria raízes sociais e familiares, até o avanço dos Farrapos para o ataque aos legalistas entrincheirados no Sobrado, o roteiro segue cautelosamente a narrativa do livro. A única alteração séria aparece no final: Rodrigo não morre na investida; cavalga com um grupo de revolucionários rumo a novas pelejas, enquanto Bibiana volta à sua amorosa espera. "Cambará macho não morre na cama", dizia com orgulho o Capitão. De certo modo, o epílogo do filme segue o ânimo das últimas linhas do livro, em que Bibiana planeja tirar em breve o luto: "Afinal de contas, para ela o marido estava e estaria para sempre vivo. Homens como ele não morreriam nunca. (...) Podiam dizer o que quisessem, mas a verdade é que o Capitão Cambará tinha voltado para casa".

Há somente fiapos episódicos da revolução dos Farrapos na trama do filme. Os poucos diálogos de informação são insuficientes para suprir a lacuna, que impede a visão do personagem em um contexto maior, capaz de completar historicamente essa figura mítica de ficção, a de "um homem que ama a liberdade e luta por ela" – "sempre uma figura que os tiranos detestam e temem". O filme se apoia quase todo nesse personagem a um só tempo heroico e fanfarrão, patriota e anárquico, e dá ênfase especial às suas conquistas amorosas: Bibiana, a esposa (Elsa de Castro); Helga, a filha de imigrantes alemães; a índia (Iná Dorneles Vargas); a mulher do taverneiro (Sônia Dutra).

Anselmo Duarte reafirma sua força na direção de filmes com um sopro épico, embora preso a um roteiro que não lhe oferece a agilidade de *western* de *Quelé do Pajeú*. Francisco Di Franco, em sua melhor oportunidade no cinema, está muito à vontade e enfrenta com paixão todas as exigências de caracterização e violenta ação do papel. Sobretudo, *Um certo Capitão Rodrigo* expõe um grande esforço de produção: reconstituição de época, movimentação de massas, pesquisa de costumes, de músicas e danças folclóricas e uma dialogação regional de grande colorido.

(Texto publicado com o título "A segunda vida do Capitão Rodrigo", no *Jornal do Brasil*, 1971.)

Juliana do amor perdido

O título *Juliana do amor perdido* não mente: o segundo longa-metragem de Sérgio Ricardo conta uma bela história de amor. Tripla ousadia, a do compositor-cineasta. A essa altura, muitos devem ter anotado em sua ficha três concessões imperdoáveis: o tema do amor, a preocupação com a beleza e o ato de contar uma história. Com tantas misérias e temas sociais por aí, Sérgio Ricardo filmou uma história de amor em cores? Pressentindo a oposição ou não querendo fugir à linha de preocupação social de seu primeiro longa-metragem (*Este mundo é meu*), ele teve a cautela de situar *O romance de Santa Juliana* (título original do filme em cartaz) entre enfáticas manifestações de pauperismo de uma aldeia de pescadores do litoral paulista. O ângulo da crítica social é que está mal colocado e nenhuma dedução de intenções positivas conseguiria resgatá-lo. *Juliana* será lembrado sobretudo como um filme de amor, sentimento que até o momento resiste a contestações.

Entre suas primeiras virtudes, *Juliana do amor perdido* impõe a perfeita inteligibilidade. Sérgio Ricardo não está entre os que embaralham a forma em função do show de talento. Nem estão à espera de demonstração os talentos de seus principais colaboradores: Roberto Santos (diretor de *A hora e vez de Augusto Matraga*), que participou da elaboração do roteiro; Jorge Ileli (realizador de *O mundo em que Getúlio viveu*), coprodutor e, extraoficialmente, colaborador na montagem; e Dib Lutfi, grande diretor de fotografia, cuja assombrosa versatilidade poderá ser mais bem avaliada quando, à sua obra já conhecida, o espectador acrescentar *Juliana do amor perdido* e o novo filme de Ruy Guerra, *Os deuses e os mortos*.

O cineasta não esconde que se preocupou em romper a barreira do hermetismo que alguns constroem como se a legítima consagração dependesse dos festivais e das cinematecas e não do diálogo efetivo com os homens de seu tempo. Nessa preocupação com a comunicabilidade, aqui e agora, não seria possível aos opositores apontar uma questão de pose ou de oportunismo: a própria identificação entre os dois principais agentes líricos, as imagens e as canções, e a coerência desse lirismo com a seiva popular de suas anteriores composições fariam ruir as restrições daquele tipo. A proposta espetacular de *Juliana* tem malícia de *métier*, mas nem é isso que salva o filme de seus defeitos. Nas linhas mestras de sua concepção e realização, Sérgio Ricardo vence pela cumplicidade com seus personagens centrais, pelo investimento anímico (para não dizer sinceridade, bela palavra nas relações humanas, mas sem trânsito estético) e, enfim, pela legitimidade de sua inspiração popular.

Quando se pensou em gerar um cinema novo na virada para os anos 1960, as metas estéticas eram mais ambiciosas do que a de *Juliana do amor perdido* ou mesmo a de *Macunaíma* (para citar dois exemplos bem diversos). Uma das prioridades, porém, era a comunicação urgente com o público, em nível instigante e inteligente – o que os filmes citados realizam, quebrando a polarização da produção brasileira nos extremos do experimentalismo inacessível e do comercialismo sem horizonte.

Numa pequena comunidade de pescadores no litoral de São Paulo, Juliana, jovem de singular beleza, é reverenciada como santa. O pai, que a deseja, e a própria Juliana, que, com a crendice, defende sua virgindade, contribuem para alimentar esse misticismo. O conhecimento do maquinista de um trem que passa pelas proximidades oferece uma alternativa à moça – o amor, na vida normal –, mas o pai e os fanáticos de seu culto farão tudo para impedir o êxito de sua fuga.[26] Este núcleo de história é tido como real. O cineasta não acrescentou muito de essencial. No entanto, a principal adição temática, a exploração dos pescadores pelo negociante que alimenta a crendice em proveito próprio, plausível em princípio, claudica na prática, porque o personagem do estrangeiro (que infeliz ideia fazê-lo um judeu e tão grosseiramente caricato!) ganha péssima interpretação e diálogos de chocante falsidade.

26 Uma cena de amor no vagão de carga foi quase totalmente eliminada por exigência da Censura, com prejuízo de um momento de óbvia importância.

O roteiro está bem armado, embora vago ou omisso quanto a alguns personagens, a começar pela própria protagonista, cujo falso *status* de santa é lançado no filme sem explicações quanto à sua credibilidade no meio: sabemos apenas a quem interessa o mito. A comunidade de pescadores não convence, e Sérgio Ricardo forçou a mão no tempo excessivo que reservou à mostra de seus ritos (aliás, de um sincretismo fictício, sem interesse cultural ou crítico). Quase sempre o filme cai quando depende do coletivo, e sobe quando estão na tela um, dois ou três personagens. Nas sequências passadas entre os pescadores o interesse é escasso fora do âmbito de sedução plástica, no qual a cinegrafia Eastmancolor de Dib Lutfi tem o papel decisivo. Com Juliana (Maria do Rosário), seus encontros com o maquinista (Francisco di Franco) e companheiros ferroviários (Antônio Pitanga, Zé Coió), sua fuga na velha maria-fumaça, a poesia de Sérgio Ricardo respira a plenos pulmões, inclusive porque em sintonia com as composições musicais que são parte orgânica de seu *approach* ao cinema.

Sem uma presença encantadora como a de Maria do Rosário (dublada com a voz expressiva e quente de Miriam Mehler), *Juliana do amor perdido* não chegaria tão bem à sua meta. Francisco di Franco, à vontade no papel do maquinista, demonstra que não foi promovido a coprotagonista de um filme desse nível apenas por sua estampa. Zé Coió e Antônio Pitanga dão calor humano a seus papéis secundários.

(Texto pulicado no *Jornal do Brasil*, 1970.)

Os senhores da terra

Ah, a máquina do tempo! O sonho de voltar atrás, passar uma borracha no tempo perdido, reabitar uma data passada. Mostrar que grandes caminhos começavam na soleira da porta; que era só olhar pela janela daquele momento privilegiado. É o que o jovem e habilidoso Paulo Thiago tentou neste longa-metragem de estreia, *Os senhores da terra*. Sua fita *Rebeca, a inesquecível*, é *Deus e o Diabo na Terra do Sol*, que Glauber Rocha lançou em 1964.

A imaginação substituiu a *time machine* de H.G. Wells: o cineasta fechou os olhos e olhou para dentro daquele momento, quando se festejava não somente uma data importante do cinema brasileiro, mas a invenção do cinema, o ano I D.G. – espécie de fim do Dilúvio. Os que participaram do séquito do Noé baiano tiveram entrada franca na Arca. Ainda adolescente na época, Paulo Thiago guardou a nostalgia do festim com o travo amargo da turma do sereno. Por isso, ele enxerga menos a paisagem promissora da Terra do Sol do que a euforia dos "eleitos". Sabe que a festa do Cinema Novo "esticou" sem muitos convidados, mas faz questão de participar.

A sensibilidade e a inteligência do recém-chegado se manifestam com assiduidade em um filme que, por motivos os mais diversos, é uma incômoda memória. Evoca a Idade de Ouro dos coronéis e jagunços, que deixou adubado, a mancheias de medo e conformismo, um terreno que a democracia ainda não conseguiu ocupar.

Estudioso de Guimarães Rosa, autor de um curta-metragem sobre a arte do romancista de *Grande sertão: veredas*, Thiago muito naturalmente seria marcado por *Deus e o Diabo na Terra do Sol*, o filme mais informado pela criação do escritor mineiro. O misticismo, denominador comum de quase todos os personagens (importantes e secundários) do filme de Glauber Rocha, está circunscrito, em *Os senhores da terra*, a personagens secundários (Cristo, um doido de estrada; João Mineiro, cantador e contador de histórias) ou a manifestações secundárias de figuras centrais. Mas permanece, subjacente, emergindo no final (com a conscientização galopante de Rosa Viviana e do jagunço Judas Iscariote – como a dos protagonistas de *O Dragão da Maldade contra o Santo Guerreiro*) a coabitação torturada do Bem e do Mal, conúbio que conduz à aceitação da criminalidade como solução e que pretende ungir de álibis éticos a generalização da violência.

No fundo, *Os senhores da terra* parte de uma indignação e de uma crítica social comuns à consciência nacional e chega à exaltação do marginalismo. O "marginal redentor" (exemplos: *Barravento*, *A grande cidade*, *O Dragão da Maldade contra o Santo Guerreiro*) é uma das místicas paradoxais de uma corrente que se pretende desmistificadora, o cinemanovismo. Dessa mística, lamentavelmente, não escapa um "novo" cheio de qualidades como Paulo Thiago.

***

De Jorge Luis Borges:

> Suspeito que um autor deve intervir o menos possível na elaboração de sua obra. Deve procurar ser um amanuense do Espírito ou da Musa (são palavras sinônimas), e não de suas opiniões, que são o que de mais superficial existe nele. (...) "A um escritor", disse (Kipling), "é dado inventar uma fábula, mas não a moralidade dessa fábula".

Esse depoimento emerge insistentemente em minha memória quando escrevo sobre filmes vinculados ao Cinema Novo.

À força de pretender-se onipresente, forçando suas opiniões e idiossincrasias, em vez de esperar que a dinâmica dos dados reais injetados na obra em criação ratifique sua visão do mundo (ou contribua para depurá-la e amadurecê-la), o cinemanovismo costuma obscurecer a comunicação e atrofiar a meta "parlamentar" de uma corrente que se pretende participante. Sintomaticamente, o monólogo ou a fala discursiva e redundante entre personagens que parecem envolvidos em um diálogo de surdos é uma das marcas registradas do cinemanovismo. E *Os senhores da terra* repete o vício.

A pesquisa do romanceiro e seu rendimento épico ficarão como virtudes inegáveis do primeiro longa-metragem de Paulo Thiago, à procura de um "universo realista-fantástico". Faltou a mão firme capaz de pôr em questão o misticismo e a demagogia política sem se enredar no pitoresco folclórico e no primarismo ideológico de seus personagens. Há indicações de que o cineasta estudou com empenho o apogeu e o crepúsculo do coronelismo. O que destaca no filme, porém, são os arrebatamentos passionais e sangrentos dos coronéis e seus seguidores, não o equacionamento do problema. Não se aprende muito sobre o fenômeno em visita ao cinema. O que nos recorda outra vez a frase de Borges sobre o superficialismo das opiniões na criação.

Parece-me que o que há de falsificador em *Os senhores da terra*, distanciando do espectador essas imagens tão impregnadas de sensibilidade, é o adiantamento da moral da história pelo autor. A fábula não flui com as imagens para seu estuário natural: a explosão descontrolada da violência, a tragédia sem heróis, o trauma da violência sem catarse. Ao contrário de *A hora e vez de Augusto Matraga*, de Roberto Santos, o filme de Paulo Thiago se pretende (inclusive) didático, mas termina com a união de unidades tão heterogêneas como Rosa Viviana e Judas. Os apaixonados fogem das circunstâncias que os ilhavam. Mas, nessa postura, atuam (paradoxal e inconscientemente) como instrumentos do novo poder, representado pelo político urbano (Paulo Vilaça), que se instala no interior e começa sua ofensiva liquidando a hegemonia do coronel Floro – o objetivo mais urgente de outra força antiga, o coronel rival. O novo político, frio, tão declamador quanto os coronéis em cena, diz atuar em nome da técnica e do desenvolvimento. Mais (para decepção do observador, preocupado em compreender melhor o *approach* ao problema) não lhe foi perguntado. Contudo, a moral da história parece clara: a violência chama a violência e esse embate pode ser o despertador das consciências.

Apesar de tudo o que há de artificial e de excessivamente proposto em *Os senhores da terra* (até mesmo a fotografia, com sua mistura de Eastmancolor, viragens monocromáticas e preto e branco), pode-se esperar com interesse os próximos filmes de Thiago, porque sua sensibilidade cinematográfica se manifesta frequentemente na composição, na dosagem do tempo de cada plano, no uso expressivo da música e do canto. Ele se mostra especialmente feliz nos planos de longa respiração que apontam a estagnação da comunidade sertaneja, mas também acerta na montagem nervosa dos movimentos de câmera manual que acossam os personagens e frisam – pelo contraste – seu conformismo, sua imutabilidade.

(Texto publicado no *Jornal do Brasil*, 1970.)

Matou a família e foi ao cinema

> Eu criei um fato novo dentro do cinema brasileiro, uma outra dimensão cultural, e meus filmes não podem ser vistos com olhos preconceituosos de 1940. Eu adoro os filmes dessa época, assisti a todos ou a quase todos. Mas meus filmes são totalmente diferentes e por isso é preciso mudar os critérios de julgamento: uma nova crítica, que deverá ter evoluído como a própria época.

Assim falou Júlio Bressane. *Matou a família e foi ao cinema*, de 1969,[27] é genial. Digo, o título é genial. O filme é indefensável. Apesar dessa opinião, não achei necessário passar no departamento de pessoal antes de escrevê-la. Nenhum representante da crítica "ano 2000" foi contratado para ocupar o meu lugar, embora tenham transcorrido quatro dias entre o pronunciamento do jovem realizador e meu encontro com seu filme. Quatro preciosos dias. Quem desconhece a real extensão de quatro dias provavelmente ainda não leu que o próximo longa-metragem de Júlio Bressane será rodado neste espaço de tempo. Saibam, portanto, que até os tempos de meus verbos talvez já estejam ultrapassados pela pressa do "cinema jovem". E o moderno *Macunaíma*, de Joaquim Pedro de Andrade, ausente de cartaz há poucas semanas, já deve

27 Júlio Bressane realizou antes *Cara a cara* e *O anjo nasceu*. Em 1991, surgiria uma refilmagem de *Matou a família e foi ao cinema*, empreendida por Neville D'Almeida.

estar tão velho quanto os filmetes que assombraram Paris na primeira sessão pública do cinematógrafo, em 1895.

Na fase pré-natal de Carlitos, Charlie Chaplin e a trupe dos pastelões da Keystone improvisaram um filme inteiro nas poucas horas entre um almoço e um jantar. Júlio Bressane ainda vai chegar lá, se não chover no meio da tarde. Incorporando a pressa à sua estética, rodou *Matou a família* em quinze dias. *O anjo nasceu*, em sete. *A família do barulho*, também em sete. Tudo isso foi revelado a Miriam Alencar na entrevista que o jovem cineasta concedeu ao *Jornal do Brasil* há uma semana. E o *rush* continua. Segundo a repórter:[28] "já foram iniciadas – e talvez terminadas – as filmagens de *Barão Olavo, o horrível*, previstas para uma semana mais ou menos".

Bressane afirma que transformou a precariedade das condições de filmagem em "elemento cultural". É lícito discordar. Se a trilha sonora (componente da forma cinematográfica há quatro décadas) é miserável a ponto de não permitir a compreensão da maioria das falas, como esse pauperismo pode contribuir para algum projeto cultural? Na lamentável trilha sonora e na fotografia idem, vejo uma pressa que lesa o espectador.

Apesar de tudo, *Matou a família e foi ao cinema*, que não se apresenta como diversão, nem propõe uma história com os tradicionais começo, meio e fim, conta com momentos de força – bem mais do que o longa-metragem de estreia do cineasta, *Cara a cara*. Ao lado de outras correntes de renovação que vitalizam nosso cinema, precisamos de imagens "bárbaras" como as que podem ser encontradas no novo Bressane. A barbárie exibicionista de *A mulher de todos*, de Rogério Sganzerla, é pouco mais que uma brincadeira, muito menos que uma charge. A barbárie de *O Dragão da Maldade contra o Santo Guerreiro*, de Glauber Rocha, nasceu por encomenda alemã (TV) e francesa, e arma o binômio exotismo-miséria sob medida para festivais estrangeiros. Bressane, não: foi ao brasileiríssimo *grand-guignol* dos chamados jornais de crime, colhendo imagens de nosso subdesenvolvimento em seu aspecto mais policial. Antes dele, só Leon Hirszman, veiculando Nelson Rodrigues (*A falecida*), conseguiu trazer à tela, com certa veracidade, o patético e o sórdido à raiz das manchetes sensacionalistas.

Infelizmente Bressane continua sendo um amador na difícil aventura do cinema de trânsito comercial. *Matou a família* repete o cinema caseiro e a cinefilia diletante de *Cara a cara*. Sua colagem de casos da crônica policial é

28 Miriam Alencar também fez críticas para o *Jornal do Brasil*.

compreensivelmente arbritrária. Não é proibido ser arbitrário. Pelo contrário; é uma faculdade que os autores devem exercitar. Mas o arbítrio, como foi aplicado, leva o filme a descaminhos de gratuidade. Frequentemente Bressane cai na evasão poetizante (desta não há melhor exemplo do que as sequências finais com Renata Sorrah e Márcia Rodrigues). Os choques também são amortecidos pela duração exibicionista dos planos, que só serve para distanciar (e irritar) a plateia.

Um ator, Antero de Oliveira, sobreviveu aos dois primeiros filmes de Bressane. Já Renata Sorrah (que tem alguns bons momentos) e Márcia Rodrigues não suportam a duração dos planos *long-playing*.

(Texto publicado no *Jornal do Brasil*, 1970.)

Macunaíma

Com *Macunaíma*, versão da rapsódia (antirromance? Conto de extensão romanesca?) de Mário de Andrade, Joaquim Pedro de Andrade concretizou o primeiro êxito totalizante do cinemanovismo: experimentalismo contido para o desafio de adaptar uma obra importante e complexa da literatura brasileira e encontro com o gosto do grande público. É mais importante que tal empreendimento interesse a um público amplamente representativo, sem atingir o nível de obra-prima, do que sê-lo apenas nos tabernáculos tropicalistas onde são adorados os bezerros de ouro de festivais.

Os trabalhos anteriores de Joaquim Pedro não autorizavam esperar a segurança à mostra no filme em cartaz. O curta *Couro de gato* foi um ensaio promissor que, inserido posteriormente no longa *Cinco vezes favela* (com mais quatro realizadores), serviu para dourar a pílula ideológica do extinto Centro Popular de Cultura. *Garrincha, alegria do povo* ficou entre o documentarismo legítimo e as veleidades sociológicas do cinema-verdade. *O padre e a moça*, empenhada realização a partir de um poema de Carlos Drummond de Andrade, enredou-se em hesitações, não conseguiu avançar criticamente entre a análise de dramas individuais e a da problemática social, resultando numa espécie de curta-metragem inflado, com algumas sequências líricas de antologia. Mário de Andrade, que críticos e cineastas cinemanovistas reivindicam, poderia responder ao ângulo social frustrado de *O padre e a moça*: "(...) Nós só poderemos fazer arte funcional, eficaz e representativa, se deixarmos de fazer arte no sentido hedonístico do termo".

Aliás, se o princípio de arte-ação de Mário de Andrade foi encampado verbalmente pelos cinemanovistas, não se verificou essa coincidência no âmbito do cinema produzido por muitos realizadores da corrente, presos a formas de satisfação individual ou de esteticismo ou antiesteticismo não comunicativos. "Toda arte brasileira de agora que não se organizar diretamente do princípio de utilidade, será vã, será vaidosa, será individualista, será diletante, será anti-histórica." A afirmativa de Mário de Andrade parece ter ecoado no campo cinemanovista. No entanto, filmes como *O Dragão da Maldade Contra o Santo Guerreiro*, serviram apenas à mitologia de seus realizadores. Creio sob medida para todo jovem cinema esta advertência do autor de *Macunaíma*:

> Faz-se imprescindível que adquiramos uma perfeita consciência, direi mais, um perfeito comportamento artístico diante da vida, uma atitude estética disciplinada (...), livre, mas legítima, severa, apesar de insubmissa, disciplina de todo o ser, para que alcancemos realmente a arte.

A fidelidade da adaptação de Joaquim Pedro (que não poderia ser literal, porque *Macunaíma* é visceralmente uma aventura da linguagem) reafirma a vitalidade de uma obra literária difícil (mais importante como ensaio e manifesto do que como romance) e, se levamos em conta a receptividade popular, testemunha o nítido amadurecimento do cineasta.

Acentuou o crítico Wilson Martins que

> a língua de Macunaíma não é falada por nenhum brasileiro e, mesmo, nem será integralmente compreendida pelos brasileiros. Ela seria a língua do brasileiro monstruoso que trouxesse em si mesmo, nas proporções exatas, os genes de todos os índios, de todos os negros, de todos os imigrantes, e a lembrança de todas as épocas, de todas as atividades, de todas as regiões. Mas, como observou (...) Roger Bastide, não se trata de compreender todas as palavras, trata-se de perder-se na torrente alegre que nos carrega.

Através das várias adaptações que empreendeu antes do roteiro definitivo, Joaquim Pedro caminhou para uma estrutura mais simples, fugindo às livres associações da origem, que poderiam conduzir a modismos (resnaisianos, godardianos) e a hermetismos (difícil acessibilidade de signos míticos e invenções idiomáticas). Enfim, conteve sua estesia em um trabalho de represamento da rapsódia. A disciplina não foi infrutífera: o filme também é uma "torrente alegre que nos carrega".

Macunaíma chegou sob medida para o momento vivido pelo cinema brasileiro na virada dos anos 1960 para a década de 1970. Por seu senso de oportunidade – não sei até que ponto consciente –, Joaquim Pedro de Andrade realizou uma tarefa magnífica. Seu terceiro longa-metragem é obra de exceção justamente por ter repercutido a cautela de Mário de Andrade contra a premeditação da "obra de arte perfeitíssima e eterna". Fugindo à experiência hermética e à inovação formal estéril de tanto cinemanovismo, não teve receio de fazer (sem abdicar de seus princípios) um espetáculo aberto ao grande público. Filtrando uma das experiências mais radicais do Modernismo literário brasileiro, correndo os riscos de reduzir a rapsódia de Mário de Andrade a dimensões reconhecíveis por um povo que jamais teve acesso aos movimentos artísticos de vanguarda e, sobretudo, cumprindo a tarefa sem trair o autor e o cinema, o filme promoveu, paralelamente, uma autocrítica do Cinema Novo.

Autocrítica em vários níveis. O mais óbvio: o cinemanovismo, como movimento, começou por manifestos de ruptura com o cinema anterior (especialmente brandindo o atestado de óbito – discutível já na época – da comédia burlesca, meio pastelão e meio radioteatral, que se convencionou reunir sob o título generalizador de chanchada). E Joaquim Pedro serviu-se tanto de recursos expressivos do gênero como de Grande Otelo, um intérprete tão característico daquele cinema. O cineasta incidiu, nesse particular, em alguns exageros. A preocupação – tão comum no Brasil – de incorporar o popularesco levou-o a repetir o surradíssimo clichê da chanchada que é o travesti (Paulo José-Macunaíma procurando recuperar o amuleto muiraquitã em poder do gigante milionário-Jardel Filho). A autocrítica na procura do diálogo com o grande público também é óbvia, mas o esforço que isso exigiu deve ser acentuado: já se disse que o protagonista, originário do filão ameríndio pesquisado pelo alemão Theodor Koch-Gruenberg no final do século XIX, vive uma odisseia que Mário de Andrade criou numa difícil língua brasileira de pesquisa, uma aventura mesclada de inferências históricas, lendas indígenas, anedotário urbano (no filme, o Rio de Janeiro, em vez de São Paulo), práticas folclóricas, usos e mitos populares. Nada disso impediu que o filme fosse claro, inteligível, absorvente – uma inteligente organização narrativa sem abastardamento da linguagem, explorando os recursos da técnica ilusionista do cinema a fim de dotar de novo relevo o ângulo mágico da história.

A autocrítica mais importante do cinemanovismo, em *Macunaíma*, pode ser deduzida de sua adesão à tese do herói sem nenhum caráter (subtítulo do livro). Evidentemente, o filme atesta a utilidade de várias experiências do cinema brasileiro velho (burlesco) e novo (como a inundação ecoando o grito de *Vidas Secas*; as alegorias de *A grande cidade*, que engole e vomita os personagens; a mistura de gêneros de *O Bandido da Luz Vermelha*). Mas o encantatório flui da ausência de caráter do personagem brasileiro. "Fiz questão de mostrar e acentuar que Macunaíma, como brasileiro que é, não tem caráter", disse o escritor em carta a Manuel Bandeira. "Isso eu falava no prefácio da segunda versão e mostrarei para você aqui. Ponha reparo: Macunaíma ora é corajoso, ora covarde. Nada sistematizado em psicologia individual e étnica." O crítico Wilson Martins foi mais preciso: "Macunaíma não tem caráter no sentido literário da palavra, um pouco no sentido antropológico, etnológico, sociológico, bastante menos no sentido moral". O autor "quis criar um ser indefinido, feito de contradições e incoerências, o contrário de um caráter, de um tipo, ou alcançando a tipicidade justamente por ser compósito".

O cinema brasileiro procura conquistar ou sedimentar um caráter (no sentido macunaímico) a duras penas. Resultados positivos sempre apareceram, intermitentemente, na linha de descontinuidade de uma produção que não se constrói como indústria. A experiência cinemanovista é fértil, mas dispersiva e (nas ambições de um cinema de fôlego latino-americano e, mais, do Terceiro Mundo) fantasiosa. Ao contrário do cinema italiano (com o neorrealismo) e do cinema norte-americano (com o *western*, a comédia de costumes etc.), o cinema brasileiro não traçou, antes dos voos de pretensão revolucionária em forma e espírito, a fisionomia de seu próprio povo. E falta, ainda, mais reconhecimento do terreno, sem o qual toda estrada aberta pode ser precária.

Macunaíma triunfa vivendo a imprecisão de seu herói. É, de certo modo, um "retrato falado". Falta encontrar o homem, além da legenda e da charge.

(Texto publicado no *Jornal do Brasil*, 1969.)

Fome de amor

Nelson Pereira dos Santos se apresenta com uma nova força de realizador cinematográfico em *Fome de amor* (subtítulo: *Você nunca tomou banho de sol inteiramente nua?*),[29] de 1968. Isoladamente, se considerarmos sua carreira filme por filme – mesmo levando em conta sua influência decisiva no sentido da criação de um cinema de baixo custo, liberdade de movimentos e coragem crítica –, Nelson realizou apenas um filme muito expressivo, *Vidas secas*. Ficou na crônica de nosso cinema como um líder de movimento, lutador por um cinema visceralmente brasileiro. Não desenvolveu algo parecido com um estilo. Até agora. Por isso, *Fome de amor*, sem ameaçar a posição privilegiada que *Vidas secas* ocupa no panorama do cinema brasileiro, adquire, em vários sentidos, importância e *status* de surpresa.

Em *Fome de amor*, pela primeira vez, a consciência da forma determina o sentido de um filme de Nelson. Nem *Vidas secas* (lembremo-nos da frase final da retirante) estava totalmente livre do mensageirismo verbalizado sob cujo signo (*Rio, 40 graus*) começou sua filmografia. Agora o cineasta põe toda a sua presença de autor no claro-escuro, na montagem, nos ruídos, no enquadramento, na utilização da música e de um diálogo sem reminiscências literárias ou teatrais.

29 Se dependesse do diretor-roteirista, o subtítulo (livremente adaptado de diálogo do livro) substituiria o título preferido pelos produtores.

Será apenas consequência da distância que, desde o início da produção, registrou-se nitidamente entre o cineasta (convidado pelo ator-produtor Paulo Porto, associado a Herbert Richers) e o projeto de um filme baseado na *História para se ouvir de noite*, de Guilherme de Figueiredo, literatura de riscos melodramáticos óbvios? Nelson realmente mudou? Ou mudou seu *approach* apenas em função dessa produção? O tempo dirá.

Mas certamente a experiência em questão não o deixará sem marcas. Encontramos pela primeira vez em Nelson uma paixão intelectual pelo ato de "construir" um filme. E ele admite até as mais francas influências de autores não brasileiros – um progresso para quem defendia nacionalisticamente a chanchada como instrumento de cultura. *Fome de amor* se alimenta, quase sempre bem, de raízes godardianas, resnaisianas, fellinianas. Até Glauber Rocha está presente nos ímpetos de *Fome*, mas só em uma sequência – a da festa (inspirada em *A doce vida*), empurrando o filme para o show de caos que, em *Terra em transe*, tenta disfarçar a ausência de uma visão do mundo.

Há muita coisa inaceitável, indefinida ou informe, tanto nos personagens como na construção do filme.[30] Alfredo (Paulo Porto), cego, surdo e mudo, "traficante de armas supostamente ligado à revolução internacional", é um enigma rendoso para o medíocre pintor Felipe (Arduíno Colasanti), que explora a esposa rica, Mariana (Irene Estefânia). Com balelas "revolucionárias", aproveita os delírios marxistas-leninistas da mulher para canalizar a fortuna para seus bolsos. A companheira de Alfredo na ilha de Angra dos Reis, Ula, não passa de um pálido esboço de personagem – o que a desinibida inexperiência de Leila Diniz agrava. Como o "traficante" cego nunca abre mão da fidelidade de seu pastor alemão, não é absurdo o surgimento de um "psiquiatra de cachorros" (Manfredo Colsasanti), mas o festivo personagem é mais reflexo da simpatia de Nelson pelo pai de Arduíno.

Como uma revolta barroca diante dos lugares-comuns do cinema comercial corrente, *Fome de amor* (de início, apenas uma encomenda que o cineasta aceitou com muita relutância por razões de subsistência) pode ser compreendido e defendido. Suas linhas de sátira a certo tipo de engajamento político são

30 Esses problemas só puderam ser bem avaliados pelos observadores distantes da produção anos depois. "Eu nem tinha lido o livro todo, era muito ruim", disse Nelson. "Quando comecei a filmar estava completamente perdido. Fui fazendo o roteiro dia a dia." Somente no meio da fase de filmagem ele teve uma visão da estrutura do filme. Estas informações e (as da nota 31) estão no excelente livro biográfico da jornalista Helena Salem, *op. cit.*

inteligentes e, pela primeira vez, é possível observar um humor (amargo) em suas chicotadas críticas.[31] Importante destacar: a presença de Irene Estefânia, a criatividade da fotografia em preto e branco de Dib Lutfi e os cuidados (com apoio de Luíz Carlos Ripper) com a cenografia, as decorações e os costumes.

(Texto publicado na seção "O filme em questão", *Jornal do Brasil*, 1968.)

31 "Tinha cara que batia na minha porta para saber se eu era revolucionário, e só então dizia que gostava do filme", revela Nelson, transmitindo por *Fome de amor* uma preferência especial, no conjunto de sua obra.

O Dragão da Maldade contra o Santo Guerreiro

Como procedeu em *Terra em transe*, depois do marco de excelência de *Deus e o Diabo na Terra do Sol*, Glauber Rocha volta a partir quase do marco zero em *O Dragão da Maldade contra o Santo Guerreiro*, como se, em vez da interpretação e da crítica da realidade por meio de um trabalho em progresso, ambicionasse a mística da destruição. Em *Deus e o Diabo*, tematicamente a gênese do *Dragão da Maldade* (e é impossível compreender este sem conhecer aquele), os anjos e arcanjos se chamavam Jean-Luc Godard, Buñuel, Eisenstein, Heitor Villa-Lobos, John Ford (ou, por extensão, o *western* norte-americano), mas o Senhor da Criação era inegavelmente Glauber. Então ele fez um filme de inventor – um alquimista que usava algumas teorias e práticas alheias, na maioria estrangeiras, para criar uma obra arraigadamente brasileira no espírito e inquestionavelmente pessoal na forma. Ao partir para o *Dragão da Maldade*, em associação com a televisão alemã e o produtor francês Claude Antoine, depois que uma série para a TV Globo (destacando o personagem Antonio das Mortes de seu consagrado longa-metragem) não se concretizou, o cineasta manifestou-se disposto a uma revisão de temas e de forma de *Deus e o Diabo na Terra do Sol*.

Não cabe aos críticos formular caminhos para este ou aquele autor, evidentemente, e a criação de obra cem por cento nova merece, em princípio, as melhores atenções. No filme em tela, porém, o que vemos é a demolição das conquistas formais de *Deus e o Diabo* e a dispersão das virtudes de invenção e comunicação do personagem que retorna (Antonio das Mortes), dos que "continuam" os personagens anteriores (o cangaceiro messiânico, antes Corisco, agora Coirana; a beatice que prevê a redenção pela desgraça, Santa Bárbara ou Inhansã; o coronelismo sanguinário), e das qualidades possivelmente latentes nos recém-chegados (o professor em crise de consciência, o delegado-títere, o jagunço Mata Vaca etc.).

Maurício do Valle como Antonio das Mortes

O matador de cangaceiros, Antonio das Mortes, antes um dos personagens mais expressivos do cinema brasileiro, é agora, em quase todas as aparições, apenas uma sombra da expressividade anterior. Certo: continua atormentado pelos sofrimentos do povo, aceita a encomenda da morte de Coirana, hesita ante a missão de liquidar os jagunções místicos e sua Santa Bárbara. Cabe a outro pistoleiro, Mata Vaca, a obra de extermínio. Contudo, deposto da condição de mito em que o colocara *Deus o Diabo na Terra do Sol* – de encarnação da "ética sertaneja" –, Antonio perambula pela localidade de Jardim das Piranhas sem assumir um papel na realidade (o espisódio da proposta para matar o coronel e as consequências são desvios absurdos do roteiro), revertendo no final (na intenção de Glauber apenas) àquela dimensão. Por veleidade mensageira do cineasta, o matador de cangaceiros faz-se catalisador do messianismo do professor que, de figura inexpressiva, etílica, debochada, sobe à categoria de representante da intelectualidade revoltada com a miséria. Ambos, de peito aberto, liquidam em duelo o bando de jagunços, com a desenvoltura dos heróis de corpo fechado dos *westerns* italianos.

Mais estranha é a transformação do padre que, na última sequência, também armado, cruza com o professor à procura de um destino de redenção pela violência. Antes, numa das cenas mais artificiais que já tivemos oportunidade de ver em cinema, o padre tenta em vão impedir o amor do professor com a amante do coronel, em cima do corpo ensanguentado e balofo do delegado. Mas a falta de sentido e as nebulosidades da forma não impedem que, pouco a pouco, cada um dos personagens receba sua etiqueta de símbolo.

Há momentos visualmente cativantes em *O Dragão da Maldade*: o duelo entre Antonio das Mortes e Coirana; o encontro do matador com a beata; as transfigurações do beato negro em São Jorge, atravessando com a lança o "coronel-dragão". Estes e outros minutos expressivos são circunstâncias esparsas na longa-metragem, em que domina a sensaboria dos planos fixos, chapados, tediosos. As falas carregam o peso do folclore, da vocação sentenciosa ("o povo vai perder a paciência e arrebentar uma guerra sem fim") ou o vácuo da irrelevância (como nas situações do triângulo coronel-amante-delegado).

Uma grande oportunidade de diálogo do cinema com o público foi aproveitada justamente para o contrário.

(Este texto é uma das críticas sobre *O Dragão da Maldade contra o Santo Guerreiro* publicadas no *Jornal do Brasil*, 1969.)

O Bandido da Luz Vermelha

> Meu filme é um faroeste sobre o Terceiro Mundo. Isto é, fusão e mixagem de vários gêneros, pois, para mim, não existe separação de gêneros. Então fiz um filme-soma: um faroeste, mas também musical, documentário, policial, comédia ou chanchada (não sei exatamente) e ficção científica.

Como outros cineastas que operam na área do cinemanovismo, o crítico Rogério Sganzerla, estreante em longa-metragem, acredita no vale-tudo em cinema e, sobretudo, em entrevista. O impressionismo sonoro dos depoimentos, especialmente quando surgem palavras "mágicas" como Terceiro Mundo, costuma garantir certo espaço em letra de forma. Mas Sganzerla se revela, assim, péssimo propagandista de seus trabalhos. Há certa sintonia, inclusive pela confusão de expressões, entre as entrevistas e seu primeiro filme. Contudo, *O Bandido da Luz Vermelha*, de 1968, exibe talento suficiente para que se acredite em seus próximos filmes.

É um "filme de cinema", conforme anunciam os créditos, luminosos e bem achados. Mas o diretor é prejudicado pelas ideias do autor. Confusão e profusão: o talento se confunde com a balbúrdia; e o público, sem ter o privilégio de entender as piadas particulares, os filmes de cabeceira e outras chaves secretas de Sganzerla, fica por fora.[32]

32 Contrariando essa observação, o filme obteve expressivo êxito de bilheteria.

Já se observou – e, nesse ponto, a crítica de Jaime Rodrigues é muito lúcida – que Sganzerla enraizou a forma de seu filme em dados bem conhecidos de nosso subdesenvolvimento: a escatologia de certos programas radiofônicos e da imprensa sensacionalista; a politicagem de mentalidade suburbana; a corrupção; o cafajestismo como demonstração de machismo ou como escada para a notoriedade.

Paulo Vilaça faz o Bandido da Luz Vermelha

Jorge (Paulo Vilaça), rotulado "o Bandido da Luz Vermelha" pela imprensa, é um marginal nato. Desafortunado, sem habilitações e sem motivos para crer em alguma coisa, dirige-se ao submundo paulistano da Boca do Lixo[33]

33 Denominou-se Boca do Lixo o quadrilátero do bairro da Luz, no centro de São Paulo, formado pelas ruas do Triunfo e Vitória. "A origem da denominação é incerta, mas foi anunciada poeticamente em *O Bandido da Luz Vermelha*", diz Nuno César Abreu na *Enciclopédia do cinema brasileiro*. A Boca do Lixo não surgiu com a pornochanchada. Ela ganhou esse nome nos anos 1950, com a crônica policial, quando os moradores da região começaram a abandonar o local. Produtores ali sediados foram (por circunstâncias diversas, mas sobretudo pelo retorno de bilheteria) os principais sustentáculos do Cinema Marginal, mais expressivo entre 1967 (quando surge o consagrado *A margem*, de Ozualdo Candeias) e a primeira metade dos anos 1970. As safras do Cinema Marginal também marcaram a produção carioca e tiveram reflexos em outros Estados. A crise dos anos 1980 empurrou a produção da Boca do Lixo para a pornochanchada mais grosseira e, por fim, ao não cinema das películas de sexo explícito.

como uma opção de *status*. ("Quem não pode fazer nada, só pode avacalhar.") O crime é seu meio de provar que está vivo, chamando a atenção dos certinhos e dos zeladores da tranquilidade da "boa gente". Seu cafajestismo encontra ressonância e correspondência nas manchetes, garantindo-lhe fama instantânea. Contra ele ou a favor dele, vale tudo: chamam-no "o Zorro dos pobres" e "tarado sexual"; envolvem-no em lendas, ora românticas, ora depreciativas.

Tudo isso é pouco para o Bandido da Luz Vermelha, personagem torturada, sem nenhum objetivo estável – nem sequer o bem-estar material. Em seus desvarios, não se limita a matar, roubar, estuprar; insulta as autoridades, emporcalha os cadáveres de suas vítimas e, no final, quando uma onda de terrorismo estremece o país, produz algumas bombas não engajadas. Várias vezes procura a morte. Mas o cerco laborioso da polícia não lhe traz o alívio de um tiro certeiro. A lei ainda anda a cavalo, enquanto ele se serve de carros velozes. Quando seu implacável perseguidor, o inspetor Cabeção, o encontra morto, sofre a mesma descarga elétrica que ele armou para o suicídio.

A forma de *O Bandido da Luz Vermelha* é de hábil e oportuna concisão, ainda que a serviço de um roteiro extremamente prolixo e sobrecarregado de bossas. Principalmente admirador de Orson Welles, Samuel Fuller e outros realizadores norte-americanos, e de Godard (deste, infelizmente, demais), Sganzerla não perdeu tempo nas horas passadas em cinemas e cineclubes: assimilou o que encontrou de mais propício a um cinema nervoso, ousado, violento. O filme sofre, porém, com a vontade de *épater* e de ser tudo ao mesmo tempo – um mal dos estreantes que acreditam demais nas ideias súbitas, nem sempre frescas ou insólitas.

Os excessos também prejudicam alguns atores. Luís Linhares, por exemplo, está enfaticamente falso como o inspetor Cabeção. O próprio Paulo Vilaça se mostra deliberado demais. Os grandes acertos do elenco são a Janete Jane interpretada por Helena Ignez, e o político paternalista e corrupto, J.B. da Silva, vivido à perfeição por Pagano Sobrinho. A assinalar, também, a rápida aparição de Lola Brah, a "madame misteriosa", e o trabalho de Roberto Luna como o marginal-cantor Lucho Gatica.

Sganzerla encontrou cúmplices preciosos nos fotógrafos Peter Overbeck e Carlos Ebert[34] e no montador Sílvio Renoldi.

(Texto publicado no *Jornal do Brasil*, 1968.)

34 Carlos Ebert foi o único fotógrafo no início das filmagens. Com a entrada de Peter Overbeck na equipe, este se tornou o diretor de fotografia, e Ebert, o *cameraman*.

Copacabana me engana

Retrato sem grandes pretensões de uma família de classe média residente em Copacabana, o primeiro longa-metragem de Antonio Carlos Fontoura cumpre bem sua transição do curta-metragem documental à ficção dramática. Simples, às vezes mesmo simplório, mas disciplinado como convém aos que ainda não alcançaram o seguro de liberdade dos cineastas já formados, *Copacabana me engana* atinge logo em suas primeiras sequências a meta lucidamente obrigatória aos que se expressam por meio do cinema profissional: dialoga com um público numeroso, fala sem vergonha de ser objetivo e sem dar à crítica um balaio de influências e enigmas a decifrar.

Fontoura cumpriu honestamente suas promessas. No cinema, a unidade-expressão que é o fotograma geralmente começa a falar por si, mesmo estático, emoldurado à entrada das salas. No caso de *Copacabana me engana*, as evidências de boa aceitação popular já se afirmavam antes do lançamento, em um clima de curiosidade não debitável apenas aos valores de produção e à publicidade inteligente. O filme não precisa de credenciais extracinematográficas para merecer uma atenção que também não necessitará da generosidade da crítica. Disse o cineasta (coautor do roteiro, com Armando Costa e Leopoldo Serran):

> Se um filme diz realmente o que seu autor tem para dizer, se parte violentamente à procura de uma verdade pessoal (e só a partir daí social ou política, ou o que seja), se não se refugia na intelectualização, mas, ao contrário, usa o intelecto

para desbastar tudo que elude a verdade pessoal, este filme em maior ou menor grau se comunicará e, independente de sua complexidade formal, encontrará seu público sem perder a integridade.

Carlo Mossy e Odete Lara na Copacabana de Fontoura

Uma família – pai, mãe, dois filhos – em um apartamento no (outrora) bairro-sonho. Os pais, um começo de velhice com base em certezas duvidosas, insatisfatórias mesmo quando consoladoras: morar com algum conforto, no bairro que tem tudo à mão, ainda que a ladeira dos preços obrigue dona Isabel a viajar até o centro da cidade à procura de equilíbrio orçamentário; a ideia de poderem comprar com seus sacrifícios o futuro dos filhos; a ideia de que se completam como cônjuges, embora o marido (a certa altura se descobre) procure satisfação sexual fora de casa e a mulher se realize nas relações com a cozinha e a limpeza doméstica. Dos filhos, diz dona Isabel autoconsolando-se: "Eles são a nossa continuação". Nos 93 minutos de filme, porém, os rapazes parecem menos a continuação do que um agravamento do estado socioexistencial de Leôncio e Isabel, em cujo orçamento ainda pesam de corpo inteiro.

Hugo, tido como o filho exemplar, estuda medicina, mas já vai comprar um carro – provavelmente materializando esta meta com apoio dos magros recursos do pai. Marquinhos, o caçula, 21 anos, é um reprovado crônico no vestibular. Conforme a expressão que Fontoura adotou na divulgação do filme, ele tem um superproblema: é um "superbacana". Marquinhos é o bonitão do grupo de filhinhos de papai que se reúne nas imediações para paquerar, gozar os transeuntes e, principalmente, para pastorear seus egos entre expressões chulas que julgam mostras de virilidade. Um "superbacana" não pode fechar negócio com uma vida de trabalho árduo, sala e dois quartos, ônibus ou, no máximo, um carro popular. Além de não ter aptidões para mais, Marquinhos vive diariamente numa sociedade que erige como norma de realização pessoal possuir cada vez mais.

O mundinho de fossa sem grandeza, que é o de Marquinhos, está construído por Antonio Carlos Fontoura com verossimilhança e sem concessões. Ao mero registro verista o cineasta adicionou, sem prejuízos para a convicção, pinceladas de grotesco que extrovertem a sua repulsa. A humanidade desses personagens não é negada, mas a autocomplacência com que resvalam para um tédio bem arrumado e mesquinho (os pais) ou para o mero desfrute do próximo (os filhos) recebe de Fontoura o prisma da condenação. Apesar de tudo, sente-se que ele respira o mesmo ar poluído de seus personagens, partilha a vulnerabilidade de cada um. Por acreditar mais na vivência do que nas regras do jogo do chamado "jovem cinema", Fontoura obtém, logo de saída, plena cidadania para suas criaturas e crença na legitimidade de seus dilemas.

Falta ao estreante na longa metragem sair da constatação comunicativa para a análise persuasiva. A longa viagem da superfície para o âmago dos personagens e dos problemas será provavelmente uma questão de tempo – essa dimensão inescapável.

O elenco atua com segurança, sempre que os papéis proporcionam base de trabalho – o que nem sempre ocorre com Ênio Santos (o pai), Lícia Magno (a mãe), e quase nunca no caso de Cláudio Marzo (o irmão). Carlo Mossy, no papel de Marquinhos, é sobretudo um tipo convincente. Paulo Gracindo (o ex-amante de Irene) e Joel Barcelos (o líder da turma da esquina) são os melhores intérpretes, em trabalhos de segundo plano. Odete Lara (Irene, amante de Marquinhos) valoriza sua parte e constitui um dos maiores fatores de convicção do filme.

(Texto publicado no *Jornal do Brasil*, 1968.)

Como vai, vai bem?

No esforço do cinema brasileiro para quebrar o gelo da muralha elitista do cinemanovismo e recolocar-se como espetáculo de comunicação popular, *Como vai, vai bem?* tem modesta, mas inegável significação. Primeira produção (1968) do Grupo Câmara, cooperativa de cineastas muito jovens oriundos da curta metragem e, em sua maioria, dos curtas experimentais concorrentes aos Festivais de Cinema Amador JB, reúne oito episódios autônomos em 74 minutos de projeção. Em média, menos de dez minutos para cada unidade. Seria fantasia, portanto, pretender um desenvolvimento em profundidade de cada tema, com caracterização completa dos personagens e de seu meio. Daí a escolha de um estilo de charge para a maioria dos episódios e a entrega de catorze personagens a dois atores de invulgar capacidade de comunicação, Paulo José (que vive seis criaturas) e Flávio Migliaccio (em oito figuras bem diversas). Nas unidades de *Como vai, vai bem?*, a construção visa a imediata localização dos personagens em segmentos de vida brasileira bem reconhecíveis. A meta prioritária é o diálogo com o público – um tanto escaldado por experiências herméticas e formalmente pedantes da safra 1967-1968 – e, nesse ponto, o Grupo Câmara obtém um resultado notável. O filme é mais significativo pelas oportunidades que abre a diversos cineastas novíssimos do que por suas qualidades intrínsecas. Mas dificilmente o espectador se arrependerá de olhar através desta janela.

A diversão pode ser a maneira mais lúcida de levar ao encontro dos problemas existenciais e sociais amplas camadas de público. Por este caminho,

Como vai, vai bem? rascunha um tipo de espetáculo ainda inexplorado no cinema brasileiro: a comédia panorâmica multifacetada, institucionalizada pelos cineastas italianos – como Dino Risi no curiosíssimo *Made in Italy*, no qual inúmeros aspectos da vida italiana (a burocracia, a miséria meridional, a emigração etc.) são focalizados com agudo espírito crítico, em traços breves, despretensiosos, mas geralmente não superficiais.

Em alguns casos, *Como vai, vai bem?* é apenas um rascunho ("Uma vez Flamengo, sempre Flamengo"; "Os meninos do padre Bentinho"). Em outros ("Hei de vencer"; "Mulher à vista"; "Dez anos de casado") enfrenta com total desibinição e resultados dignos de desenvolvimento em metragem superior personagens e situações de chanchada: o travesti relutante; o suburbano cujas relações conjugais se deterioram a ponto de preferir o afeto de uma galinha; o paquera mórbido que se exaure na contemplação frenética de uma vizinha sensual. Apesar da frustrada caricatura do torcedor doente, que abre o filme em plena chanchada, *Como vai, vai bem?* vai ganhando interesse, sobretudo pelas portas que abre a um humor cinematográfico distante daquele antigo gênero. Os únicos elos entre a chanchada e a realidade cotidiana não iam muito além da gíria e das situações de duplo sentido. O Grupo Câmara se nutre muito, direta ou indiretamente, da crônica diária do Rio de Janeiro e do anedotário grotesco-patético da cidade. Sintomaticamente, começa com um cinejornal sobre jogo do Flamengo, resume um dos primeiros episódios em manchete de jornal de crime e se encerra com a destruição de um sonho por uma buzinada do Chacrinha.

EPISÓDIOS

1. "Uma vez Flamengo, sempre Flamengo". Derrota do Flamengo leva à confraternização alcoólica um torcedor "doentíssimo" (Paulo José) e outro "normal" (Flávio Migliaccio). No clímax do pileque ambos partem para um desabafo agressivo contra as respectivas mulheres. Esta é a unidade mais grossa do filme, excessivamente caricatural, conduzida sem clima adequado. Salvam-se, como em todos os momentos menos felizes, as caracterizações dos atores.

2. "Mulher à vista". Também humor grosso, deliberado. Um paquera doentio (Paulo José), armado de binóculo, se delicia com o *striptease* de uma vizinha, reservando uma luneta improvisada para o momento mais excitante do espetáculo. Um parasita (Migliaccio) que vive com o *voyeur* também é uma figura constrangedora. Conforme reconhece Alberto Salvá, o diretor, a autoria

do episódio, "na melhor das hipóteses" teria de ser "dividida com Paulo José e Flávio Migliaccio".

3. "Dez anos de casado". Humor negro. Talvez o episódio mais curioso como história: um operário neurótico (Migliaccio) despreza a mulher em favor de uma galinha, que ele não deixa virar almoço. O *ménage à trois* termina em manchete de jornal de crimes. Faltou um acento surrealista, uma exasperação visual correspondente ao desatino do protagonista. Comunica-se bem graças ao ator.

4. "A santinha do Encantado". Uma menina de 12 anos é amestrada para ter visões de santos pelo padrasto, um vigarista do Encantado. A crítica à histeria mística e à sua exploração por certa imprensa é curiosa. Paulo José, com caracterização meio sinistra, dá o tom certo.

5. "O apartamento". O episódio mais extenso e melhor. Namorados pequeno-burgueses (Maria Gladys e Migliaccio) procuram um lugar discreto para seu primeiro ato sexual completo. A decepção com o refúgio, só aparentemente tranquilo, oferecido ao rapaz por um amigo (Hugo Carvana), está elaborada com um humor impregnado de tristeza. Mas a última nota, insólita, é de humor salutarmente otimista.

6. "Os meninos do Padre Bentinho". O caso de um padre (Paulo José) e um sacristão (Migliaccio) muito vivos que transferem o coro infantil da igreja para uma boate na qual impera o iê-iê-iê. Episódio frágil.

7. "Hei de vencer". Um dos momentos mais divertidos, inteiramente apoiado na audácia de Paulo José, que interpreta um homem casado que ganha a vida (com a consciência pesada) como travesti. Manter ambíguo o personagem já foi uma solução inteligente.

8. "O grande dia". Encerramento súbito do filme e destruição do grande sonho do protagonista, um favelado com veleidades de cantor. Conduzido sem tropeços, o episódio se apoia na cara patética de Migliaccio, em mais uma atuação realmente muito boa.

(Texto publicado no *Jornal do Brasil*, 1968.)

Bebel, garota-propaganda

Bebel, garota-propaganda deixa a desejar, na medida em que se espera, além da marca razoável de um filme de diretor estreante, um resultado compatível com a soma de muitas experiências de vida, talentos, habilidades, tarimbas de produção. Baseado em um romance de Ignácio de Loyola Brandão, ex-crítico de cinema, dirigido pelo crítico Maurice Capovilla, tendo como coprodutor e corroteirista o maduro Roberto Santos, o filme teria alcançado nível mais expressivo sem certas perturbações da moda, que o atingem a ponto de turvar o desejável impacto crítico. Por várias vezes, torna-se difícil aceitar sua revolta contra a mercantilização da criatura humana, porque ela tem muito de protesto "encenado".

Os acertos da produção são muitos, a começar pela escolha da maior parte do elenco e, em especial, pela lucidez da mobilização de Rossana Ghessa para o papel-título. Ex-garota-propaganda, modelo de publicidade, ornamento de TV, Rossana coincidia por tantas características com a figura de Bebel: muito bonita, atraente, mas não o que se costuma qualificar de beldade; fotogênica (foi Miss Objetiva, no Rio de Janeiro); além disso, expondo certa tristeza (ou nervosismo, intranquilidade, como afirma o diretor) das belezas assediadas pelas lentes da mídia. Enfim, é provável que Rossana seja antípoda de Bebel, mas, no raio de ação de sua viva presença cinematográfica, a jovem pobre do Bom Retiro, hipnotizada pelas luzes da TV, passa a existir. *Bebel* parte com esse raro *handicap* positivo: a interatividade entre atriz e personagem – entidades tão frequentemente conflitantes no cinema brasileiro.

Rossana Ghessa como a onipresente Bebel

Bebel tem ideia fixa na celebridade como fuga à esqualidez da vida familiar: garota-propaganda sob contrato de um sabonete, logo fatigando a retina da publicidade pela superexposição; poses *sexy* na imprensa; programinhas na televisão; algum teatro rebolado – sempre pagando carnalmente o tributo das ambições sem talento. Depois o plano (já inclinado na sequência final) da queda para a prostituição. Há toques convencionalíssimos, como a esquemática hostilidade moralista da irmã e da mãe. Mas o filme procura e geralmente consegue revelar, estática entre ações, incapaz de compreender sua "inexistência" no mundo da propaganda e do espetáculo, a pseudopersonalidade cujo papel na sociedade é, cada vez mais, um pretexto para aqueles que pretendem desfrutar de seu corpo.

O recurso a um entrevistador, a partir do desgaste de Bebel por excesso de exploração publicitária, não é ruim em si. Mas o filme pretende utilizá-lo para "desmistificar os personagens" e, nesse propósito, o personagem de gravador em punho resulta didático, demagógico, moralista. Ao levar Marcelo, o estudante pretensamente engajado (Geraldo Del Rey, falso) até a porta de uma fábrica, para provar sua incapacidade de diálogo com os operários, o entrevistador prova seu caráter postiço: se Marcelo existisse cinematograficamente, sua impotência para a ação fluiria com as imagens, não precisaria ser desmistificada por um porta-voz do cineasta (que aponta o entrevistador, arbitrariamente, como um personagem que "representa o público").

O filme se mostra feliz nos ataques satíricos à publicidade e à TV. E veicula, na destruição de Bebel, na violência sem rumo de Renatão (Mauricio do Vale, surpreendentemente o melhor em cena), na sordidez do produtor-proxeneta (Washington Fernandes), uma amarga revolta – ao que se diz, um fruto natural do romance de Loyola, *Bebel que a cidade comeu*. Outros personagens não saem do esboço (como o jornalista a cargo de Paulo José), do esquematismo (a irmã e a mãe) ou da caricatura (o deputado atrabiliário). Capovilla usou palavras francas ao dizer que sua estreia na longa-metragem "é quase um melodrama tradicional". Como, depois de F.W. Murnau, Max Ophuls e – para citar um êxito recente – o Marco Bellocchio de *De punhos cerrados*, ainda é possível negar preconceituosamente os roteiros de rasgos melodramáticos? A televisão apenas mudou os cenários de um gênero tão antigo como os espetáculos profissionais.

Importante na história de Loyola, no roteiro e na realização de Capovilla é, em primeiro lugar, o absoluto lugar-comum da personalidade da heroína. A massa telespectadora, leitora de fotonovelas e de revistinhas românticas regurgita de "bebéis" em potencial. Uma diferença: a jovem do bairro Bom Retiro, imaginada numa ótica paulistana pelos coautores do filme, teve a coragem de posar, ainda menina, no estúdio do fotógrafo da esquina, artista de mãos inquietas na preparação das poses. E continuou penetrando, geralmente a contragosto, entre mais íntimos conjuntos de quatro paredes – ora a *garçonnière* de um fotógrafo, ora o escritório de um produtor de televisão – em busca da multiplicação de sua imagem. Mais comum não poderia ser o caso de Bebel. Novos contratos para posar seminua sob espuma de sabão, com o prazer narcisista de chamar a atenção dos transeuntes, teriam saciado Bebel. Sua ladeira de degradação não se apoia em uma neurose de sucesso. O roteiro demonstra especial inteligência na maneira de expor, na primeira meia hora, o retorno da protagonista ao "nada" que era antes da propaganda de sabonete. Vendido o produto, verifica-se que Bebel, ou melhor, a imagem de Bebel foi vendida demais.

Enquanto tantas se prostituem para sair da obscuridade, Bebel começa realmente a se prostituir por estar excessivamente conhecida. Multiplicada em *offset*, em rotogravura, em videotape, ela deixa de existir profissionalmente pela saturação, enquanto a agência parte para faturar com outras caras, outras ancas, outras pernas. Vulgaríssima a trajetória. E a crítica de *Bebel, garota-propaganda* se realiza incorporando essa vulgaridade. A beleza efervescente e a graça suburbana de Bebel se abastardam nos estereótipos da publicidade. Mera imagem sem nome e sem vida, nessa metamorfose, ela é possuída por milhões de olhos de criaturas para as quais o prazer de viver se confunde com o uso de um vasto paraíso de mercadorias. Quando o colador de cartazes percorre com deleite a esponja sobre as formas agigantadas da moça, o filme apenas reitera com excelente humor o que diz em sequências inteiras. Gesto vulgar, em um filme tão deliberadamente poluído de impurezas quanto o ar da megalópole.

O filme se trai gravemente nas intrujices do entrevistador, que, por alguma incompreensível razão, Capovilla diz que "representa o público". Essa ideia parte de conceitos bitolados sobre o que convém ao povo. O romancista escreve o livro, o cineasta faz o filme, o crítico redige seu artigo. Em seguida, o público os aceita ou não. O personagem do entrevistador emana de uma escola que, já no rótulo, cinema-verdade, evidencia sua desmedida ambição. Inúmeros repórteres (basta um exemplo: *Cidadão Kane*, de Orson Welles) entraram para a galeria de personagens-catalisadores do cinema, sem precisar agredir com o microfone o nariz das figuras em cena. A sociedade de consumo não ruirá sob as contestações de *Bebel, garota-propaganda*.

(Texto montado a partir de duas críticas publicadas no *Jornal do Brasil*, 1968.)

Edu, coração de ouro

Todas as mulheres do mundo foi uma festa do cinema em 1966, revelando ao mesmo tempo o talento de muitas faces do jovem Domingos Oliveira e o encanto irresistível de Leila Diniz, presença solar que ignora qualquer descontinuidade entre a vida e a arte. O filme marcou a arrebatadora invasão do imaginário e do cotidiano brasileiros pela personalidade de Leila. Diretor-roteirista, Domingos recuperava a tradição de espontaneidade da comédia carioca, sem descuidar da dramaturgia. O desencontro amoroso se revelava numa comédia "grave" como (e cito sem pretensão de paralelo) *Sorrisos de uma noite de verão*, de Ingmar Bergman. No cenário de um cinema brasileiro possuído pelo solene discurso da crítica social, foi um tríplice salto mortal, sem rede.

Em *Edu, coração de ouro*, de 1967, o autor quis capitalizar os aplausos redesvendando, sob luz diversa, a humanidade do primeiro filme, e dar uma chance de continuidade a certos atores, a certos personagens, a um estilo, a prazeres naturais de sua idade e experiência. Muito profissionalmente, estendeu a rede. Caminhou sob o fio tenso da procura legítima, com cautela, mas sem absoluta certeza sobre o que o esperava. Um anticlímax, sem dúvida, para os que aguardavam uma superação da obra inaugural.

Em *Todas as mulheres do mundo*, apesar de um sopro godardiano no andamento, havia uma construção sólida em torno da progressiva rendição do sedutor copacabanense à jovem livre e consciente das vantagens de sua liberdade.

Edu, *coração de ouro* flutua, como o personagem-título (de novo Paulo José), no espaço das pequenas conquistas e das cupinchagens que não conduzem a algo definitivo. Uma cantada aqui, um bate-papo ali, um chopinho amigo, uma boate, lá vai Edu, "rápido ou lento, na direção em que sopra o vento". Para que o filme alcançasse a excelência de *Todas as mulheres do mundo* seria indispensável que esse personagem (o único protagonista) fosse retratado com pinceladas menos impressionistas. Mas *Edu* se impõe como bom filme.

Domingos reincide numa linha de comédia de subtexto "grave", ambivalente, na qual o efêmero da caça ao prazer acentua a frustração do protagonista. Sobre uma história bem diferente (de seu amigo Eduardo Prado, também corroteirista), o cineasta repete em parte o filme do qual foi o único autor. O argumento de Prado, que o roteiro conserva laboriosamente longe do conceito tradicionl de enredo, parece ter constituído apenas um começo de conversa para os roteiristas. Dividiram o roteiro em duas partes: "Um dia comum de Edu..." e "O dia da festa". E fragmentaram ambas em pequenos capítulos precedidos por letreiros, procedimento comum no cinema silencioso, revalorizado pela Nouvelle Vague e usado com moderação em *Todas as mulheres do mundo*. A polidivisão oferece muita liberdade aos autores, acompanhada de certa dispersão.

A opção pelo fragmentarismo, a extrema flutuação do protagonista e a irreverência do diálogo tendem a obscurecer a meta de levar a plateia ao reconhecimento do mais grave dilema de Edu: a insistência em não se considerar cúmplice de coisa alguma. Os efeitos formais euforizantes assumem força maior que a disposição de comunicar o lado amargo do personagem, "o alienado consciente, por essência e filosofia". Encontramos mais o relato anedótico do dia a dia do gozador copacabanense, sempre rodeado de mulheres ótimas, do que o retrato da solidão desse corredor de distância.

Os eflúvios do bom coração de Edu se confundem com um sentimentalismo parasitário. Ele recebe muito mais do que dá. Seria como o astronauta, segundo Domingos: "Se aquele fio que o liga à nave se partisse, ele não poderia sobreviver. Impossível viver solto no espaço". Mas Edu vive assim. E se em alguns momentos seu constrangimento não racionalizado se transmite à plateia, esta pode se apoiar nas qualidades de juventude e de senso de humor de Domingos para ficar com o personagem e o espírito irreverente de seus encontros com o amor, o compromisso e (sorrateiramente) a morte.

Do muito que se pode dizer a favor do filme, destaca-se a coerência interna. Coerência que mantém organicamente ligados personagens tão díspares como

Tatiana (Leila Diniz) e Élen (Joana Fomm), a psicanalista (Norma Bengell) e o amigo Castor (Amilton Fernandes). Alguns erros nessa galeria: a ingenuidade da caracterização exterior de Tatiana; a agonia exagerada do noivado com Neusa (Maria Gladys); o forçado enigma do andarilho (Ziembinski). Entre as decepções, anotamos a efêmera permanência em tela de Norma, Leila e Joana. Entre as surpresas: a marcante atuação de Amilton Fernandes e a curiosa intervenção de Yan Michalski (o notável crítico de teatro) no papel de Zezinho. Já uma performance que não pode surpreender é a de Paulo José, desde *Todas as mulheres do mundo* o ator mais expressivo do cinema brasileiro.

(Este texto é uma fusão de duas críticas publicadas no *Jornal do Brasil*, 1967.)

A hora e vez de Augusto Matraga

"Tudo tem sua hora e sua vez." Não sei se Roberto Santos acreditou em nossa capacidade de vir a ser algo novo como civilização ou se permaneceu ideologicamente caudatário dos impulsos que o levaram à realização cinematográfica, sob o patrocínio dc Nclson Pereira dos Santos, em *O grande momento*, de 1958. Mas Roberto está próximo de Nelson na procura de uma personalidade cultural brasileira via cinema. Em *O grande momento*, ele se mostrava, como Nelson, sob o signo do movimento neorrealista italiano, realizando-se melhor na crônica de costumes do que Nelson nos ambiciosos e engajados cortes seccionais do Rio de Janeiro (*Rio, 40 graus* e *Rio, Zona Norte*). Então, mais que o cineasta do admirável *Vidas Secas*, Roberto Santos parecia sabedor de que o Brasil só é acessível por muitos caminhos, e nunca pelo cineasta em diálogo (ou monólogo) com sua corte ou sua sombra. Por isso, a escolha de um ficcionista sedimentado como Guimarães Rosa, o autor de "A hora e vez de Augusto Matraga". Por isso, um filme menos pessoal que o *O grande momento*.

Como *O grande momento* não indicava o estreante, *Matraga* não parece obra de um cineasta em "recesso" por quase oito anos. Nesse período, quando Roberto Santos se dedicava ao cinema publicitário e ao curta-metragem promocional, ocorreram o nascimento e a subalternização da Nouvelle Vague, o amadurecimento dos frutos pós-neorealistas do cinema italiano (como Fellini, Valério Zurlini), a ascensão do cinema polonês, a invasão do mundo por Ingmar Bergman etc. No mesmo período, o cinema brasileiro renovou-se, distribuiu-se modestamente no exterior, colecionou prêmios internacionais, mas, junto com o respeito, impôs distância ao público.

Chegando diante das câmeras no momento em que a euforia fácil do Cinema Novo começava a ser substituída pela reflexão sobre a impopularidade de suas virtudes, *A hora e vez de Augusto Matraga* afirma a lucidez de um cineasta que não ambiciona dialogar com a sombra despovoada das salas. Ele preferiu uma novela cheia de ação e de coisas – até certo ponto a história de uma desforra, a reabilitação de um valente desmontado de sua homência, "desonrado, desmerecido, marcado a ferro feito rês" – quando outros, não qualificados, partindo sem bagagem para o Grande Sertão, já haviam dado do caudaloso romance apenas um arremedo. Agora, para valer, começa o entendimento do escritor

Leonardo Villar no desenlace de *Matraga*

com o cinema, um cinema que já se mostra apto a compreendê-lo e, sem pretensão de aperfeiçoá-lo, se arrancha em seu terreiro e traz convicção estética para uma conversa de homem a homem.

Serenidade e ímpeto, humor e sentido trágico, audácia e senso de medida caminham de braços dados pela vereda límpida – quase um roteiro cinematográfico – da história última de *Sagarana*. O cinema parece indeciso nas primeiras cenas, ficando atrás da novela, que nos dá em quatro brevíssimos parágrafos, magistralmente, a imagem do arraial mineiro, onde Augusto Matraga, Nhô Augusto, vai fazer mais uma das suas machices, promovendo uma demonstração do valor de seus homens na pracinha da igreja (no filme) e arrematando a Siriema, uma prostituta, no leilão sacro (texto e filme). A prova de força soa um pouco artificial, como núcleo da primeira sequência. Mas o que vem logo a seguir define bem o protagonista e, embora atrasado, o cineasta chega a impor o ambiente com traços só aparentemente soltos, apostando com segurança nos cenários autênticos, bem escolhidos, e na fotografia de Hélio Silva (tem seu grande momento, aqui, o câmera-chefe de *Rio, 40 Graus*). Pouco feliz, e não por culpa de Maria Ribeiro (que não tem chance de voltar ao nível extraordinário de *Vidas Secas*), o retrato apressado de Dionora, a mulher, e de sua atração pela vida de maior consideração e afeto acenada pelo fazendeiro seu Ovídio. Fosse qual fosse a desconfiança do espectador mais severo às primeiras cenas, *A hora e vez* vai crescendo com o drama de Augusto Matraga (e com a interpretação de Leonardo Villar, que nos pontos menores é solidamente boa e, nos momentos-chave, excepcional). Do retrocesso, às portas da morte, até o aprisionamento do corpo pelo misticismo, depois na redescoberta de seus sentidos, de sua violência natural, até ver chegada a sua vez em duelo contra a mortandade pretendida, por questão de honra do bando, por Joãozinho Bem-Bem (Jofre Soares, perfeito) e sua gente.

Sem dúvida, apesar da potência do texto bem compreendido e da força adicional de Roberto Santos, *Matraga* teria maior impacto se realizado antes de *Deus e o Diabo na Terra do Sol*, que se alimentou indiretamente em Guimarães Rosa e veio constituir o ápice de modernidade do cinema brasileiro. Aliás, são óbvios os efeitos do filme de Glauber Rocha sobre *Matraga* (empreendimento que talvez Roberto Santos não ousasse sem a proeza de Nelson Pereira dos Santos com Graciliano Ramos: *Vidas secas*). O melhor: o recurso ao comentário cantado, que Geraldo Vandré solucionou com propriedade e beleza (mas, a meu ver, a música se coloca mal antes de encerrado o duelo final, intrometendo-se na ação com liberdade que só ficaria bem se *Matraga* tivesse a construção quase "operística" de *Deus e o Diabo*). Até para a mensagem – "se alguém tem de morrer/que seja pra melhorar", muito mais aceitável e naturalmente lançada do que o grito glauberiano sobre os "mais fortes" poderes do povo – a partitura tem bom proveito. Realmente parece-nos ruim o efeito (via *Deus e o Diabo*) da influência japonesa, ou, mais precisamente, dos filmes de samurai, kurosawianos ou não. Analisada em separado, a sequência final faria jus a elogio, com restrições quanto ao padre (infeliz como personagem, pior pela interpretação de Maurício do Vale, deslocado) que o filme acrescentou à novela, junto com o cenário da igreja, para o ajuste final do protagonista com seu destino. Em relação a todas as ocorrências precedentes, formalmente esta sequência fica postiça. É uma ruptura de estilo, sem a motivação estrutural de *Deus e o Diabo*, que é obra de rupturas várias, orquestradas, apoiadas na procura constante do choque revelador e de certo distanciamento crítico.

Ao contrário, a construção de *A hora e vez* oferece (muito mais do que a de *Vidas secas*) intimidade entre tela e plateia, aproximação favorecida pela segurança com que Roberto Santos transmite os diálogos suculentos e as imagens sugeridas pela rigorosa riqueza da prosa de Guimarães Rosa. Essa riqueza, que pode ser admiravelmente exemplificada pela sequência do almoço no terreiro de Matraga, assimilação impressionante da literatura pelo cinema. Nenhum *slogan* pode substituir com proveito a força de integração cultural do momento culinário-afetivo de seu Joãozinho Bem-Bem, quando, coroando os laços que o aproximam de Nhô Augusto, elogia a "janta de primeira", mas se diz "escandecido", com um "estômago que não presta pra mais":

> Se for coisa de pouco incômodo, o que eu queria era que o senhor mandasse apront
ar para mim uma jacuba quente, com rapadura bem preta e a farinha bem fina, e com umas folhinhas de laranja-da-terra no meio. Será que pode?

Por mais forasteiro que seja o espectador nessa gula, o momento possui força de comunicação enorme, pela feliz adequação de texto, ator e direção. Uma das virtudes do filme reside nessa assimilação, em virgindade quase total, do diálogo de Guimarães Rosa.

O Cinema Novo não tomou rumo inteiramente defensável em seu antimisticismo, que se apresenta, às vezes, de um anticlericalismo pueril, tendendo a superficializar esse personagem de mil faces da vida brasileira, encarando-o com medidas de vilão (*Deus e o Diabo*) ou negando a frequência com que ele se faz sincrético e político (falha de nascença de *O pagador de promessas*). Nesse ponto, Roberto Santos se desvia de Guimarães Rosa: o primeiro padre é apenas sofrível, insuficiente em relação ao do texto, que se impõe também como conselheiro para assuntos de galinheiro e fruticultura; e o padre entregue a Maurício do Vale é um valentão que perde tempo tentando afugentar bandido com soco em peito de cavalo. Fruto de mal dosada vacina antirreligiosa, que no urro de Matraga ao perder a vida, se casa melhor com a concepção total do filme.

(Texto publicado no *Jornal do Brasil*, 1966.)

O caso dos irmãos Naves

"O que eu e Jean-Claude Bernardet queríamos, ao escrever o argumento, não era atingir a ficção, nem ficar no simples documentário", afirma o cineasta Luiz Sérgio Person, a propósito de *O caso dos irmãos Naves*, de 1966.

> Nosso desejo era, objetivamente, dar ao espectador o resultado de uma reflexão em torno de fatos e documentos reais. Nossa preocupação consistiu em descrever o mecanismo que tornou possível o erro judiciário pelo qual dois irmãos foram condenados, e acabaram pagando por um crime que não existiu. Nada foi inventado. Permanecemos fiéis aos locais, para que não houvesse um desvio do propósito de testemunho e reflexão. Queríamos um filme seco, simples e direto, sem heróis, mas, ao mesmo tempo, de ideias, de comunicação, de um calor humano que não tornasse árido o nosso propósito.

Resultou um filme-documento, bom – a rigor – nos limites de suas pretensões, mas a meio caminho da plena realização. Seria lamentável se, por sua funcional sequidão, *O caso dos irmãos Naves* não atingisse o imenso público potencialmente sensível ao seu espírito de testemunha democrático.

O argumento se apoiou em entrevistas e em pesquisas realizadas nos cenários onde se passou o erro judiciário de Araguari, Minas Gerais, e no livro escrito pelo advogado João Alami Filho, defensor dos réus. Em poucas palavras: em 1937 (ano da implantação do regime ditatorial de Getúlio Vargas, o

Estado Novo), um sócio dos Naves desapareceu com 90 contos de réis, produto da venda de sua safra de arroz. Os dois irmãos foram acusados de latrocínio e, sob pressão das torturas que sofreram e dos vexames inflingidos aos seus familiares, confessaram o "crime". No julgamento, porém, repudiaram veementemente as confissões, denunciando as sevícias comandadas pelo tenente da Polícia, cuja onipresença intimidadora em todas as etapas do trabalho da Justiça não conseguiu impedir que, por duas vezes (inclusive no segundo julgamento, que atendeu à apelação do advogado da família do "morto"), os Naves fossem absolvidos. Nova apelação levou a um terceiro julgamento – e condenação – pelo Tribunal de Justiça do Estado. Quinze anos depois, a "vítima" foi encontrada, por acaso, oculta na fazenda do pai. Um dos irmãos Naves, doente, morrera antes, em liberdade condicional. O outro morreu em 1963, três anos após ter obtido, mediante intervenção do advogado Alami Filho, uma indenização do governo do Estado.

Os fatos são suficientemente eloquentes, indutores de reflexão. Após as primeiras exibições não comerciais do filme, Luiz Sérgio Person acrescentou às imagens finais alguns dos trechos mais importantes da Declaração dos Direitos do Homem. Os letreiros finais lembram o direito do homem, ainda que sob suspeição de delito, a tratamento humano; a inaceitabilidade da tortura; a prerrogativa de ser considerado inocente até prova em contrário.

As advertências de filmes como *O caso dos irmãos Naves* nunca serão excessivas. Os personagens dessa história de terror estão por toda parte: o policial que se considera a Justiça, e não um instrumento coadjuvante da lei; a autoridade interina (um juiz de paz) que não tem coragem de enfrentar o arbítrio quando esta não é sua atribuição efetiva; o juiz íntegro e dedicado à sua missão, mas timorato, que vacila e admite que as razões policiais se sobreponham, por um breve período, ao *habeas corpus*; e, sobretudo, as testemunhas que calam por comodismo e aceitam a intimidação, os homens do povo, chocados, mas que, com raras exceções, não opõem à prepotência a pressão de seu poder natural. É uma advertência, também, sobre a cumplicidade dos que calam.

Firme, a narrativa impõe seu despojamento de adjetivações formais ao espectador. A verdade e nada mais que a verdade – mas não um simples documentário. A seleção dos dados transmite inteligentemente como, roubados de seu amor próprio e da fortaleza de sua individualidade – na arena da força, travestida de Justiça –, os homens rastejam, a razão se esconde em oratória, a honestidade se transforma em questão de semântica. Por isso mesmo, parece-nos que o filme se trai na sequência em que o debate processual é fragmentado por cenas que apresentam isoladamente juiz, advogado de defesa, promotor etc. No entanto, o mais grave conflito do filme com a proposta do cineasta reside em cenas de tortura cuja duração, embora inferior à real, excede as marcas dos objetivos de denúncia e comunicação emocional.

No elenco, a figura marcante é Sérgio Hingst, como o juiz, sempre marcando a ambiguidade do personagem. John Herbert, mostrando pela primeira vez força de ator, surpreende como o advogado Alami. Raul Cortez e Juca de Oliveira atuam com exata eficiência como os irmãos Naves. Já Anselmo Duarte, bem contido em alguns momentos, se excede na maior extensão de seu papel (o tenente torturador), encontrando em Person, nas cenas de maior violência, um cúmplice em retratar o arbítrio com grossos traços de vilania cinematográfica.

(Texto publicado no *Jornal do Brasil*, 1966.)

Crime de amor

A simplicidade dos letreiros de apresentação de *Crime de amor*, de 1965, transmite as primeiras nuanças de um tom de comunicabilidade direta que será reforçado, plano a plano, pelas contribuições dos atores, da fotografia, da montagem, enfim de todos os setores criativos que a direção de Rex Endsleigh orquestra imperfeitamente, mas sem admitir o *morceau de bravoure*, o estrelismo, o tecnicismo. O filme pode ser criticado por utilizar – e não poucas vezes – recursos narrativos de rotina e alguns (como a superposição de vozes para acentuar a tortura interior da protagonista) inapelavelmente anacrônicos. Mas sua corajosa crítica de costumes, sem ênfases ou digressões desnecessárias, credenciam-no como obra de importância social.

A referência de *Crime de amor* à "mera coincidência" com pessoas ou fatos da vida real pode ser descartada, de imediato, como precaução ante a possibilidade de restrições de censura e de polêmicas judiciais. Porque o argumento ficcional de Edgar da Rocha Miranda se inspirou no caso da menina assassinada e queimada no Rio de Janeiro por Neide Maia Lopes, que a imprensa sensacionalista chamou de "a fera da Penha". Permanece de pé, até o final, a afirmativa de que os autores não pretenderam condenar ou absolver, e sim buscar dados de reflexão sobre a personagem. Argumentista e diretor procuraram um cinema de observação de comportamento, o único capaz de permitir uma postura que não poderia ser imparcial. Ante o horror do infanticídio (no filme, realizado de maneira irrepreensível em termos de respeito ao espectador), a técnica documentária do neorrealismo do pós-guerra seria a mais desaconselhável. E *Crime de amor* também não poderia ser uma crônica à moda naturalista, sob o risco de repetir a verborragia da imprensa cometida à época do *affaire*. Um tipo de "imparcialidade" que se limitasse a lamentar o marido neglicenciado, depois a mulher traída e o aborto feito sob pressão pela "outra" e, finalmente, o infanticídio, seria tão farisaico quanto o tipo de sentimentalismo vigente, que desfigura o amor, o sexo e a moral. A nobreza maior de *Crime de amor* (muito acima do importante profissionalismo que fez os autores se livrarem de todo exercício de virtuosismo à custa do drama alheio) reside em seu afã de observação. A reflexão deve caber ao espectador, cuja atitude ideal seria a de considerar-se pelo menos um vizinho do processo de transformação de uma mulher em "fera", em fenômeno de feira.

Enfim, um filme urbano de característica ambientação carioca, sem a psicopatia sexual de Nelson Rodrigues. Uma história verossímil, vizinha de nossa vivência e nobre em sua construção. A ficção do escritor Edgar da Rocha Miranda e do diretor-roteirista Rex Endsleigh, mais verossímil do que a verdade que a inspirou, foge tanto às sugestões *grand-guignolescas* do fato quanto às tentações de um cinema-reportagem condenado ao *parti pris* ou à indefinição. Neide Maria Lopes chegou ao paroxismo de crueldade sob irresistível impulso esquizofrênico ou executou premeditada e friamente o crime? Admitindo esta pergunta, os autores arriscariam lançar o filme no terreno barato do suspense de tribunal, condenando-se à verdade exclusiva de alguns. Melhor a ilação humana do que o quebra-cabeça detetivesco. Com essa opção, *Crime de amor* (apesar do título incoerente com sua postura) se recomendava à nossa simpatia. Por seu tratamento, fator de surpresa, merece certo grau de admiração.

Produção modesta em recursos materiais, sem estrelas, parecia necessitar de benevolência da crítica também por ser a primeira realização em longa-metragem de Rex Endsleigh. Inglês, trazido por Alberto Cavalcanti para a Vera Cruz, em 1949, aqui atuou como assistente de direção e produção, iluminador, montador e documentarista. O novo cineasta dispensa qualquer condescendência em seu diálogo com o público. Dizendo-se "muito mais um técnico do que um artista", apresenta um dos raros filmes brasileiros sérios nos quais a técnica parece ausente. Não utiliza a tão exaltada câmera na mão quando a cinegrafia clássica resolve o problema. Endsleigh mostra a tão negligenciada competência dos que adotam o pudor diante do arsenal de truques do cinema.

Crime de amor demonstra que o forasteiro se identifica com os "nativos": há invasões do "velho" cinema carioca (a cena do prostíbulo, por exemplo) e influências leves da nova produção (toda a trajetória da Festa da Penha tem uma áspera realidade reminiscente de Nelson Pereira dos Santos). Também expõe uma experiência cosmopolita benéfica. Nenhum *parti pris* modernista poderá reduzir a força do *close-up* enfático de Cacilda (Beyla Genauer) ao sofrer a revelação do amante. Assim como não há limitação estética nacionalista que resista à beleza dos planos que mostram a protagonista subindo as escadarias da Penha, após o crime, ou impotente diante da porta da igreja fechada. Os elogios à direção devem estender-se ao argumentista e, no elenco, especialmente a Beyla Genauer. A atriz contribui com seu jogo interior para o clima de mistério, de rito obsessivo, que se estabelece nas sequências junto da Igreja da Penha e na do infanticídio. Carlos Alberto (como Alcino) tem seu primeiro bom momento de ator cinematográfico. Joana Fomm, prejudicada pelo déficit de significação de seu papel, compensa com os traços exteriores do comportamento da esposa uma parte do *handicap* negativo. Quanto à menina Carmen Klainberg (Soninha), rende mais como tipo do que pela atuação.

Endsleigh teve bom apoio na fotografia sob a responsabilidade de Rodolfo Neder, com Roland Henze na câmera. A música de Remo Usai, artificiosa, está em conflito com o filme. Mas não é possível deixar sem referência a radionovela de Amaral Gurgel, usada com algum exagero e muito senso de humor para frisar o conflito entre os desejos e a realidade no drama de Nídia (Joana Fomm).

(Texto publicado no *Jornal do Brasil*, 1965.)

Terra em transe

Somente uma comoção extrínseca – o sequestro pela Censura às vésperas de seu desfile pela passarela de um festival internacional – pode justificar um clima de prestígio em torno de *Terra em transe*, terceiro longa-metragem e segundo passo em falso de Glauber Rocha, o realizador do importante *Deus e o Diabo na Terra do Sol*. O cinemanovismo, credenciado em 1966 pelos êxitos de *A hora e vez de Augusto Matraga*, *Menino de engenho*, *A grande cidade*, volta a demonstrar seu despreparo para uma vertente política: Glauber Rocha-3 é, de certo modo, *O desafio*-67, com a vantagem de contar, não só com o mesmo grande operador de câmera do filme de Saraceni, Dib Lutfi, como ainda com um elenco quase 100 por cento profissional, uma direção fotográfica que chega a ser brilhante quando não pretende ofuscar literalmente o espectador (Luís Carlos Barreto) e uma faixa musical (direção de Sérgio Ricardo) inventiva, embora atrapalhada pelo excesso que o diretor impôs a todos os setores.

Aliás, o excesso é a doença desse filme castigado em todo o curso pela procura de brilho pessoal do diretor, empenhado em bater o recorde mundial do barroco. Fellini, Bergman, Ophuls, Welles, ficam para trás, sob um aspecto: nenhum deles conseguiu, em décadas de trabalho, levar uma plateia ao estado de estafa que provoca *Terra em transe*. A pintura da política nunca foi tão tediosa e vã, por mais que seus modelos reais nos provoquem uma repugnância tão forte quanto a que sentem e transpiram e gritam e urram e repetem e repisam os personagens engajados (e tontos) em tela.

Alegoria desordenada, geralmente hermética, revelando imaturidade e primarismo sempre que se abre para algo parecido com definição ou quando admite alguma aproximação com personagens da cena latino-americana, o filme surpreende sobretudo pelo desencontro entre suas ambições (falou-se até em retrato do transe do Terceiro Mundo...) e o resultado. Para um autor que defende o engajamento, personagens e conflitos estão espantosamente embuçados. Para início de conversa, o protagonista, Paulo Martins (Jardel Filho), poeta "romântico e atormentado", jornalista assalariado que, apesar de seu estado de confusão e tortura íntima, consegue ser braço-direito de cada uma das três figuras-chave da política da terra – "Eldorado, país ou ilha tropical" –, nunca deixa entrever uma posição ou tendência ideológica. Apesar de seu desprezo pelo homem do povo como indivíduo e pela massa como potencialidade positiva, ele ajuda a levar ao governo da província de Alecrim, base avançada para a presidência, o líder populista Felipe Vieira (José Lewgoy). Apesar de seu ateísmo e nebuloso amor pelas liberdades, Martins se ligara antes ao místico-totalitário Porfirio Diaz (Paulo Autran), personagem por quem conserva certo fascínio, mesmo quando se encontram em campos opostos. Outro personagem insustentável é o luxurioso Julio Fuentes (Paulo Gracindo), "dono das minas de ouro, prata, urânio, das metalúrgicas, das jazidas de petróleo etc. etc.", e que domina a opinião pública com sua televisão e sua rede de jornais, e se diz "homem de esquerda", oscila entre a bravata e o pânico. Julga que pode levar Vieira à presidência da República, pois seu império de comunicações tem o apoio da Explint (Compañia de Explotaciones Internacionales), mas, de repente, com inexplicável atraso, descobre que depende da publicidade que a Explint pode dar ou negar aos seus veículos. Graças à força do apoio estrangeiro, Diaz quer "virar a mesa" antes das eleições, e Fuentes tem uma única saída lucrativa: colaborar com a ascensão de novo ditador. Felipe Vieira se acomoda, e o poeta morre na tentativa de voltar à capital de Eldorado para uma revolta condenada ao fracasso. Ao final, Porfirio Diaz, o demagogo de bandeira negra e crucifixo nas mãos, é coroado rei em meio a um ritual semicarnavalesco dirigido por Clóvis Bornay (campeão dos concursos de fantasias momescas), em traje de conquistador lusitano.

Certamente os exegetas, que viram grande cinema desde *Barravento*, poderão desenvolver extensas pesquisas sobre a parafernália simbolista e os arrepios da estética agora empregados pelo cineasta. Muitas páginas serão necessárias para inventariar as intenções desse "espetáculo sobre a política" situado "entre o real e o fantástico", ao que foi anunciado. Ouso, contudo,

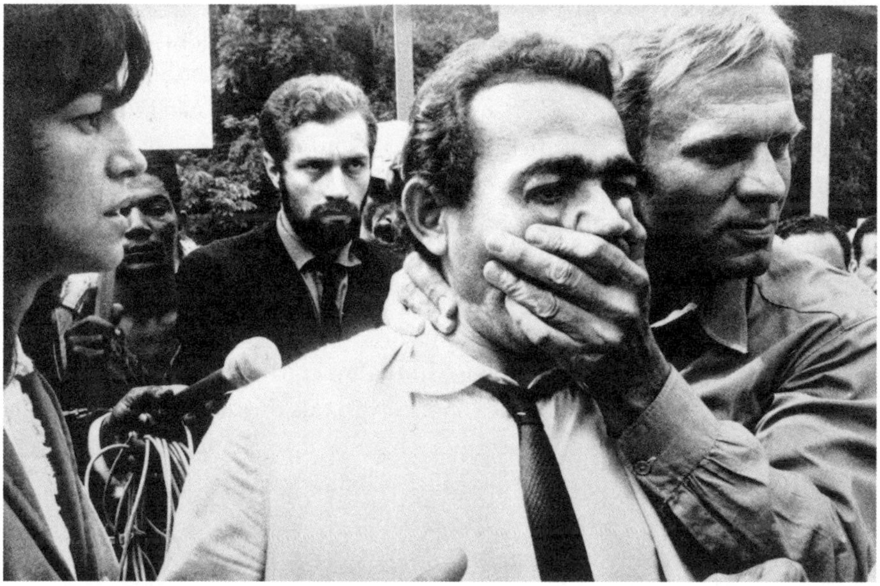

Glauce Rocha, um oásis de lucidez no *Transe*

descrer da legitimidade desse "real" e da eficiência desse "fantástico". O transe em tela tem vagos e discutíveis parentescos com as convulsões políticas da América Latina. Ainda que fosse lícito (ou estratégico) esquecer o papel positivo das correntes mais avançadas da Igreja Católica, é forçoso admitir que a figura do padre no filme (o excelente Jofre Soares, sem papel) reflete uma fantasia anticlerical menos expressiva do que a "figuração de época" de Clóvis Bornay. A efervescência na área estudantil tem apenas referência ligeira no diálogo, quando Paulo Martins condena as traições de Felipe Vieira às forças que o apoiaram. Eldorado desconhece o terrorismo e não se fala em existência ou perigo de guerrilhas, no interior do país ou nas terras limítrofes. Ainda mais curioso, o militarismo latino-americano também está ausente do mitológico território em transe. Galopam os cavaleiros do Apocalipse, em forma de fome, humilhação, miséria, corrupção política desvairada, mas, para surpresa geral, as Forças Armadas permanecem nos quartéis – e os quartéis, fora do filme. O único oficial colhido pela câmera, certamente secretário de Segurança de Alecrim (Mário Lago), insiste com o governador Vieira para mandar prender o senhor de terras que matou um camponês revoltado, mas nada consegue. Vieira faz questão de recorrer à Polícia para conservar suas "bases eleitorais". (Quase totalmente limitado às protocolares "meras coincidências" com personagens reais, esse Eldorado, sem dúvida, não convence. Mas, a julgar por certas reações, mesmo se mostrasse um conflito entre duas expedições de astronautas pela posse de uma cratera lunar, não faltaria quem reconhecesse na ficção científica a dialética da luta de classes e a historicidade do processo político latino-americano.)

Ao contrário do prometido, o filme não está livre de influências óbvias (Fellini e Buñuel em primeiro plano – nenhum pecado nisso), embora o autor procure com obsessão plantar suas próprias "flores do estilo"; contraria o antiesteticismo e a procura de comunicabilidade popular que estavam à raiz do projeto cultural do Cinema Novo; é um mero ensaio sobre as dúvidas pessoais do autor em relação à política. A meu ver, tais dúvidas não justificam o esforço da realização de um filme, nem a batalha do espectador para decifrar as esfinges erigidas ao longo de uma sucessão fatigante de clímaxes e efeitos de brilhantismo.

Terra em transe é terrivelmente ingrato com seus intérpretes, presos à linha quase ininterrupta de indefinições e contradições. Glauce Rocha (Sara) e José Lewgoy, reagindo acima da expectativa mais razoável, conseguem dar convicção aos seus aturdidos personagens. Paulo Gracindo, em um dos papéis mais artificiais, impressiona pela composição exterior. Hugo Carvana (Álvaro) marca bem um papel quase sem exteriorização. Danusa Leão é uma espécie de figurante mais assídua: frágil musa do poeta, ausente mesmo aos planos mais aproximados, e sem uma linha a dizer. Por último, registro com pesar o rebuscamento imposto a Jardel Filho, cujos esforços não encontram gratidão no papel do poeta em transe.

(Texto publicado no *Jornal do Brasil*, 1967.)

Todas as mulheres do mundo

Domingos Oliveira conquista logo em sua estreia cinematográfica, *Todas as mulheres do mundo*, a difícil colocação entre aqueles cineastas brasileiros que conseguem movimentar personagens legítimos, com os quais nos comunicamos com facilidade, e cujas reações podemos identificar com as nossas, com frequência ou em determinados momentos, pelo menos. Mas o grande êxito do cineasta, sem dúvida, é o retrato de Maria Alice, a protagonista. A professora pré-primária que sobe o morro com satisfação, que vê o ensino como um exercício de liberdade, tem um emprego extra, mora sozinha, não acredita em juramentos eternos, mas vai ceder ao "até que a morte nos separe", é – com o talento da direção e a autencidade de cada movimento de Leila Diniz – uma das melhores personagens de nosso cinema.

Em parte, o sucesso do filme na área do público feminino tem explicação na maneira recatada e, ao mesmo tempo, muito fêmea, com que a jovem professora impõe ao rapaz seu código de ética – não escrito, feito de dia a dia, de prendas domésticas e ciências eróticas. Domingos Oliveira vitaliza a personagem com momentos de irresistível encanto: a fossa pela morte do ex-noivo, a dança no topo do edifício, a expressão do desejo de um filho à luz de uma estrela cadente, a maneira com que reage ao ciúme possessivo do amante na noite de boate, para logo em seguida render-se ao sofrimento que ele deixa transparecer – e um número imponderável de pequenos gestos e olhares que apontam na atriz virtudes incomuns a desenvolver.

O trabalho de Paulo José também é admirável. E difícil. Se em relação à mulher – Maria Alice, capaz de fazer as concessões do casamento sem abdicar de sua liberdade moral, de seu cio com a vida – o filme se mostra curiosa e extraordinariamente otimista, o mesmo não se pode dizer em relação ao homem-Paulo, cuja euforia tem um tom de resignação e um travo de amargura. Paulo José reage com extraordinária maleabilidade às solicitações da direção, compondo o personagem tão extasiado quanto atônito ante à Nova Liberdade Feminina. Sua posição entre as surpresas do universo feminino tem um ar meio simiesco deliberado e de cujos riscos poucos atores saberiam esquivar-se.

Leila Diniz e Paulo José na revelação de Domingos

Godard, Bergman, Richard Lester – todas as referências do mundo, até as mais legítimas, são insuficientes para explicar a inteligência, o encanto, a poesia do primeiro filme de Domingos Oliveira. O mestre Bergman disse a propósito de similitudes entre *Umberto D* (de Vittorio De Sica, 1952) e *Morangos silvestres* (1958) – uma aproximação no mínimo impensável fora dos fichários de enredos – que "simplesmente há ideias no ar" e "o ar pertence a todo mundo". Assim, embora as reminiscências formais de *The knack (A bossa da conquista)*, de Richard Lester, *Uma mulher é uma mulher*, de Godard, *Jules e Jim*, de Truffaut, possam facilitar a reflexão crítica, não perturbam um milímetro os méritos de *Todas as mulheres do mundo*, porque o jovem cineasta brasileiro simplesmente se deixou envolver pelo ar do tempo – ainda livre, com a Lua dos namorados, do direito de propriedade. Esposamos quase como religião o conceito de Bergman, que nega a novidade absoluta em arte. A independência da mulher, sua paridade sexual com o homem, já foi assunto de filmes modernos (a criação de Bergman em comédia, de Antonioni, de Louis Malle, de Truffaut), pseudomodernos (*E Deus criou a mulher*, de Roger Vadim) ou simples espetáculos despreocupados (como a comédia erótica italiana, a comédia sofisticada hollywoodiana).

No cinema brasileiro se excetuarmos *O corpo ardente*, de Khouri, certas ressonâncias do teatro filmado de Nelson Rodrigues e, um filme frustrado – embora nobre e vivido –, *Amor e desamor*, de Gerson Tavares, a mulher ainda está no estágio de TV-novela (virgindade dogmática, harém, baú de enxoval); os outros extremos são a prostituição mediante as mitologias da publicidade e veículos de comunicação de massa (terceiro episódio de *As cariocas*, realizado por Roberto Santos) e a prostituição carnal (*Noite vazia*). Em *O corpo ardente*, a liberdade é um sonho distante – quase um universo paralelo, intangível pelo ser humano – e a protagonista se limita a vivê-la em transe poético, mero intervalo em sua existência de aquário, presa a marido, filho, amante, roda social. Já a protagonista de *Todas as mulheres do mundo* vive intensamente sua liberdade, embora termine em casamento "de véu e grinalda". Mas a novidade do filme está na maneira intensa com que Domingos Oliveira o movimenta e não em descobertas temáticas ou achados formais.

"Pobre do homem que tem de enfrentar o conflito de abandonar todas as mulheres do mundo por apenas uma, seja qual for..." A frase, feita publicidade, revela a comédia apenas ao nível menor. Partindo de uma comédia que escreveu para a televisão e permaneceu inédita por falta de coragem dos teatros eletrônicos, Domingos Oliveira pretendia fazer um filme de dois episódios distintos: a história do copacabanense (Paulo José) vulnerado pelo amor a ponto de desistir de "todas as (outras) mulheres do mundo"; e a história do amigo menos exigente (no filme feito, Flávio Migliaccio) que não consegue mulher nenhuma. (O próximo filme de Domingos Oliveira desenvolverá este último personagem.) Por amor à personagem Maria Alice e por sua encarnação em Leila Diniz, para quem o papel teria sido escrito sob medida, o cineasta acionou toda a liberdade de diretor-produtor-argumentista, a fim de, sem abrir mão da expressividade de personagens de segundo plano, concentrar seu grande empenho na jovem independente e no *don juán*. E o filme se realizou, então, como uma comédia inflada de vivência dramática; às vezes, como pretendeu, "desesperada como sempre é a visão intensa da felicidade". Diz Domingos Oliveira que "a aceitação da vida, da extraordinária beleza e desgraça que compõem cada pequena parte da vida, é o mais belo sentimento do ser humano".

O encanto difuso, envolvente, de *Todas as mulheres do mundo* deriva principalmente dessa convicção; mas seria fácil demais aceitar o otimismo reivindicado pelo autor. Ao extroverter-se de maneira ao mesmo tempo cúmplice e crítica, cínica e terna, relaxada e tensa, com o espectador (em verdade, como observou um amigo, ele mascara o confessional e a lucidez com o pudor da ironia), Domingos Oliveira utiliza a mais fecunda opção do cinema: a transfusão sanguínea nas experiências mais comuns à espécie. A euforia do autor é nervosa demais – humana demais – para ser só "otimismo" (uma das muitas palavras prostituídas pela moral vigente e pelos bonzos de partido). A obsessão com a vulnerabilidade dos seres, o efêmero dos valores estabelecidos pela moral ou pela antimoral, está muito nítida (outro ponto em que vejo contatos entre o Ruy Guerra de *Os cafajestes* e o Domingos Oliveira estreante). E há uma identificação bem considerável com o obcecado personagem que o autor quis algo dostoievskiano, o homem (Fauzi Arap) que segue Maria Alice nas ruas de São Paulo para falar de sua desilusão amorosa e comunicar uma frase que leu numa parede quando menino: "Em cada momento de sua vida, dê ao seu próximo o melhor de seu amor e de sua ternura. Porque nessa vida ninguém passa duas vezes pelo mesmo lugar".

Em reforço de uma visão lúcida, portanto, nada otimista, pode-se lembrar a própria rotina do fio do enredo que pretexta o filme: o rompimento do primeiro noivado de Maria Alice, a tentativa de sedução sem compromissos empreendida por Paulo, seu envolvimento pelo amor, o fio frágil (suspense permanente) da ligação não matrimonial, a manifestação do desejo de um filho por Maria Alice, a morte do boa-praça, a fossa, o casamento "de véu e grinalda". O que nos lembra o que Agnès Varda disse a propósito de *As duas faces da felicidade*, estudo impressionista do conceito de felicidade: do prazer e da crueldade indissociáveis do processo de alternância das estações. Domingos Oliveira frisa sua desconversa lúcida sobre a falsa solução da felicidade no final – um achado da imaginação – quando, convidadas à primeira festinha de aniversário do primogênito, todas as (outras) mulheres celebram uma espécie de ritual de confirmação da retirada de *don juán*. Com um gosto acertadamente doce-amargo.

Como um *Bom dia, tristeza*, de Otto Preminger, ou *Um broto para o verão*, de Edouard Molinaro, *Todas as mulheres do mundo* comunica indiretamente sua gravidade, no caráter retrospectivo da narrativa. Tudo está acontecendo no presente, mas no presente rememorado por Paulo, nos bate-papos com o amigo Edu (Migliaccio). Até a forma verbal tende a tingir de passado esse presente: "Maria Alice era isso, era aquilo..."; "Maria Alice saía das fossas, Edu!". Vemos tudo sistematicamente pelo prisma-Paulo, apaixonado por todas as mulheres que ele julga ver em Maria Alice. Mas, evidentemente, uma mulher só é todas as mulheres para os olhos apaixonados.

O que será – além do óbvio – Maria Alice? E as vidas que começam a existir no ventre e no compromisso matrimonial que, de repente, une a livre-pensadora e o libertino? Da vida de marido e mulher só temos a formalidade e o pequeno inferno festivo da festinha de aniversário. A construção do filme evita que a euforia seja institucionalizada, feita mensagem: a marca da transitoriedade é o limite do filme. Onde ele acaba, começam as dúvidas inúteis porque, depois de Maria Alice, ainda há todas as mulheres do mundo.

(Texto publicado no *Jornal do Brasil*, 1967.)

São Paulo S.A.

Bom filme de estreia, *São Paulo S.A.* Com erros decorrentes da coragem de se expor, de estabelecer um corpo único entre o autor (naturalmente imaturo) e o filme, de assimilar o melhor cinema europeu – Alain Resnais e Antonioni, um pouco de Jean-Luc Godard – e de exprimir, com recursos materiais modestos, as inquietações de uma sociedade. E com virtudes que despontam sob os melhores auspícios, a começar pela humildade de reconhecer a impossibilidade de receituário simplista, o propósito de refletir "com" o espectador, a admissão da complexidade de cada criatura. O jovem paulista Luís Sérgio Person desafia qualquer pretensão de rotulá-lo pelo filme que conquistou o Prêmio do Público na Primeira Mostra Internacional do Novo Cinema (e não do Cinema Novo), realizada em Pesaro, na Itália.

São Paulo S.A. lembra, pela generosidade do empenho autoral, a estreia de Ruy Guerra em *Os cafajestes*. As fontes essenciais de influência são as mesmas, e os resultados se cristalizam em vertentes muito diversas – o que fala em favor de suas personalidades. Duas procuras que se encontram tanto em certos descaminhos híbridos de concepção quanto no objetivo do impacto deflagrador de reflexão. Se *Os cafajestes* é mais deliberado e cerebral como ato libertário de escândalo, *São Paulo S.A.* se beneficia com o campo arado pelos que o precederam e pode ser mais fecundo e consequente. Sente-se facilmente a deliberação de Person em ser claro: faz-se didático a ponto de admitir algumas intromissões anacrônicas de monólogo interior.

O filme – para seu autor –

> é antes de tudo uma indagação, uma tentativa de pesquisar as características de uma cidade cujos contrastes e complexidade nos inclinam à ausência de definição, à falta de escolha permanente. E o filme é isso também: um depoimento contra essa falta de escolha, contra essa terrível impotência das pessoas que não optam nunca e que, alienadas, não obtêm condições para a sua emancipação e se deixam engolir mansamente por um conformismo voraz.

Person diz mesmo que pretendeu "um libelo contra alguns dos mecanismos que fazem do homem, em vez de um ser livre, capaz de decisões, o dente de uma engrenagem da qual, frequentemente, ele nem chega a ter conhecimento". Tais proposições se apoiam em cinco personagens de destaque maior, que se movimentam no período de 1957-1961, época da implantação e do crescimento da indústria automobilística no Brasil. Toda a estrutura cronologicamente desordenada do filme, as retomadas ou repetições de momentos decisivos (o mais condicionante: a descoberta do suicídio de Hilda), as elipses secas, justificam-se pela qualidade de reflexão crítica que Carlos (Walmor Chagas) empreende a partir da cena de abertura, quando, sentindo-se sem significação e sem liberdade na engrenagem social, decide abandonar a esposa (Eva Wilma), o filho pequeno e o cargo de braço-direito que ocupa na indústria de autopeças de Arturo (Otelo Zeloni).

Reunindo as atribuições de roteirista e diretor, Person teve a providencial e godardiana ideia de concentrar seu esforço em uma área dramática limitada. O que ele mostra admite a comparação com a pequena parte exposta de um *iceberg*. O roteiro consiste numa sucessão de momentos privilegiados, cujo poder de sugestão o diretor multiplica pelo dinâmico lançamento em cenários autênticos de São Paulo. O pouco que se conhece dos personagens Luciana (a esposa), Hilda (Ana Esmeralda), Ana (Darlene Glória) e Arturo tem a virtude de sugerir uma grande massa de tumulto existencial, desencontros emocionais e alienação social – "a trágica indefinição dos que não optam nunca".

Person é menos seguro como roteirista. A decisão de fuga de Carlos, muito pensada, carece de uma firme motivação psicológica. Falta melhor exposição de suas relações com Luciana (inclusive um indício sobre o capítulo sexual). Hilda, a romântica e intelectual, adquire maior integração formal e densidade dramática. É por seu intermédio que o autor expõe melhor a noção amarga de que as pessoas amantes da liberdade e da expressão absoluta de seu ser estão condenadas

Otelo Zeloni, Walmor Chagas e Darlene Glória

em nosso prodígio de civilização. Também Ana, a moça de origem modesta, dedicada a valorizar sua cotação no mercado de utilidades, poderia ter exposição menos impressionista. Já no retrato de Arturo, extraordinariamente enriquecido pelo trabalho de Zeloni, o diretor nunca parece estreante. Produto típico do enriquecimento fácil que se verifica nas sociedades que submetem a moral à lógica da livre empresa, exemplar profundamente comunicativo da verve italiana em conúbio com o jeitinho brasileiro, Arturo é o espelho no qual o protagonista vê com horror a sua face futura, o tipo de êxito que a esposa solicita.

Se excetuarmos os exageros da acronologia e da redundância (sob o signo de Resnais), *São Paulo S.A.* é um filme que exige carinhosa atenção, inclusive por reunir condições para comunicar-se com o público e sacudir conformismos. A ambientação nunca foi melhor em um filme paulista e é valorizada pelo inteligente e agilíssimo trabalho de Ricardo Aronovich na direção de fotografia.

(Texto publicado no *Jornal do Brasil*, 1966.)

Entre o amor e o cangaço

O ciclo do cangaço prossegue, sem esperança de outro filme como *Deus e o Diabo na Terra do Sol*, de Glauber Rocha (que transcendeu o tema), com novidade de fabulação ou linguagem. Na trilha aberta com vigor por *O cangaceiro*, de Lima Barreto, Aurélio Teixeira, diretor de *Três cabras de Lampião*, apresenta mais um apanhado exterior da vida dos cangaceiros, repetindo os clichês pitorescos, o misto de religiosidade e de selvageria, o machismo exibicionista, o tropismo folclórico e até aqueles apelos a composições simétricas e nuvens de fotogenia ornamental que, por vezes, amorteciam a força do filme pioneiro. A contribuição de *Entre o amor e o cangaço*, de 1965, a uma abertura para o ciclo está no amplo aproveitamento da paisagem mediante o formato Cinemascope (cujas possibilidades apenas afloram) e nos cuidados de ambientação.

Curiosamente, apesar das ambições da Vera Cruz e das pesquisas de locações feitas na Bahia por Lima Barreto, *O cangaceiro* foi filmado em Vargem Grande do Sul, interior de São Paulo. A partir de *A morte comanda o cangaço*, dirigido por Carlos Coimbra, os filmes relacionados com o ciclo (à exceção de *O Cabeleira* e da chanchada *Os três cangaceiros*) procuraram cenários nordestinos autênticos. *Entre o amor e o cangaço*, filmado em Milagres e adjacências, na Bahia, demonstra como esse cuidado pode enriquecer a expressividade de um filme, no panorama de um cinema pobre em cenógrafos e no qual desenhos de produção ainda são considerados luxo.

Acumulando a direção, a produção e a função de roteirista, Aurélio Teixeira se investe de responsabilidades de autor ao adaptar uma novela de Péricles Leal, *Sangue na terra*. A carga é pesada demais para o conhecido intérprete de homens maus, também presente como ator no papel do sargento que prefere morrer a trair os companheiros. Como roteirista, ele demonstra não ter assimilado sequer os recursos elementares do *western*. E não estamos sugerindo uma operação absurda: como todos os filmes de cangaço, os de Aurélio Teixeira devem sua existência ao gênero que surgiu no começo do século XXI, nos Estados Unidos.

A decisão de vingar a morte do pai (Jofre Soares), vítima de um coronel que cobiçava suas terras, leva o protagonista (Geraldo del Rey) a ingressar no bando do capitão Rufino (Milton Ribeiro), seu padrinho. Algum tempo depois, desilude-se com a selvageria dos "cabras" e tenta a readaptação à vida em sua comunidade, sob a proteção do delegado (Lídio Silva), amigo do pai. O filme encontraria melhor caminho se desenvolvesse o paralelo entre a violência do banditismo e o obscurantismo da gente "sensata", que se submete ao coronelismo e espera como prova da regeneração do ex-cangaceiro a traição ao padrinho e protetor. A maior lacuna de *Entre o amor e o cangaço* é a indefinição da comunidade, cujos integrantes, se excetuarmos a figura do delegado sentimental, não ultrapassam muito a condição de "extras".

Geraldo del Rey (dublado, mas confirmando a revelação de seu talento em *Deus e o Diabo na Terra do Sol*) e Jofre Soares se destacam facilmente em um elenco de "tipos" – quase todos nordestinos, coincidindo com a paisagem e a fala regional. Milton Ribeiro repete seu trabalho-padrão de líder do cangaço, forçando com certa simpatia a nota humorística. E Emanuel Cavalcanti tem interpretação curiosa no papel do falso cego, informante do capitão Rufino. Sobre o diálogo, vale dizer que repete *O cangaceiro* nos excessos ornamentais: as qualidades são atropeladas, muitas vezes, pela preocupação com o pitoresco.

Catulo de Paula oferece boas contribuições musicais, mas a "Cantiga de uma vida" está lançada com excesso de pretensão. E o recurso ao canto coral é desastroso.

Saldo positivo? *Entre o amor e o cangaço* tem sucesso de bilheteria assegurado, além de qualidades setoriais que permitem esperar melhor aproveitamento de um gênero interessante para o cinema-espetáculo brasileiro.

(Texto publicado no *Jornal do Brasil*, 1965.)

Menino de engenho

Quando se põe em dúvida, numa pseudopolêmica unidirecional (na voz dos cinemanovistas), e compreensivelmente imatura, a contribuição da crítica ao movimento que se convencionou chamar Cinema Novo, cabe salientar o quem é quem dos cineastas que se iniciaram na crítica ou à sua sombra. À lista sobe agora, com especial significação, o nome de Walter Lima Júnior, cujo *Menino de engenho*, de 1965, um bom filme, sem intenções de obra-prima – e quantas esperanças podem brotar de um bom filme! –, é certamente a melhor obra de estreia do cinema brasileiro em, pelo menos, três décadas.

Sabe-se que os críticos de valor não costumam confirmar a mesma escala de mérito quando ingressam na realização cinematográfica, mas, no caso do fluminense Walter Lima (que pertenceu à antiga equipe fordeana da Cinemateca do Museu de Arte Moderna, colaborou na *Tribuna da Imprensa* e no *Correio da Manhã*), o cinema roubou cedo demais, com prejuízo para o jornalismo especializado, uma vocação que mais cedo ou mais tarde seria sua. O Walter Lima que eu conheci exercitava com certo impudor a arma da chalaça e da ironia, enquanto se nutria técnica e culturalmente nos cineastas hábeis e nos mestres que o tempo ia superando. Ficou um ceticismo que me parece lúcido, não só em relação às modas (Nouvelle Vague etc.) que se diluíam ou se autodevoravam no cinema estrangeiro, como também em relação às muitas pedras fundamentais de um cinema brasileiro para o mundo. Por isso, não consigo vê-lo, em um prisma de futuro, a reboque dos lugares-comuns que ameaçam a aspiração do Cinema Novo a uma fértil maturidade. *Menino de engenho*, filme que não inventa, não agride, não reforma, não escandaliza, confirma o que já é mais do que uma impressão pessoal, é a previsão realista de uma carreira fecunda.

Lima Júnior fora assistente de Adolfo Celi em *Marafa* (1962), filme inacabado, ou melhor, mal começado. Em 1963 seguiu para a Bahia, como assistente de Glauber Rocha (em verdade a ficha técnica se refere a assistente de direção e de roteiro e a continuidade dramática e caracterização) em *Deus e o Diabo na Terra do Sol*, e voltou com a adaptação de *Menino de engenho* iniciada. Curiosa, aliás, a confiança que desde o início o projeto ganhou dos herdeiros, amigos e estudiosos da obra de José Lins do Rego, e do governo da Paraíba – apesar da pouca experiência e idade (25 anos) com as quais Walter Lima Júnior pleiteava a difícil aventura. Duas firmas produtoras disputaram seu trabalho. A vencedora, liderada por Glauber Rocha, agitava a bandeira cinemanovista. Mas seria mais fácil (ou menos difícil) apontar o dedo do equilíbrio de Walter Lima Júnior por trás de *Deus e o Diabo* do que a agitação de Glauber Rocha em torno ao berço do *Menino de engenho*. Esse *Menino de engenho* respira serenidade e contenção, atributos que lhe vêm granjeando, sem abdicar de seriedade criadora, a participação e o aplauso de consideráveis parcelas do público brasileiro. O que se pode afirmar, pelo menos por enquanto, é que são diferentes os caminhos de Lima Júnior e de seu patrono inicial, Glauber Rocha.

A primeira dificuldade de Walter Lima Júnior foi evitar a facilidade. A construção fragmentária do livro de estreia de José Lins do Rego sugeria tanto o comodismo da ilustração fotográfica quanto as inúmeras saídas sofisticadas em questões de ritmo, *timing*, cronologia. O fato de o livro, inicialmente projetado por Lins do Rego como memória da vida com o avô (coronel José Paulino, interpretado no filme por Rodolfo Arena), ser todo matéria de memória tentaria a maioria dos cineastas a uma estrutura de *flashbacks* e, possivelmente, a experiências de linguagem em débito com Resnais (*Hiroshima, meu amor*) ou Bergman (*Morangos silvestres*). Walter Lima não se deixou tentar pelos *morceaux de bravoure* que fizeram do Cinema Novo iguaria de festival. Ante o repositório sobriamente transfigurado das memórias de José Lins do Rego, ele foi de um respeito e de uma sensibilidade dignos (e não cabe aqui maior paralelo) do Nelson Pereira dos Santos de *Vidas secas*.

À primeira cena vemos Carlinhos (um achado a descoberta do intérprete Sávio Rolim, lembrando, em jeitos e gestos, o diretor) sob o impacto do assassinato da mãe pelo pai, fator de sua entrega aos cuidados do avô e da tia

Maria (Anecy Rocha) no Engenho Santa Rosa; e, ao final, o menino deixando o engenho e a fazenda, a alma cortada de saudades, rumo à escola. A ordem cronológica dos acontecimentos aproveitados do romance está na tela, e, apesar das múltiplas dificuldades de uma produção financeiramente modesta, são apresentados com muito do sabor original os personagens mais importantes e a quase totalidade das figuras periféricas. Reencontramos os temores e os ímpetos da infância de Carlinhos de Melo, visualizados por quem ganhou, com o estudo do ciclo da cana-de-açúcar, uma surpreendente intimidade com os verdes anos do escritor, e, por extensão, com os verdes anos do Nordeste açucareiro dos engenhos e de um coronelismo paternalista mais humano, anterior à vitória das usinas.

O sexo aprendido na intimidade com os moleques da bagaceira (expressivo, apesar de alguns exageros que nunca consegue evitar, o negro "vivo" interpretado por Antônio Pitanga) e com Zefa Cajá, a mais famosa na vida do Santa Rosa. A religião das rezas decoradas que não livram o menino da angústia da morte e que tolhem a sua vitalidade, embora a imagem do altar também tenha sexo. O medo irracional em mistura com os fantasmas da fé, com as histórias da senzala sobre Zé Cutia, o vendedor ambulante que vira lobisomem. A violência da natureza, com a cheia do Paraíba irrompendo com força de açude arrombado. E, sobretudo, as decepções da inexorável passagem do tempo, roubando ao protagonista suas afeições e amores: a morte da priminha (cena de grande sensibilidade, com a invasão da luz até a diluição quase total das formas), o distanciamento da professora que representava não muito inocentemente a descoberta do calor da fêmea; o casamento da tia Maria, que lhe atenuava o sentimento de orfandade; a estada efêmera da primeira namorada no Engenho Santa Rosa; o surgimento da vergonha em relação à sua curiosidade sexual; e, paralelamente, a conspiração punitiva dos adultos, que termina com sua condenação ao internato e expulsão da paradisíaca liberdade da fazenda.

O tempo que nos devora – previnem os versos em epígrafe – é o grande vilão, o personagem onipresente de *Menino de engenho*. O cineasta pretendia ampliar visualmente esta presença com um tratamento especial de laboratório que desse a todas as imagens uma discreta coloração de álbum de família. Financeiramente, isso não foi possível. Mas, por meio do trabalho empreendido com o diretor de fotografia Reinaldo Barros, que se harmoniza com o estilo da direção, Walter Lima Júnior consegue transmitir às imagens uma pátina de memória. (Para isso não era preciso estabelecer aos personagens, como sucede principalmente à chegada e à partida de Carlinhos, poses de antigas fotografias acadêmicas.) Ainda mais significativa do que a estilização cinegráfica em tom de memória – *tour de force* que bastaria para tornar curiosíssimo o filme – é a ótica de infância repensada que o diretor conseguiu, em manobra de roteiro e *mise-en-scène* que acentua a posição de Carlinhos como centro da narrativa. Sem possibilidade de concentrar em único filme a visão do ciclo da cana-de-açúcar (a tentativa de um *trailer* do drama de *Usina* através do tio Juca, pouco expressivo no filme, parece-me uma das frustrações de Lima Júnior), o cineasta evita aprofundar o panorama social do Engenho Santa Rosa. O filme, lucidamente, é mais o menino do que o engenho. Quantos jovens do cinemanovismo teriam a coragem de limitar-se a acontecimentos representativos da vida social refletidos na retina do menino? Quantos resistiriam à tentação de afixar uma mensagem sobre a poderosa narrativa de um romancista do porte de Lins do Rego?

O tempo que nos devora – a morte. Com essa medida para os acontecimentos de seu filme, que não dá à destruição da inocência a mesma ênfase do livro (em que o problema do sexo tem muito mais importância), Walter Lima Júnior consegue um afastamento significativo do prisma moral de Lins do Rego e encontra um ponto-chave do Cinema Novo. Com a medida da morte, ele encontra também a poesia do efêmero (o menino no alpendre com a bengala do avô, as imagens de vida que se sucedem a cada batida), a brasilidade de Humberto Mauro (*Engenhos e usinas*, *A velha a fiar*) e uma preocupação universal do cinema moderno: a deterioração dos sentimentos. À sequência final, o trem deixando o Santa Rosa, o menino arremessado para o futuro, e de olhos ansiosos sobre os cenários do que começa a ser o seu passado, agarrado à última porta da composição, *Menino de engenho* chora no funeral dos sentimentos.

(Texto publicado no *Jornal do Brasil*, 1966.)

Noite vazia

Formalmente, *Noite vazia*, de 1964, deixou em posição quase pré-histórica os filmes de Walter Hugo Khouri que assinalaram os pontos máximos do cinema brasileiro em temporadas anteriores, *Estranho encontro*, de 1958, e *Na Garganta do Diabo*, de 1960. Mas há grande coerência interior, um núcleo de inegável continuidade entre os três. Convém dizer logo que a posição de Khouri em face do drama humano não sofreu mudanças em profundidade. Se *Noite vazia* surpreende a maioria pela unidade, pelo impacto sem tergiversações, pelo acabamento inteiriçamente maduro, é porque se beneficiou da decolagem do cinema brasileiro em meios técnicos, em tarimba de equipe, em elenco, para dar evidência a olho nu à sua lucidez e à sua perícia de artesão apaixonado.

Já em *Estranho encontro* era evidente que o tema da alienação, carro-chefe do discurso anti-Khouri, estava no cerne de suas angústias. Fez justiça o veterano P.F. Gastal (no *Correio do Povo*, Porto Alegre) quando escreveu que o realizador paulista "alcança o ápice de sua carreira com uma obra em que, mais uma vez, se mostra fiel à temática preferida, qual seja, o problema da frustração e do vazio decorrentes da simples procura do prazer e da evasão (...)". A inconsequência de uma sociedade corroída moral e emocionalmente pela angústia da falta de um sentido para a vida constituía programa e parte ampla do drama efetivado em *Estranho encontro*, cujo protagonista, precursor do Nelson e do Luís Augusto de *Noite vazia*, era "um marginal tipo *playboy*". Em *Na Garganta do Diabo*, embora portador de uma história à margem da Guerra do Paraguai, por demais melodramática, era fácil observar que a preocupação de Khouri com os monstros da alienação se relacionava com uma revolta anterior à cunhagem e à expansão da palavra na área marxista: a revolta ante a traição milenar contra a verdade dos sentidos, a consciência do corpo (ou *blood consciousness*), que David Herbert Lawrence encarnaria nas primeiras grandes manifestações literárias de nojo em face do amesquinhamento do homem pela sociedade industrial.

Lawrence é uma chave esquecida para a interpretação da obra de Khouri, e disso havia evidências anteriores às suas marcas nítidas em *Noite vazia*, na esquemática personagem da burguesa sexualmente frustrada de *A ilha*. Diante de seu último filme, o outro nome-chave é Michelangelo Antonioni, cuja influência permeia todo o cinema de maior ousadia intelectual dos últimos anos. Mas, a propósito de Khouri, é preciso falar mais em confluência do que em influência, pois os temas que cruzam em primeiro plano as linhas mestras do cinema dos anos 1960 não são calouros em sua filmografia: além da alienação social (distante, em Khouri, da conceituação marxista), a angústia do absurdo, a solidão (em simbiose com a ideia do absurdo, notadamente em Ingmar Bergman, por sua exacerbação no dilema do casal por meio do eclipse ou da degenerescência do erotismo) e o paradoxal retrocesso da espiritualidade e do sentimento religioso (não necessariamente teísta), mais acentuado quando o homem ganha acesso às regiões abissais da mente e do espaço cósmico.

Confluência natural, também, na área da linguagem. O emprego dos "tempos mortos", por exemplo, tão caro a cineastas como Antonioni e Bergman, estava, embora ainda subdesenvolvido, em *Estranho encontro*. Aliás, esse procedimento cinedramático – que não deve ser confundido com a ilustração do tédio, pois é o correspondente do suspense nos filmes de angústia existencial – é uma constante do cinema moderno, atuando como fator de dois efeitos só aparentemente contraditórios: a sintonia com a tensão do espectador, da qual resulta o fenômeno de projeção-identificação que nenhum filme pode dispensar por inteiro; o distanciamento, que deve induzir à reflexão e à oportunidade de autoanálise. (O exemplo-chave do recurso é *Hiroshima, meu amor*, de Alain Resnais). Mas a prova real da confluência de Khouri com o trabalho em progresso do cinema moderno – se o cinema fosse uma ciência exata – seria encontrada nas extraordinárias coincidências de *Noite vazia* com o tom funéreo e cruel de *Trinta anos esta noite*, de Louis Malle.

Tudo isso cremos indispensável dizer, antes da abordagem mais direta de *Noite vazia*, porque esta é orgânica, sem adornos mensageiros (o letreiro

Odete Lara na obra maior de Khouri

inicial se deve a precauções com a Censura), sem reentrâncias para um enfoque de caráter literário. Este filme é o primeiro grande passo de Walter Hugo Khouri para diluir-se como indivíduo e autor no inexorável rio de imagens, nos conflitos que não oferecem (aos personagens, ao público, ao criador) o consolo tradicional da catarse. Khouri é *Noite vazia*, como qualquer um de nós, menos aqueles que se rebelam contra a reflexão, contra os motivos de náusea, ou os que ainda se iludem com a esperança de valor do mundo-display, do mundo-neon, opaco e estéril no âmago. Até os setores de público que não apreciam a expressão dura e a amargura sem fantasia desse filme sabem que estão diante de algo autêntico, relacionado com sua vida manifesta ou secreta, e o respeitam, ainda que chocados ou distantes.

Khouri procura exprimir, em *Noite vazia*, a frustração sentimental, sexual, social – e o desencontro – de dois homens e duas mulheres que, durante toda uma noite, tentam inutilmente encontrar algo de novo em suas vidas. E criou um quadro de alienação pungente, no qual a crítica social, implícita, pode ser situada (ao lado de *Vidas secas*, de Nelson Pereira dos Santos) no plano mais válido e maduro atingido pelo cinema brasileiro. O homem não é flagelado somente na cumplicidade dos poderes omissos com os elementos da natureza no Nordeste. E, na metrópole, é flagelado de maneira mais espantosa: está livre do monopólio do instinto de sobrevivência e se entrega a flagelos que ele mesmo criou e dos quais é (muitas vezes conscientemente) o agente cotidiano. *Noite vazia* é a tragédia desse homem informado, alimentado, vestido, que tem um futuro transitável à sua frente, mas já desanimou de percorrê-lo. O boêmio Nelson (Gabriele Tinti) *malgré lui* sofre de afogamento no mar da náusea que criou com a erosão de sua personalidade no *doping* cotidiano pelo prazer. O sexo mercenário e até perverso, aqui usado como antídoto da angústia, exacerba esta angústia. Mas se Nelson é um desiludido do futuro, o industrial *playboy* Luís Augusto (Mário Benvenuti) é um caso mais grave, porque simplesmente não conscientiza a ideia de futuro. Esse personagem (entre Antonioni e Lawrence) é o que se tortura – procurando eludir inconscientemente seu impasse como homem social – na afirmação de uma virilidade que não se realiza como força erótica, e no exercício de uma liberdade que o degrada e aumenta seu emparedamento emocional, sua solidão permanente. As personagens de Odete Lara e Norma Bengell (interpretações impecáveis), em graus diferentes, humilham-se na faina de garotas de programa com a vaga esperança de uma compensação material definitiva, talvez até de um arranjo que lhes dê acesso ao mundo da alta burguesia. Jogam com sua liberdade, arriscando as coisas essenciais à vida, como o amor, a paz com o próprio eu, a relação produtiva com o mundo.

Concretizando pela primeira vez, com pleno proveito e funcionalidade, sua tendência à concentração dramática em poucos personagens (a rigor, quatro) e cenários (quase todo o filme se passa na *garçonnière* de Luís Augusto), Khouri evita a dispersão de ambição que frustrou *A ilha*. Também se beneficia com a assimilação de ensinamentos do mais avançado cinema europeu. A definição dos personagens khourianos, agora, se faz à maneira *iceberg* de *O eclipse*, de Antonioni: eles pouco falam, quase nada é dito de uns sobre os outros. A concentração temporal entre o início de uma noite e as primeiras horas da manhã seguinte justifica realisticamente a opção do cineasta-roteirista. O objetivo (por mais que odiemos a palavra excessivamente prostituída) é a desmistificação do erotismo em sua contingência atual; ou (como definiu alguém) "o funeral da caça ao prazer e à evasão". Esse tipo de evasão só pode enfatizar, face a face, a derrota última do homem, a dos sentidos, no terreno em que sua integração com o mundo é mais instintiva e essencial. Longe de qualquer moralismo convencional, sem mensagens, ele dá sua resposta ao impasse dos protagonistas, mergulhados numa contrafação do sexo mediante a propriedade e a humilhação da mulher e o aviltamento da virilidade. "Eu nunca sei se gosto", diz Luís Augusto, "sempre eu preciso pensar, depois". A anulação existencial do personagem é antecedida pela alienação do corpo (ou da consciência do corpo de que fala Lawrence). O protagonista que sai mais enojado dessa espécie de *grand-guignol* do prazer, Nelson, procura no final, quando ainda lhe restam algumas horas para dormir, a proximidade de uma árvore frondosa, cuja quietude sofre a agitação da brisa – como se desejasse essa vida impassível, essa plenitude inconsciente.

(Texto publicado no *Jornal do Brasil*, 1964.)

Fábula

O sueco Arne Sucksdorff, cineasta livre e nômade, o maior documentarista do cinema sueco, descobriu o Brasil, mais intimamente o Rio de Janeiro, quando veio ministrar um curso de cinema (1962-1963), com um convite da Unesco (United Nations Education Science and Culture Organization), articulado por iniciativa do Departamento Cultural do Itamaraty.[35] Desse amor à primeira vista nasceu *Fábula*, de 1965 – *Mitt hem är Copacabana* (Minha casa em Copacabana) segundo o título original sueco –, que foi lançado em cópias que não fazem justiça às imagens do diretor, também um admirável fotógrafo. Curiosamente, embora falado em português, chega com legendas em nossa língua. O filme não dá toda a dimensão daquele amor, ainda que realizado com sensibilidade e, às vezes, com mestria.

Os filmes de Sucksdorff em curta e longa metragens o caracterizam como um apaixonado pela natureza, um poeta cujos instrumentos são a câmera e a mesa de montagem. Nunca um contemplativo, ele incorpora o cotidiano das criaturas em sua visão lírica, como demonstram *A grande aventura* e *Gente da cidade*. A ficção intervém esclarecedoramente em seu material documentário, cujo processo nasce das circunstâncias do meio: o roteiro não se antecipa ao conhecimento da paisagem física e humana; ele é informado pelo *habitat*.

35 Fizeram parte desse curso vários jovens que teriam participação ativa no Cinema Novo, como Arnaldo Jabor, Eduardo Escorel, Luiz Carlos Saldanha, David Neves.

Na fase preparatória de *Fábula*, Sucksdorff fez inúmeras entrevistas com crianças marginalizadas na Zona Sul do Rio, informando-se sobre suas origens e psicologia, surpreso sobretudo pela inventiva e pelo humor que elas aplicavam na luta pela sobrevivência. A compreensão do filme será melhor pelos que não perderem tempo procurando uma "mensagem" no sentido convencional da expressão.

"Crianças selvagens como essas podem ser encontradas em todo o mundo", disse o cineasta, acrescentando que seu objetivo foi despertar simpatia pela infância marginalizada – "crianças que, aos 11 anos, sabem mais sobre o lado turvo da vida do que muitos de nós no fim da vida". Sucksdorff e seus roteiristas, Flávio Migliaccio e João Bethencourt, concentraram-se no contraste entre a exclusão social dos protagonistas (dois meninos e uma menina negros, um menino branco) e a relativa euforia com que se dedicam ao dia a dia. Seu tenso "jardim da infância" está terminando e eles não têm consciência disso. O filme se encerra no limiar dessa tomada de consciência dos três amigos na praia, presos a uma inquietação indefinida por não saberem como socorrer o outro, trêmulo de febre, que, finalmente, procura retornar ao reformatório de onde fugiu.

Curioso, tocante, o filme não caminha até o final com a mesma segurança de sequências como a inicial, que esboça a vida primitiva das crianças no morro; a da caça a pipas na praia de Copacabana; e a que mostra o fim da tranquilidade de seu refúgio, quando bandidos em fuga o ocupam. Na caça às pipas dos meninos ricos, Sucksdorff se mostra em seu elemento: a reconstituição dinâmica e poética dos ritmos naturais da vida.

Fábula, ao contrário do que pode sugerir esse título, é um documento pungente, um testemunho que produz inquietação positiva.

(Texto publicado no *Jornal do Brasil*, 1965.)

Vidas secas

Sabia-se que Nelson Pereira dos Santos era o cineasta brasileiro mais indicado para filmar *Vidas secas*. Mas ninguém esperava que, mais do que filmar o livro (já por si uma tarefa difícil), ele se mostraria capaz de ser no cinema brasileiro, tão necessitado dc basc cultural, o herdeiro de Graciliano Ramos. Há na têmpera desses dois artistas, em suas atitudes ante a vida, muitos pontos de contato: o rigor, o espírito de autocrítica, a reserva, o desprezo pelos formalismos, até o "engajamento" político. Curiosamente, as primeiras publicações de Graciliano são documentos políticos – os "Relatórios" do então prefeito de Palmeira dos Índios, Alagoas; e o primeiro longa-metragem de Nelson, *Rio, 40 graus*, era animado, em primeiro lugar, por empenho ético-político.

O encontro – que há três anos adiava sua consequência cinematográfica – foi lucidamente procurado pelo cineasta; e hoje podemos dizê-lo providencial. "Na planície avermelhada os juazeiros alargavam duas manchas verdes." Essa economia de meios, severa e consciente de seu alcance, aponta logo na primeira frase o mestre necessário a Nelson. Ele começa seu filme na segunda frase do livro ("Os infelizes haviam caminhado o dia inteiro, estavam cansados e famintos"), mas não precisava encerrá-lo transcrevendo sobre o quadro final as últimas palavras do livro – ato de homenagem e modéstia. O filme tem seus valores próprios, como se verifica em sequências como a noite de Fabiano na cadeia (o paralelismo com a congada verberando a degradação do folclore), a morte da cachorrinha Baleia (na qual toda a família morre um

Graciliano Ramos na ótica do Cinema Novo

pouco), ou a própria caminhada final (quando uma situação comum, por força da *mise-en-scène*, supera de maneira simples e mais pungente a extroversão de amargura do homem Graciliano).

Não estamos ante uma adaptação comum e, muito menos, ante uma "tradução" servil do texto literário à linguagem cinematográfica. É preciso não confundir respeito com servidão. Por que introduzir variações na história quando o livro é uma suma admirável da tragédia do sertanejo nordestino? Por que criar uma dialogação nova quando, em quase todas as instâncias, há falas suficientes, perfeitas, ou que podem ser compostas com palavras do relato? Nas raras ocasiões em que se afasta do conteúdo do texto, Nelson o faz a partir de sugestões que podem ser encontradas nele. Por exemplo: os cangaceiros constituem criação de roteiro, mas o vaqueiro de Graciliano, quando preso, gostaria de entrar "num bando de cangaceiros e faria um estrago nos homens que dirigiam o soldado amarelo". Na mesma situação: "O soldado amarelo era um infeliz que nem merecia um tabefe com as costas da mão. Mataria os donos dele". Aí a revolta de Graciliano extravasa em um assomo de consciência inverossímil em seus personagens quase bichos, ignorantes a ponto de crer que uma das causas da seca é o consumo de água pelas aves de arribação.

À sua maneira, Nelson é mais fiel ao artista Graciliano do que o próprio escritor. Ele manifesta seu horror à crendice e à injustiça social, mas nunca por meio da revolta dos protagonistas. Esses morrem a cada instante, inconscientes, bebendo lama e comendo o pó dos caminhos.

A concepção fotográfica de Luiz Carlos Barreto (responsável pela fotografia, com José Rosa) se impõe como uma das mais felizes de nosso cinema. A luz que caracteriza com insistência as imagens do livro banha o filme sem "intermediários" como filtros e rebatedores, constituindo-se em elemento vitalizador da plástica e em precioso fator de atmosfera. De seus momentos magníficos, destaco o choque de Fabiano com o soldado amarelo à sombra da árvore no centro do povoado, quando a luz do sol estabelece uma espécie de redoma ofuscante, acentuando o desamparo permanente do protagonista, temeroso ante todas as manifestações da hierarquia social. A importância da contribuição dos fotógrafos pode ser avaliada em confronto com os filmes anteriores de Nelson Pereira dos Santos, todos despidos de altas virtudes fotográficas, embora possuidores de momentos visualmente notáveis. Em *Vidas secas*, a imagem, raramente acompanhada de diálogo (apoia-se mais nos ruídos e na fala interjeicional ou onomatopaica), exprime o mundo nordestino, as inquietações e o *élan* vital dos personagens, por meio da fotogenia dos atos corriqueiros, dos pequenos gestos, olhares, objetos. A expressão fotogenia, popularmente empregada para denominar uma felicidade de transmissão fisionômica, encontra aqui o sentido pleno preconizado pelo crítico e cineasta Louis Delluc, e que não exclui a revelação do feio, do grotesco. Por meio dessa fotogenia, participamos de forma privilegiada do mundo e dos personagens de Graciliano e Nelson. É uma participação impregnada de amor.

Disse José Carlos Oliveira em sua crônica no *Jornal do Brasil*, detendo-se sobre Fabiano e família:

> Quando as luzes se acendem, sobre a desolada última cena, todas as consciências estão intranquilas. Vejam: eles não pedem nada demais. Não querem as nossas fazendas, nem os nossos apartamentos, nem o nosso dinheiro, nem a nossa fé, nem a nossa liberdade. O que eles querem é apenas uma cama de couro, uma sombrinha, um vestido estampado, um par de sapatos, comida e água. O nosso futuro está ameaçado na razão direta da nossa incapacidade de satisfazer essas necessidades mínimas. (...) Cabe ao cinema brasileiro, neste momento, revelar-nos a imensa tristeza nacional.

(Este texto reúne trechos de quatro críticas publicadas na *Tribuna da Imprensa*, 1963.)

Deus e o Diabo na Terra do Sol

Foi surpresa geral a escolha da comissão especial do Ministério das Relações Exteriores para representar o Brasil no Festival de Cannes: um dos candidatos era *Vidas secas*, de Nelson Pereira dos Santos, grande filme – tido há muitos meses, extraoficialmente, como nosso forte representante na mostra francesa. Pois a comissão escolheu por unanimidade *Deus e o Diabo na Terra do Sol*, de Glauber Rocha. Participaram dos trabalhos os críticos José Sanz, Tati de Moraes, Otávio Bonfim, o cineasta Humberto Mauro e dois representantes do Departamento Cultural do Itamaraty. O velho Humberto Mauro, patriarca de nosso cinema, retirou-se antes do término da projeção, por estar excessivamente emocionado.

Deus e o Diabo na Terra do Sol é realmente um grande filme, cruel, muitas vezes desconcertante (vai irritar parte do público), mas irresistivelmente belo e envolvente. É muito provável que, sem ser o maior filme até hoje produzido neste planeta, como querem alguns exagerados, deixe muito para trás a quase obra-prima de Nelson Pereira dos Santos, que, não temos dúvida, poderá representar-nos melhor em outros festivais com menos tropismo pelo "exótico".[36]

36 A própria Direção do Festival de Cannes tomou a iniciativa de convidar também *Vidas secas*, propiciando ao cinema brasileiro a oportunidade (para nós sem precedentes) de comparecer com dois filmes à competição oficial.

Vou contar uma história.
Na verdade é imaginação.
Abra bem os seus olhos
Prá escutar com atenção.
É coisa de Deus e do Diabo
Lá nos confins do sertão (...)

(...) Ou uma tragédia sertaneja onde o vaqueiro Manuel e sua mulher Rosa se perdem entre um deus negro e um diabo louro, vistos, de um lado, por uma testemunha cega, e perseguidos, do outro, por Antonio das Mortes...[37]

Assim, à maneira dos cantadores, Glauber Rocha apresenta seu filme, pontilhado capítulo por capítulo, ou fase por fase, por uma reconstituição do cancioneiro nordestino, com a colaboração do compositor-cantor (e cineasta) Sérgio Ricardo.

No folheto de apresentação de *Deus e o Diabo na Terra do Sol*, Glauber diz que pretendeu "transportar para o cinema um autêntico romance de aventuras nordestinas, destes que se compram nas feiras: uma história trágica com uma conclusão historicamente válida". Que conclusão? E o cantador simplifica a complexa meta do filme:

(...) que nesse mundo doido
Anda tudo muito errado
Mas que o destino é do homem
Não é de Deus nem do Diabo.

O que o filme não tem – ao contrário do que afirma o autor na apresentação ao público – é simplicidade. Muito ao contrário, é obra complexa, repleta de influências (de Eisenstein a Guimarães Rosa), procurando cristalizar algumas das principais conquistas do cinema moderno, simultaneamente alcançando uma simbiose do espetáculo e do cinema realista "antiespetáculo", com o objetivo de transformar o público, de englobá-lo no processo libertário da arte cinematográfica – tudo isso evidenciando uma cultura cinematográfica e um processo intelectualmente laborioso que estão nos antípodas da simplicidade.

Prefacia o autor: "O estilo é uma questão de política (em cinema) – eis o filme que é o pensamento da equipe que o realizou". Vai nessas palavras uma homenagem aos que colaboraram para o magnífico resultado que nos defende-

37 Do folheto de apresentação do filme.

Yoná Magalhães e Del Rey no sertão de Glauber

rá em Cannes, mas a obra é arraigadamente pessoal.[38] Glauber Rocha realizou essa tragédia sertaneja de objetivo ateísta, revolucionário, apaixonadamente humanista, com um fervor "místico". Não podemos encontrar no momento outro qualificativo para essa obsessão de conquistar o espectador para um outro universo, para uma ótica que o emocionalismo, longe de turvar, ilumina em direção à confluência dos sentidos de liberdade e responsabilidade.

***

O segundo longa-metragem de Glauber Rocha toma de surpresa o escasso público e os críticos que não tiveram a oportunidade de conhecer o muito

38 Glauber Rocha reconheceu a importância da participação de Walter Lima Júnior, Paulo Gil Soares e Valdemar Lima na equipe. Este, o diretor de fotografia, também foi responsável pelo trabalho de câmera. Paulo Gil, que fez a pesquisa de locações, assina a cenografia e os figurinos. Considerando importante contar com a colaboração de um crítico dotado de forte cultura cinematográfica, convidou Walter Lima para assistente de direção. Acertou em cheio: oficialmente assistente, o crítico deu contribuições expressivas ao roteiro e, entre outros aportes estéticos, levou o cineasta a estudar Villa-Lobos, tornando-o a grande presença na trilha musical.

elogiado *Barravento*, ainda inédito em quase todo o país. Em *Deus e o Diabo na Terra do Sol*, a militância marxista (superficial) não chega a ajudar nem atrapalhar o que o autor leva a sério mesmo, que é o cinema. Ele foi buscar lições onde podia encontrar, à altura de suas ambições estéticas e humanísticas: no *western*, em Eisenstein, Buñuel, no Japão, na Nouvelle Vague. O resultado é um filme excepcional, que muito pouca gente está vendo; o público já se cansou de ondas promocionais sob rótulos de arte popular, crítica social etc.

Quem for vê-lo, porém, com alguma informação lúcida sobre o cinema moderno, verificará que Glauber Rocha realizou um *tour de force* tão impressionante que (como observou, com outras palavras, o crítico Paulo Perdigão) poderá dar aos estrangeiros a ideia ilusória da existência de um cinema brasileiro rico em experiências comparáveis.

Depois das sequências iniciais com o vaqueiro Manuel, que poderiam figurar sem quebra de organicidade no contexto de *Vidas secas* ou, mais precisamente, a partir da apresentação das escadarias de Monte Santo, o filme perde todo contato com o realismo de textura "documentária" – muito naturalmente, porque o protagonista acaba de romper com seu *habitat* de trabalho e racionalidade. E se lança, por meio de imagens que exprimem com extrema liberdade o delírio místico do protagonista, em uma área de expressão como que bifocal, dividida entre a realidade e o mito.

A ótica que o cinema comercial impôs ao público, condicionando-o a um tipo de participação passiva e simplista, sob medida para mantê-lo escravo, preso aos falsos dilemas do maniqueísmo, é responsável pelo embaraço que inibe tantos espectadores ante um filme que, no essencial, se transmite com clareza. As dificuldades de participação ativa da plateia podem ser atribuídas, provavelmente, à oscilação do filme para um lado e para outro da fronteira entre o romantismo, colhido na versão folclórica do cangaço e do beatismo, e a visão realista desses fenômenos, dotada de recursos de choque e de distanciamento cujo objetivo é exorcizá-los.

A forma alcançada pelo autor em seu programa de desmistificação e libertação certamente será mais importante para o julgamento da história do que sua influência sobre o espectador, pelo citado desnível entre a obra e a receptividade possível ao grande público.

(Este texto reúne "Deus & Diabo pode bisar Palma de Ouro" e "Semana é de Deus & Diabo", publicados na *Tribuna da Imprensa*, 1964.)

Garrincha, alegria do povo

Garrincha, alegria do povo foi inicialmente concebido como um média-metragem. A sombra da bitola inicial não se apaga à vista desse modesto longa-metragem, que não consegue disfarçar uma impressão de hesitação entre o ensaio de cinema-verdade pretendido por Joaquim Pedro de Andrade e o documentário tradicional. Isto se explica por necessidades de mercado: oferecer maior metragem aos exibidores (quase sempre, em sua maioria, relutantes em relação ao cinema brasileiro) e mais espetáculo aos espectadores. Deve-se notar, entretanto, que Joaquim Pedro nega o caráter antiespetacular que muitos consideram uma condição básica do cinema-verdade.

"*Garrincha* procura dar, através de uma linha principalmente objetiva e de uma estrutura dramática, a verdadeira dimensão psicológica e sociológica desse jogo na vida brasileira", disse o cineasta em entrevista. E acrescentou: "O filme é concebido como espetáculo, procura dirigir as reações da plateia, sugerir conclusões, abrir o raciocínio e explicar possibilidades estéticas". Essa é uma plataforma excessivamente ambiciosa, mas parcialmente concretizada. À luz desses objetivos, não procedem as acusações de dispersão, tergiversação, dicotomia, pretextadas pela ausência de Mané Garrincha na tela, a certa altura, "substituído" por uma reflexão sobre o significado da obsessão dos brasileiros pelo futebol. Ao contrário, há objetividade, coragem e funcionalidade nessa passagem do particular para o geral.

Primeiro, o fascínio do futebol, competição viril, espetáculo, afirmação instintiva das potencialidades nacionais. Nessa etapa, que constitui a maior parte do filme, o êxito pessoal de Garrincha e o sucesso da equipe brasileira nos campeonatos mundiais de 1958 e 1962 são seguidos pelo reencontro do jogador com suas origens (Pau Grande, RJ, o campo de pelada, a fábrica onde seus amigos continuam vivendo com salário-mínimo). Em seguida, apoiado na estrutura não cronológica que, desde o início, é seu recurso mais natural, o retorno à derrota do Brasil no campeonato de 1950, no estádio construído para a Copa, produz um impacto propositalmente desagradável no espectador e abre a inesperada "hora da verdade"... Vemos os aspectos grotescos e deprimentes da crônica do futebol: o jogo intimidatório, as brigas, a batalha campal, os xingamentos (mudos, naturalmente), os arremessos de bagaços e outros projéteis à mão, os prantos, os desmaios etc.

Das duas hipóteses aventadas como explicação da importância "anormal" que o futebol assume para a massa em nosso país, a primeira (embora o filme apenas registre os resultados de uma enquete entre psicólogos) seria dispensável: uma freudianice que aponta a bola como uma representação do ventre ou do seio materno. A segunda teoria, que o narrador diz mais sensata, é a encampada pela maioria das imagens do filme, por seus momentos mais felizes: o futebol seria uma compensação psicológica e uma válvula de escape emocional para as frustrações do homem do povo em sua vida cotidiana. São admiráveis os planos (com a câmera em movimento ou estática) que expressam essa frustração: os rostos conturbados, os sorrisos desdentados, os olhares possessos. (A teleobjetiva é o instrumento técnico por excelência de *Garrincha*.) Os melhores planos, a meu ver, são os que registram as caras despersonalizadas, quase *zombies*, dos torcedores que acompanham as jogadas como possuídos por um rito. São as imagens que sucedem o lançamento da hipótese "freudiana". Aí, na observação inicial (com teleobjetiva) das investidas do "guerrilheiro" Garrincha, no exercício físico do Botafogo com música de Girolamo Frescobaldi e no voo circular sobre o Maracanã superlotado, a equipe de Joaquim Pedro obtém momentos de grande fascínio cinematográfico. O *travelling* aéreo que circunscreve o estádio como um planeta autossuficiente de calor e equilíbrio exprime mais do que textos de apurada narração. Esta, aliás, é muito boa, embora a performance de Heron Domingues, um dos melhores locutores brasileiros, se mostre um pouco formal demais para integrar-se à linguagem cinematográfica.

Dedicado à memória de Luciano Carneiro, apoiado em grande número de fotografias de imprensa (quase todas da equipe da revista *O Cruzeiro*), tendo os jornalistas Luiz Carlos Barreto e Armando Nogueira como produtores e roteiristas, *Garrincha, alegria do povo* defende tacitamente a qualidade do jornalismo brasileiro e a importância de maior aproximação com o cinema brasileiro nessa fase de fecundação definitiva.

A importância da contribuição de Luiz Carlos Barreto (um dos produtores e coargumentista de *Assalto ao trem pagador*), com um pé no jornalismo e outro no cinema, ainda não pode ser justamente avaliada – ainda é cedo. Diga-se logo, porém, que seus trabalhos, assim como os de Joaquim Pedro (autor do brilhante *Couro de gato*, curta-metragem incorporado ao longa *Cinco vezes favela*, de 1962), longe de apresentarem contaminação da xenofobia sectária visível em setores da crítica e da produção brasileiras, assimilam com inteligência lições surgidas além de nossas fronteiras. Certa inspiração do cinema-verdade, cuja capital é a França, transcende o *glamour* do rótulo em *Garrincha, alegria do povo*.

O documentário afirma a aptidão de Joaquim Pedro para realizar um cinema popular que não seja – como o de tantas "democracias" ditas "populares" ou capitalistas – um ópio do povo em nova embalagem.

(Texto publicado com os títulos "Garrincha" e "Uma experiência incomum de talento e dignidade", na *Tribuna da Imprensa*, 1963.)

Porto das Caixas

Uma das coisas mais penosas, nesses dias, é falar sobre *Porto das Caixas*, de 1963, o primeiro longa-metragem de Paulo César Saraceni. Um dos caminhos seria tomar ao pé da letra a afirmativa do autor-diretor: "A narrativa é óbvia". Mas o filme não nos mostra nada além das perambulações de uma mulher (Irma Alvarez), que tem todas as razões para detestar o marido (Paulo Padilha), bem mais velho, semi-impotente, mesquinho, paupérrimo empregado da estação ferroviária. Ela espera encontrar um homem sensível aos seus atrativos carnais e capaz de liquidar o flácido, balofo, lamentável ferroviário a golpes de machadinha ou, melhor (opção lúcida no gênero), com um machado de cabo longo. Passadas as primeiras sequências isso tudo é obvio; e o espectador (apoiado nas referências da crítica, unânime no que se refere à idoneidade moral de Saraceni) bate em vão às portas das razões que teriam levado o moço diretor a apaixonar-se por uma história típica das manchetes de *A Luta Democrática*[39] sem livrá-la das linhas gerais do crime à moda naturalista.

Por mais que o autor insista em ver no filme "o estudo de um crime, as razões e a análise de uma revolta", vemos apenas "a história de um crime".[40]

39 Extinto jornal editado pelo político fluminense Tenório Cavalcanti, cuja vida serviria de inspiração para o filme *O homem da capa preta*, dirigido por Sérgio Rezende. *A Luta Democrática* alcançou grande popularidade como jornal de crimes.

40 As palavras de Saraceni, entre aspas nesta crítica, foram extraídas de entrevista feita >

Em lugar do anunciado "realismo intimista", um mórbido naturalismo com pose de Michelangelo Antonioni (as longas caminhadas de Irma lembrando perambulações das antonionianas Monica Vitti e Jeanne Moreau) e do Luchino Visconti de *Obsessão* (no qual Clara Calamai envolve Massimo Girotti em tramas para assassinar o velho marido). Essas influências talvez contribuíssem para a concretização das ambições que o espectador (a muito custo) pode vislumbrar na tela sem instruir-se nas entrevistas, mas seus possíveis reflexos afloram no filme de maneira embaraçosa, como algo que o codiretor de *Arraial do Cabo*[41] quisesse saborear, mas logo se evidenciasse forte demais para o seu aparelho digestivo.

Poucas vezes vi no cinema, de forma tão triste e irritante, a desproporção entre o nível de habilitação[42] e a ambição de expressar um pensamento no nível dos autores mais "difíceis". São coisas cruéis de dizer a propósito de um longa de estreia, mas eu não me sinto no direito de calar para ser considerado "boa-praça" em todas as rodas. Um fracasso como esse deve ser deglutido pelos que vivem no intercâmbio de elogios e meias verdades na área do Cinema Novo. De certo modo, eles são coautores – não se iludam.

Mas voltemos às interrogações que se impõem. Em primeiro lugar, as perguntas mais imediatas. Ela tem algo a perder abandonando o marido? Por que essa mulher não deixa o teto conjugal e Porto das Caixas, esses viveiros de miséria? A vida com o marido é esquálida, a desolação está em todos os planos do cenário. O marido a perde de vista diariamente, sem adotar providências mais violentas do que um monótono "onde você esteve?", sem resposta; está preso à estação, não daria um passo além de Porto das Caixas se ela partisse. A certa altura o marido sofre um acidente e fica com o pé inchado: é um arremedo lamentável do Saci. Por que matá-lo? Disse Saraceni: "Naquele mundo perdido ela só pode ver a salvação no crime, como um gesto cotidiano que seria a sua redenção. Procura um homem forte e útil, que tenha coragem até de matar para livrar-se daquele mundo sujo, velho e fedorento (...)". Parece explicação

> pelo crítico Paulo Perdigão, que também se decepcionou com *Porto das Caixas*, mas abrigou extensa fala do cineasta em sua seção no *Diário de Notícias*.

41 O expressivo curta-metragem *Arraial do Cabo*, de 1958, dirigido por Saraceni e pelo fotógrafo, pintor e gravador Mário Carneiro, ostenta um novo olhar no campo do documentário brasileiro. É um dos precursores do Cinema Novo.

42 Há duas exceções qualitativas na aridez de *Porto das Caixas*: a fotografia de Mário Carneiro e a trilha musical de Antonio Carlos Jobim.

para um filme *noir*, romântico, do último pré-guerra? Não. É a voz de Saraceni, não a de Marcel Carné ou a de Yves Allégret. É de um jovem diretor (30 anos) que pretende "não apenas mostrar a miséria, o descaso, a injustiça, mas viver carnalmente os dramas dos personagens – o drama do subdesenvolvimento (*sic*) distante apenas hora e meia do Estado da Guanabara".[43] ("O drama do subdesenvolvimento" – palavras fortes nesse contexto. Mas por que me surpreendo se, antes do cineasta, um conservador de cinemateca, Paulo Emílio Sales Gomes, viu na protagonista, inspirada no *affaire* Araci Abelha, uma espécie de Madame Bovary do subdesenvolvimento?)

Saraceni enfatizou: "Naquele mundo perdido, ela só pode ver a salvação no crime". Por quê? E por que a golpes de machado? Por que essa insistência em arrebentar o marido como um bicho, chafurdando no sangue? E por que insistir em um cúmplice que aprove essa maneira truculenta de livrar-se do mundinho de Porto das Caixas? A hipótese de loucura não se sustenta: Irma cumpre impecavelmente a missão de envolver o dono da venda (Reginaldo Faria), que, no momento decisivo, só terá coragem para uma cumplicidade ocular e, num assomo de lógica, não fugirá, não verá futuro na companhia da assassina. Quem veria? Mesmo não vendo a mulher olhar com mórbido prazer o sangue que brotou do pé do marido, antes, por ocasião do acidente, Reginaldo não carece de motivos para agir de outra maneira: além de arrebentar a cabeça (ou o pescoço?) do marido com o machado, a mulher tem prazer (suas narinas se inflam de excitação) em saber que o corpo foi triturado, feito picadinho, sob as rodas de um trem.

Talvez a genialidade pudesse explicar toda essa morbidez. Eu não tenho – nem a plateia – esse gênio. Por que essa adesão a uma personagem sem o gosto da vida (que existe, é militante, até nos párias do Nordeste de *Vidas secas*); sem paixão, sem ternura, sem o menor gesto de intercâmbio produtivo com a vida? Por que, apesar de tantas proclamações de preocupação social, Porto das Caixas não existe em *Porto das Caixas*? Por que mostrar um comício pelas reformas de base, focalizado em Itaboraí, enquanto a lâmina do machado atinge o pobre Paulo Padilha em Porto das Caixas? Por que um punhado de bêbados "avacalha" as reformas após o comício? São perguntas que levam a uma conclusão: neste filme, o diretor não sabe o que quer; pretende que quer o que não quer; e não sabe fazer aquilo que confusamente pretende.

43 Ao perder o *status* de capital para Brasília, o Rio de Janeiro ganhou efêmera promoção a Estado da Guanabara.

Até prova em contrário, todos os que deram alguma contribuição para que o cinema brasileiro chegasse ao nível de *Vidas secas*, de *Garrincha, alegria do povo*, de *Assalto ao trem pagador*, de *Os cafajestes*, têm o direito de dizer que *Porto das Caixas* é um blefe.

(Texto publicado com o título "'Explicações' agravam um filme indefensável", na *Tribuna da Imprensa*, 1963.)

O pagador de promessas

O filme brasileiro O pagador de promessas, *dirigido por Anselmo Duarte, conquistou ontem a Palma de Ouro do* XV *Festival Internacional do Cinema, de Cannes, sagrando-se o melhor entre os 70 filmes apresentados por 36 países.*

(Dos jornais de 24 de maio de 1962)

Santos, 4 de julho – Uma multidão e grande número de artistas do cinema e do teatro foram hoje ao porto de Santos para aplaudir o diretor Anselmo Duarte e o produtor Osvaldo Massaini, que desembarcaram às 8h45 do navio italiano Augustus, *trazendo para o Brasil a Palma de Ouro, o cobiçado prêmio conquistado pelo filme* O pagador de promessas *no Festival Internacional de Cannes.*

Os responsáveis pela conquista do troféu, mais Dias Gomes, o autor da peça teatral original, e os principais intérpretes foram colocados numa viatura do Corpo de Bombeiros e percorreram as vias principais da cidade. (...) Anselmo Duarte, que ia exibindo a Palma de Ouro, bem como os artistas do filme, foram aplaudidos até mesmo por populares que se encontravam dentro dos coletivos e nas janelas das casas. (...) Um motorista emparelhou seu automóvel com a viatura dos bombeiros e gritou entusiasmado para os artistas: "Acabou a fase do abacaxi!"[44]

(A. Carvalhaes, *Folha de S.Paulo*, 05.07.1962)

Eu não estava entre os que esperavam um prêmio para *O pagador de promessas*. Conhecia o filme, sentia bem representado o novo cinema brasileiro, sabia que seria bem recebido em Cannes, mas não o via entre os laureados. Quando li os títulos competidores e as primeiras reações críticas – os elogios e entusiasmos em torno de *O processo de Joana d'Arc*, de Robert Bresson, de *O anjo exterminador*, de Luís Buñuel, de *Cléo de 5 à 7*, de Agnès Varda, de *Plácido*, de

44 Transcrito do livro *Adeus cinema*, de Oséas Singh Jr. São Paulo: Massao Ohno, 1993.

Luís Garcia Berlanga, e sabendo estar reservado para o último dia *O eclipse*, de Michelangelo Antonioni, acreditei que nem com otimismo poderíamos esperar um dos prêmios.

A partir de sábado, porém, não era mais possível previsão fria, serena: os aplausos maiores foram dedicados ao programa brasileiro, com o curta-metragem *Couro de gato* readmitido em competição graças aos esforços diplomáticos do crítico Almeida Salles; até alguns jurados teriam aplaudido de pé o filme de Anselmo Duarte. (*Couro de gato*, de Joaquim Pedro de Andrade, fora vetado pela direção da mostra, com base no regulamento, porque não era inédito.) O próprio François Truffaut, presidente do júri – tão violento (quando fazia crítica no *Arts et Spectacles*) contra *Aquele que deve morrer*, de Jules Dassin, com o qual *O pagador de promessas* tem vários pontos de contato[45] – mostrava muito mais entusiasmo do que é permitido aos jurados pelo protocolo.

O Grande Prêmio, inegavelmente, foi uma surpresa enorme. Mas aconteceu e não cabe a nós, Brasil, ressuscitar as velhas polêmicas sobre os festivais. É hora de carnaval; se não nas ruas, pelo menos na alma. Mais importante do que procurar um paralelo impossível entre nosso Anselmo Duarte e alguns dos cineastas mais prestigiados do mundo (nem todos, é verdade, com passe garantido para a História, que não contemporiza com as "consagrações" fáceis), é constatar a receptividade extraordinária, insuspeitada mesmo entre admiradores incondicionais que o filme obteve entre os observadores experimentados do júri. Não se pode debitar essa Palma de Ouro a uma embriaguez plástico-musical como a que toldou o juízo dos jurados no ano do francês *Orfeu negro*, de Marcel Camus, presenteado com o Grande Prêmio em detrimento de *Hiroshima, meu amor*, de Alain Resnais, e *Os incompreendidos*, de Truffaut. *O pagador de promessas* é enxuto de ornamentos órficos, panteístas ou de bossa nova. Nem sequer apresenta a Bahia em cores, embora tenha bom nível fotográfico (do anglo-brasileiro Chick Fowle) e traga em seu espírito outras cores da boa terra invisíveis ao olho.

Não, senhores, não foi um "sucesso de exotismo". A julgar pelos telegramas, os jurados se deixaram envolver especialmente pela linguagem simples e sincera de Anselmo Duarte, que, a partir do texto teatral de Dias Gomes, realizou um autêntico *tour de force*. Não farei, aqui, uma análise dos momen-

45 Como o protagonista de *O pagador de promessas*, um inocente é morto durante uma encenação da Via Sacra em *Aquele que deve morrer*, produção franco-italiana de 1956 baseada no romance *O Cristo recrucificado*, de Nikos Kazantzakis.

Glória Menezes e Leonardo Villar rumo à Palma de Ouro

tos menos felizes do filme – a hora é de festa, não de crítica –, mas, sem dúvida, o diretor surpreendeu por sua fuga às ciladas do "teatro em lata" e soube entrosar seus personagens com a riqueza humana de Salvador. Os protagonistas ganham veracidade no encontro com uma ágil galeria de personagens coadjuvantes; e a massa veraz – com cara de povo e não de figuração – a todos envolve com um halo de vitalidade. Deve ter sido um contraste estranho: de um lado, a vitalidade singela de *O pagador de promessas*; do outro, o intelectualismo de Antonioni, o misticismo de Bresson, a sofisticação de Otto Preminger, o experimentalismo de Agnès Varda...

(Texto reunindo comentários publicados na *Tribuna da Imprensa*, 1964, e em *Filme Cultura*, 1970.)

Os cafajestes

Os cafajestes, primeiro longa-metragem de Ruy Guerra, escrito em colaboração com Miguel Torres, foi o primeiro grande impacto do Cinema Novo – sobretudo em termos de ousadia temática e linguagem. Nascido em Moçambique, de família portuguesa, Guerra cursou o IDHEC (Institut des Hautes Études Cinématographiques), de Paris, e iniciou sua carreira na França, onde atuou como assistente de direção. Compreensivelmente foi muito influenciado pela Nouvelle Vague, como revelam certas características da narrativa (em especial, a temporalidade) e a confrontação com a moral burguesa. O apuro técnico também dá ao filme posição ímpar na fase inaugural do cinemanovismo. Revelação como roteirista, o jovem Miguel Torres (que perdeu a vida em um acidente quando procurava locações para *Os fuzis*, sua parceria seguinte com Ruy Guerra) deixou sua marca na veracidade dos personagens e dos diálogos de *Os cafajestes*.

Filme de choque, causou impacto de bilheteria – sobretudo pela crueza de certas situações e pelo erotismo, indissociável da trama – e suscitou reação imediata nos meios conservadores. O cardeal do Rio de Janeiro, nos bastidores, pede sua proibição ao governador (do então Estado da Guanabara) Carlos Lacerda. Este aciona o chefe de Polícia, e o filme, lançado com o devido certificado de Censura, tem suas projeções interrompidas com fanfarras de autoritarismo, sem a menor consideração pelos espectadores. Em outros Estados também houve atentados "legais" à livre circulação do filme. O produtor-ator Jece Valadão tomou a iniciativa de fazer cortes (à revelia do diretor) para facilitar a liberação. De volta aos circuitos, embora causando estranheza no público por sua *mise-en-scène* rebelde aos cânones tradicionais, tornou-se um campeão de bilheteria.

O cafajeste clássico (Valadão) e sua presa (Bengell)

Quando se deu o show de autoritarismo no Rio de Janeiro, tomei a iniciativa de reunir jornalistas e cineastas para um ato público na Associação Brasileira de Imprensa (ABI). Foi constituída, então, a Comissão Permanente de Defesa do Cinema Brasileiro, com a participação (entre outros) dos cineastas Glauber Rocha, Paulo César Saraceni, Ruy Guerra, Roberto Farias, Miguel Borges, e dos críticos Walter Lima Júnior, Sérgio Augusto, Paulo Perdigão e David Neves.

Esta reação contra o atentado à liberdade de expressão repetia o inconformismo com a proibição, em 1955, de *Rio, 40 graus*, o primeiro longa-metragem de Nelson Pereira dos Santos – filme que motivaria muitos jovens a buscar a renovação temática e de linguagem que mudou a fisionomia do cinema brasileiro na virada para os anos 1960. A violência contra *Rio, 40 graus* – o diretor do Departamento Federal de Segurança Pública cassou o certificado (liberatório) da Censura – deflagrou pronta repulsa na imprensa carioca e, numa reação em cadeia, uma campanha de âmbito nacional pela liberação da obra, mobilizando intelectuais, artistas, e repercutindo no Congresso. Um ato público na ABI cria para essa luta uma Associação de Defesa do Cinema Brasileiro. Liberado, o filme foi lançado em 1956.

O "escândalo" de *Os cafajestes* é de 1962. No mesmo ano, um filme de linguagem clássica, *O pagador de promessas*, realizado por Anselmo Duarte, volta triunfante do Festival de Cannes. Traz a Palma de Ouro, o primeiro grande prêmio internacional concedido a uma produção brasileira. O cineasta é festejado como se trouxesse a Copa do Mundo de futebol. Tem início uma fase propícia aos filmes nacionais junto ao grande público. Mas não sem turbulências.

Condicionado ao longo de décadas pelas fórmulas do cinema importado e por filmes brasileiros (quase sempre) caudatários das mesmas receitas, o público sai decepcionado de *Os cafajestes*. Sobre as razões do desencontro, na ocasião, publicamos um artigo intitulado "Contra o 'espectador-mercadoria'".

(Texto baseado em comentários publicados na *Tribuna da Imprensa*, 1962)

Barravento

Os artífices do Cinema Novo gozaram de uma dádiva divina: a liberdade de criação. Entre a tiragem da primeira cópia e o lançamento, a Censura podia fazer estragos, mas o mesmo fenômeno atormentou cineastas em todos os centros produtores. Já no longa-metragem inaugural do movimento, *Barravento*, Glauber Rocha fez o que bem entendeu, apesar do desafio de recriar uma obra concebida e iniciada por outro – Luiz Paulino dos Santos, defenestrado no meio de uma novela de conflitos que teve diversas versões.

A personalidade e a febre criadora de Glauber ainda são esboços na tessitura de *Barravento*. Mas é possível entrever no filme a trajetória ao mesmo tempo agressiva e terna, engajada e anárquica, antirreligiosa e mística do visionário de Vitória da Conquista (BA). Ele viveu na contradição – e fez dela uma de suas marcas pessoais.

Para a Bahia, tão ciosa de sua cultura, a questão do cinema chegava a ser embaraçosa. Sempre se entregando como uma *starlet* aos cinematografistas estrangeiros, não produziu um longa até a segunda metade da década de 1950. Os curtas eram geralmente de encomenda e os cinejornais não podiam ir longe sem verbas de autoridades ou comerciantes.

O pioneiro mais expressivo da Bahia, o documentarista Alexandre Robatto Filho, atuante desde os anos 1930, deu o melhor de si em filmes sobre a comunidade de pescadores da Praia de Buraquinho, perto de Itapoã. Os curtas, vistos no Cine Guarani (depois Cine Glauber Rocha), em Salvador, certamente levaram alguma inspiração aos dois *Barravento* – o de Luiz Paulino (abortado) e o de Glauber –, que vamos chamar de *Barravento* 1 e *Barravento* 2.

Não era coisa de louco imaginar uma produção regular de longas com sede em Salvador. Já no período silencioso, houve ciclos cinematográficos notáveis na Amazônia, em Recife, na mineira Cataguases, no interior de São Paulo, no Rio Grande do Sul; fazia-se cinema de ficção em uma dezena de cidades fora do eixo Rio-São Paulo. Sabedor desse histórico, Glauber chiava. Aparecendo como crítico de cinema aos 13 anos de idade, depois fazendo um pouco de tudo no jornalismo, cobrador de uma renascença cultural que seu Estado estaria devendo ao país, intrometia-se nas rodas literárias, no teatro, nas discussões políticas. Sem procuração passada, era um vigilante vinte-quatro-horas dos brios baianos. "Atenção, Bahia! Cuidado com os aventureiros que vêm fazer cinema!" Assim clamou no rádio ao saber que o então desconhecido Roberto Pires, sem um mísero *press-release*, estava "fazendo um filme baiano" (*Redenção*). A fúria só durou até o contato entre os dois, quando Glauber se prontificou a batalhar pela divulgação da obra.

Pires, nascido ali mesmo em Salvador, trabalhava de dia numa ótica e filmava nas horas vagas. Geralmente perdia dinheiro realizando curtas e ganhava com matérias patrocinadas para cinejornais. *Redenção*, policial com toques de melodrama, era uma tentativa de profissionalismo. Para filmá-lo, Pires acoplou à câmera um invento seu, o Igluscope, processo anamórfico da família do Cinemascope. A produção, batalhada de 1955 a 1959, naufragou nas bilheterias. Mas o quixotismo de Roberto Pires deflagrou o ciclo baiano de longa-metragem, vigoroso entre 1960 e 1963.

Para produzir *Barravento*, um grupo híbrido se reuniu sob o selo da Iglu Filmes: Glauber, Roberto Pires, o fotógrafo Osmar Santana, os fazendeiros Braga Neto e Élio Lima, e o cinéfilo Rex Schindler, fundador do Teatro do Estudante e empresário. Certamente com o dedo de Schindler, fizeram circular um folheto sobre a abordagem das desigualdades sociais no filme em projeto, afirmando que "a nossa obrigação é lutar para que tudo seja tão firme e tão altaneiro como o Elevador Lacerda".

Rex Schindler foi o principal viabilizador da produção. Para se tornar sócio, Glauber deu sua primeira demonstração de habilidade política, obtendo do governador Juracy Magalhães fatias de uma verba destinada a obras de assistência social. A informação é do amigo e biógrafo do cineasta, João Carlos Teixeira Gomes. "Esse dinheiro provinha de uma contribuição mensal que os bicheiros da Bahia eram obrigados a fazer com parte dos lucros do jogo."

Em setembro de 1960, um Glauber eufórico (em carta a Paulo César Saraceni, cinemanovista então festejado pelo curta *Arraial do Cabo*, também de Mário Carneiro) proclamava "tudo bem em matéria de *Barravento*, que já está sendo rodado com Paulino na direção. Paulino vai bem e animado (...)". No mês seguinte não era mais segredo o surto de conflitos internos que culminou com a demissão da atriz principal, Sônia Pereira dos Santos (sem qualquer laço familiar com o cineasta Nelson Pereira dos Santos...), três dias depois, com a saída de seu apaixonado diretor. Glauber, o "cupido" no romance de Luiz Paulino e Sônia, gerenciou o inexorável corte da atriz, atribuído aos produtores.

Os depoimentos colhidos por José Gatti para sua tese de mestrado *Barravento: a estreia de Glauber*, são indispensáveis para a interpretação da história. Antonio Sampaio (depois Pitanga, convidado por Luiz Paulino para viver o malandro Firmino, o protagonista, aponta dois estopins na explosão: um conflito de ideias (o produtor Schindler não se conformava com a linha mística do roteiro original de Paulino); e um conflito pessoal/profissional (diretor e atriz *versus* exigências da produção e do mentor intelectual, Glauber Rocha). Embora "torcedor" de Glauber, Pitanga destaca a importância do roteiro original, que mostra "a cultura afro através do candomblé, da religião".

No enfoque de Luiz Paulino, o pivô do drama é a jovem branca que, por promessa feita a Iemanjá pelo pai pescador, não poderia se casar. A moça não resiste a uma paixão. E acontece o barravento ("profunda mudança no mar e na terra"), com seu cortejo de tragédias. Paulino defende o "sentido revolucionário" de seu título *Barravento*, mas diz que "não queria jamais um trabalho panfletário". Ao contrário de Rex Schindler, que o pressionava para obscurecer o enfoque místico e exibir a religião como fator de "alienação" e "passividade". Ao assumir o roteiro (que alterou) e a direção, Glauber fez declaradamente "um filme contra os candomblés, contra os mitos tradicionais, contra o homem que busca na religião o apoio e a esperança". Mais de 40 anos depois, indagações sobre a troca de comando podem parecer irrelevantes, mas têm papel irrecusável na compreensão do fenômeno *Barravento* 2. Quando o filme "parou", Glauber teria sugerido para a direção, entre outros, três Robertos: Santos, Farias e Pires. Roberto Pires recusou de imediato.

Associado ao projeto, Pires dera as primeiras lições de câmera a Glauber, quando lhe emprestara uma Arriflex para o curta *O pátio*. "Inclusive isso é bom que eu diga: fui eu que obriguei Glauber a dirigir o filme. Eu o responsabilizei, porque estava me sentindo inseguro. Na época, o cinejornal mal dava para manter a firma funcionando." Na década de 1970, Glauber usou a expressão "golpe de Estado" ao falar da demissão de Luiz Paulino dos Santos, dramatizando sua atuação no que seria (digamos) o estado da cultura na Bahia.

> Eu coloquei as razões do Estado acima das razões do coração. Paulino não quis assumir esse papel político e eu assumi a posição de eliminá-lo do filme. Foi uma espécie de golpe de Estado, porque se aquela produção fracassasse por inércia ou por excesso de histeria intelectual, o projeto de cinema na Bahia não ia andar. Assumi a responsabilidade de fazer o filme e me vi diante de roteiro absurdo com o qual não concordava. Refiz o roteiro e tive que enfrentar a equipe que me olhava como um usurpador do filme (...).

Na versão glauberiana, o jovem negro Aruã, pescador "de corpo fechado", deve permanecer virgem a fim de garantir a continuidade da proteção das divindades à comunidade explorada pelo proprietário da rede. Quando este, insatisfeito, confisca a rede, Aruã enfrenta o mar violento em jangada, propiciando pesca frutífera e fé aos adoradores de Iemanjá. Firmino (Antonio Pitanga), nascido ali, mas formado na marginalidade de Salvador, volta a Buraquinho disposto a livrar sua gente das malhas do sacrifício cotidiano. Convence sua amante, Cota (Luiza Maranhão), a seduzir o "predestinado". Assim "humanizado", Aruã deixa de ser um Ulisses no ciclo dos barraventos. Cota morre. Firmino sai de cena. "Firmino é ruim, mas ele está certo", diz Aruã. E parte para a capital, prometendo voltar para lutar pela transformação da gente negra, "ainda escrava, sem princesas isabéis".

Segundo Glauber, seu *Barravento* partia, "embora primariamente (*sic*) de que a religião é o ópio do povo", conforme carta do cineasta ao crítico Paulo Emílio Sales Gomes, em 1960. Nem aquele que Paulo Emílio chamou de Profeta Alado podia supor que o cinemanovismo chegaria a realizar obras impregnadas de religiosidade, como *O amuleto de Ogum* (Nelson Pereira dos Santos) e *Anchieta, José do Brasil* (Paulo César Saraceni).

O discurso político de *Barravento* 2 foi esmaecido pela impregnação mística das imagens e da própria trama. Um exemplo: Cota morre (de forma nunca esclarecida na tela) depois de induzida a profanar (seduzir) o "predestinado" Aruã. Outro: o fracasso místico de Aruã, no final, é inevitavelmente relacionado com o rompimento de seu voto de castidade.

Materialista verbalmente, Glauber evidenciou fervor místico em sua obra-prima, *Deus e o Diabo na Terra do Sol*, de 1964, e não demonstrou estar livre dele no longa do adeus, o caótico *A idade da Terra*, de 1980. Também cinemanovista, o cineasta Gustavo Dahl, "lendo" as imagens de *Deus e o Diabo na Terra do Sol*, escreveu (em carta a Glauber):

> No filme, você não está suficientemente afastado nem suficientemente perto da religião. Em *Barra* (*Barravento*) você acreditava, tendo vontade de não acreditar. Em *Deus-Diabo* (*Deus e o Diabo na Terra do Sol*), porque você acredita menos, tua vontade de não acreditar, de te afastar é menor.

Alguns pontos recorrentes nos anos de fundação do Cinema Novo estão bem nítidos no *Barravento* definitivo: a exaltação do transgressor/marginal como fator de mudança social; o olho crítico sobre as relações de trabalho/produção; a busca de intérpretes fora dos quadros estabelecidos (há atores inician-

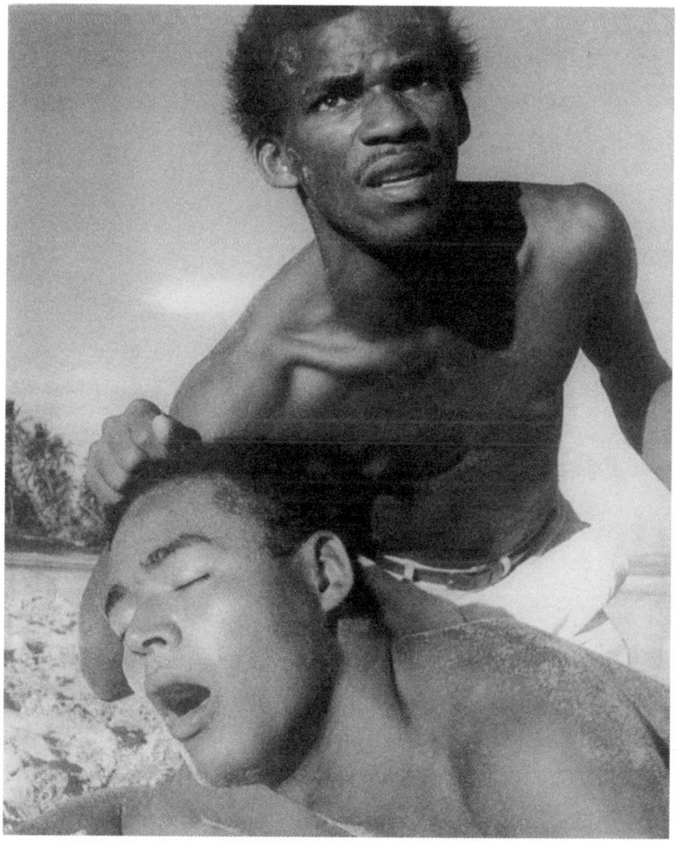

Antonio Pitanga e Aldo Teixeira

tes no elenco-base, constituído por pescadores de Buraquinho); a hipervalorização dos cenários reais (apenas o terreiro de candomblé foi especialmente construído para o filme); a precariedade de recursos técnicos assumida, sem evasivas, pelo diretor; e o discurso antirreligioso.

"O filme foi praticamente reconstruído na montagem", disse Glauber em 1965. Anos antes, quando se torturava na tentativa de montá-lo no laboratório da Líder, no Rio de Janeiro, o cineasta foi tomado de desespero. Nelson Pereira dos Santos se ofereceu para a tarefa e deu ao filme um andamento que, certamente, na época, não estava entre os dons de Glauber.

Editor de várias obras do Profeta Alado (inclusive de *Terra em transe*), o cineasta Eduardo Escorel disse que "não foi a primeira vez que Glauber enfrentou dificuldades para montar seus filmes". O curta *Cruz na praça*, sua segunda experiência, de 1959, nunca chegou a ser montado. Escorel atribui tais dificuldades

> ao fato de que Glauber nunca se pautou pelos fundamentos mais corriqueiros da linguagem cinematográfica. Mal ajustado ao cinema dominante, procurou reinventar o cinema para que ele se adequasse à sua aptidão pessoal.

Embora fracasso de público, *Barravento* (que só conseguiu lançamento no Rio de Janeiro depois da instantânea consagração de *Deus e o Diabo na Terra do Sol*) foi importante ponta de lança para a política externa do Cinema Novo. O prêmio Opera Prima, conquistado no Festival de Karlovy-Vary, na então Tchecoslováquia – sob as bênçãos decisivas do escritor Alberto Moravia – seria um *hors-d'oeuvres* para o apetite de estima internacional do cinemanovismo.[46]

(Texto publicado na *Revista de Cinema* de São Paulo, 2003 – com alguns cortes e acréscimos para a presente edição.)

46 No estudo "A ideologia de *Barravento*", Maria do Socorro Silva Carvalho considera, em sintonia com a pesquisa-tese de Gatti, que o filme "propõe uma visão redutora do Candomblé", ao considerá-lo instrumento de alienação, preferindo ignorar seu papel na identidade cultural dos afro-brasileiros.

O grande momento

A década de 1950 começou com a construção dos grandes estúdios da Companhia Cinematográfica Vera Cruz, que inaugurou o *boom* do cinema paulista. Bem antes de seu término, cessaram as atividades da Vera Cruz e das duas outras novas produtoras seduzidas pela mosca azúl da industrialização: a Maristela e a Multifilmes. Por ocasião desse crepúsculo, lançaram-se aos riscos da produção independente vários cineastas que passaram por funções técnicas nos *sets* das três grandes, notadamente Walter Hugo Khouri (criador de *Estranho encontro*, que já concluíra um filme de aprendizado, *O gigante de pedra*, em 1953), Galileu Garcia (*Cara de fogo*) e Roberto Santos (*O grande momento*), além do crítico Rubem Biafora (*Ravina*). Esta fornada chega às telas em 1958 e – sejam quais forem as restrições da crítica – oferece um atestado de vida ao cinema de São Paulo.

Roberto Santos nasceu no bairro paulistano do Brás, viveiro de imigrantes italianos, palco de intensa militância operária nas primeiras décadas do século XX. Seu primeiro filme não poderia ter localização mais propícia. O argumento que escreveu e (em parceria com Norberto Nath) roteirizou, alicerça uma sedutora comédia de costumes com algum travo amargo que é superado, em certa medida, pelo fervor otimista do final. O trabalhador Zeca (Gianfrancesco Guarnieri) vive uma espécie de gincana dramática no dia de seu casamento. A noiva (Myriam Persia) não pode saber os motivos de sua agitação: ele ainda luta para levantar o dinheiro necessário para pagar as bebidas da festa, o terno de casamento, as flores e o fotógrafo indispensáveis ao ritual do grande dia, e ainda a quase utópica (inatingível?) lua de mel. Como as economias são insuficientes, ele precisa conseguir dinheiro emprestado e, finalmente, vender sua bicicleta. Antes de consumar este sacrifício, ele vai empreender uma última corrida pelas ruas do bairro. Esta é uma sequência inesquecível que (sem nada de imitação) acentua a inspiração neorrealista. O protagonista de *Ladrões de bicicletas* se vê privado do veículo-instrumento de trabalho. O de *O grande momento*, obrigado a vender a bicicleta, despede-se de um valor real e simbólico de sua juventude.

Goulart e Guarnieri no Brás de Roberto Santos

Roberto Santos se revela um autor, tem algo a transmitir e um visão cinematograficamente válida, com algumas impurezas que não chegam a produzir danos graves. Sua sensibilidade e sua decisão de acionar uma experiência de vida são fatores mais importantes do que o potencial técnico-econômico dos grandes estúdios.

Tudo o que dissemos sobre responsabilidade a propósito de *Estranho encontro* – responsabilidade autoral e profissional, fidelidade a uma concepção cinematográfica – pode ser bisado ante *O grande momento*. Khouri, o expressionista lírico, bergmaniano, e Roberto Santos, o cronista realista, zavattiniano, são duas faces opostas, mas igualmente surpreendentes, desse amor ao cinema que cria realidades em terreno minado pelo vigarismo e que assoma clareiras de otimismo. Sem dúvida, há em Roberto Santos o espectador atento do neorrealismo italiano e o estudioso diligente desse diálogo com a realidade.

Há uma ponta de ostentação no escritor e roteirista Cesare Zavattini (*Umberto D*) quando, exaltando o neorealismo, diz:

> (...) enquanto nos Estados Unidos é possível uma crise de argumentos, ela é impossível entre nós. Para nós não pode haver carência de temas, porque não há carência de realidade. Qualquer hora do dia, qualquer lugar, qualquer pessoa é narrável se o narrador sabe apontar e trazer à luz os elementos coletivos que trabalham em seu interior.

Esta concepção levou diversos cineastas ao esquematismo da crônica e da "fotografia da realidade", mas também forneceu ao cinema peninsular do pós-guerra uma plataforma e um espírito quando pairavam no ar o atordoamento e o negativismo.

Enquanto Nelson Pereira dos Santos (*Rio, 40 graus*; *Rio, Zona Norte*) se perde na ambição de dissecar vastos segmentos da sociedade, Roberto Santos se realiza na crônica de costumes vivida por gente modesta do Brás. À exceção de alguns momentos de feliz expressão poética, *Rio, 40 graus* fazia uma crítica social apoiada em demagogias sentimentais. *Rio, Zona Norte*, menos dispersivo, mais legítimo, também não fugiu às ciladas que o sentimento em estado bruto costuma operar sobre a inexperiência. Menos mensageiro, não esteve isento de maniqueísmo sobre pobres e ricos, instintivos e intelectuais. *O grande momento*, em que Nelson Pereira dos Santos apenas atuou como produtor, demonstra certas vantagens da modéstia.

A simpatia e a compreensão não tolhem em Roberto Santos a ambição crítica. Uma crítica amável como a herança de René Clair (*Sob os tetos de Paris*) que Zavattini cotidianizou, e que aqueceu o coração de Vittorio de Sica. Mas sempre uma crítica. A lei é a do coração e os impulsos falam mais do que o cálculo, mas a pobreza não isenta os personagens de cruedade, mesquinharia, egoísmo. São veniais os pecados que Roberto Santos expõe em suas criaturas. Mas, do conjunto, flui uma impressão de grotesco, de melancolia.

O otimismo do estreante não ofusca sua visão. Não se consuma a incondicional exaltação dos "humildes" que poderia surgir em um discípulo de Nelson Pereira dos Santos. Persiste o rumo de Zavattini: o diálogo com a realidade prescinde da divisão das criaturas em heróis e vilões. "A câmera, em verdade, tem tudo à sua frente: vê as coisas e não o conceito das coisas."

(Texto publicado na *Tribuna da Imprensa*, 1958.)

Cara de fogo

Sente-se desde as primeiras imagens que *Cara de fogo* é obra concebida com disciplina, sensibilidade e conhecimento de suas possibilidades e limitações dentro de um orçamento modesto. A simplicidade do diretor (estreante) Galileu Garcia, não é pretexto para o desleixo tão constante na produção nacional. Não usa a modéstia de seus recursos materiais para a "chantagem sentimental" que os profissionais do cinema feito "no joelho" costumam praticar junto à crítica. Coloca seu filme num plano de exigência e sinceridade tão nítido que em dois momentos, quando esquece suas metas em favor da bilheteria, o filme se desconcerta como criança surpreendida com o dedo no pudim.

Em um plano de maior ambição, *Cara de fogo* seria uma crônica realista de costumes, a revelação da terra e a reconquista da autoconfiança do homem derrotado pela megalópole; a hostilidade do grileiro ante a reabilitação do sítio-tapera que uma providencial assombração retirava às cogitações de possíveis pretendentes; a luta dos novos ocupantes para recuperá-lo, seu medo quando a fantasmagoria se manifesta, e, finalmente, sua decisão de lutar contra a coisa do outro mundo para defesa de seu quinhão de felicidade.

Por menos ambiciosa que seja a novela original (*A carantonha*, de Afonso Schmidt), que não conhecemos, oferecia ao cinema brasileiro, sem dúvida, ângulos inéditos que poderiam responder dramaticamente a questões sempre atuais em nosso país: a superstição e seu papel no conter o homem do campo em sua toca desumana de Jeca Tatu; o poder feudal do latifundiário (ou seus paus-mandados) e a sabujice da autoridade em prejuízo do pequeno agricultor produtivo; o drama do emigrante interno, com seu patetismo de *displaced person* na própria pátria.

No tratamento e na realização da história, a representação realista dos problemas citados anteriormente, cedeu passo, deliberadamente, a uma narrativa despretensiosa, contida nas limitações de "conto cinematográfico", preferindo a sugestão ligeira à documentação sociológica. Evidentemente, esta última não poderia figurar nas cogitações de um empreendimento modesto de uma companhia interiorana (São José dos Campos, São Paulo) que dá seu primeiro passo no terreno traiçoeiro da indústria cinematográfica.

O tom de *Cara de fogo*, bem compreendido a cada esquina do roteiro, é o bucólico, o pitoresco, o sentimental. Os atores (com exceção de Milton Ribeiro) estão contidos nesses limites. Dizer que quase não "representam", não é restrição, e sim constatação de uma diretriz. O novo diretor revela que aprendeu bem a lição do *script* tratado em colaboração com Nelli Dutra. O filme caminha naturalmente, sem apêndices desnecessários, pintando uma natureza, que, com sua poesia e generosidade, dará fortaleza e inspiração aos personagens. Um dos pontos mais competentes da realização é o aproveitamento do *décor* natural, definindo paralelamente o mundo de aventura que o menino sabe descobrir e a promessa de tranquilidade e segurança material que vai reconciliando os pais com a vida.

Um número musical (com Anamaria Nabuco) atacado à maneira de opereta e a morte desnecessária que ocorre no final são os únicos erros graves de *Cara de fogo*. Ao contrário do que pensou Galileu em momento de preocupação econômica, o filme não precisava de um final sangrento para garantir sua receita. O resultado fica muito comprometido, mas o balanço geral acusa saldo positivo. O fundo musical de Enrico Simonetti é convencional, mas há classe da fotografia de Rudolf Icsey e sabor nos números que Barbosa Lessa compôs.

Gilberto Chagas (Zé Pachola) faz de seu papel secundário o melhor da fita. Milton Ribeiro (Gadanho) é irritantemente artificial. Entre um polo e outro, a linha é de sobriedade e o comportamento de todos evidencia uma direção cuidadosa apesar de certa timidez. Convém dizer que todos estão bem adaptados aos papéis. Que Lucy Reis (Mariana), de curta prática na TV paulista, estreia com adesão sensível ao tipo humano que lhe coube. É uma figura autenticamente cinematográfica, sem vedetismo, e sua seleção (em substituição à excelente Glauce Rocha, presa a outros compromissos) demonstra por si só a honestidade que presidiu a produção. É preciso registrar também a eficiência do Pedrinho de José de Jesus, um menino que não tem o ar de autossuficiência dos "prodígios". E que Anamaria Nabuco, embora um pouco deslocada, empresta um amável colorido à narrativa.

(Texto publicado na *Tribuna da Imprensa*, 1958.)

Floradas na serra

É em *Floradas na serra*, o último filme da Vera Cruz, que a equipe dessa empresa manifesta, pela primeira vez, perfeita identidade de movimentos. Nem *O cangaceiro* (que não aceita comparação com qualquer outro filme de nosso "falado") teve a unidade interpretativa e narrativa da fita de Fabio Carpi e Luciano Salce. Valendo-se de sua experiência teatral na direção de atores e da sensibilidade do fotógrafo Ray Sturgess e do montador Haffenrichter, Salce fez um filme que domina de ponta a ponta o espectador, apesar da debilidade da história.

O grande problema do cinema brasileiro continua sendo o escritor especializado (argumentista, roteirista, dialoguista). Como *O cangaceiro*, *Caiçara*, *Sinhá Moça* e *Amei um bicheiro*, *Floradas* é interessante apesar da história. Os diálogos só têm uma qualidade: a economia. Nada pode desculpar seus arroubos de "filosofia" ("Os pobres quando são doentes e adultos deveriam morrer") ou sua ironia geralmente forçada ("Nosso amor e uma cabana...").

Para definição pronta e sucinta das personagens, Salce contou com atores (quase todos) sensíveis ao detalhe característico e com um *script* que não perde tempo com imagens dispensáveis. Exemplificando: 1) o banho "naturista" na cascata, que fixa o tipo de Olivinha (Silvia Fernanda) e, em seguida à aparição do cemitério, o contraste saúde-doença; 2) a primeira aparição de Olga (Lola Brah), que deixa construída uma das figuras mais simpáticas do filme. Outra preocupação do diretor – um *décor* importante na atmosfera e na conduta dos personagens – foi em parte bem-sucedida.

A sensibilidade de Ray Sturgess oferece-nos uma perfeita fotografia de serra: a impressão de ar puro e leve; o isolamento de um dia chuvoso; a neblina; a beleza da paisagem que desperta o desejo de viver na heroína condenada à morte. Louve-se ainda, em *Floradas*, a honestidade dos realizadores, que não hesitaram em apresentar, na narrativa soluçante e torturada, alguns momentos de crueldade que só os cinemas adultos conhecem: a troca de votos de Ano Novo à luz das velinhas do bolo, enquanto ouvimos os gritos de Olga, levada à força para o sanatório; a visita de Lucília (Cacilda Becker) ao dormitório coletivo do sanatório, com sua deprimente sucessão de leitos brancos; a queda de Lucília no alto da colina, como um animal ferido de morte. Também na sequência do aniversário de Belinha (Gilda Nery), Salce & Carpi voltam a empregar o contraste entre a ação exterior (acontecimentos, gestos, palavras vazias) e a desolação íntima das personagens.

Mas de nada adiantariam os esforços da equipe, se a fita não tivesse Cacilda Becker, mais que sua espinha dorsal, sua alma, sua razão de ser. Pela primeira vez, em nosso meio, vemos uma atriz que justifica e garante a integridade de um filme dramático, como Pierre Fresnay, em *Monsieur Vincent*, de Maurice Cloche. A adaptação da grande atriz do Teatro Brasileiro de Comédia ao meio cinematográfico é um fato indiscutível. A seu respeito houve quem citasse Bette Davis, Margaret Sulivan e outras notáveis. Pessoalmente, preferimos que Cacilda continue Cacilda – fenômeno que, bem aproveitado, levaria nossos filmes ao estrangeiro mais depressa que a obsessão folclórica dos Cavalcanti.

A segunda figura do elenco é Lola Brah, cujas passagens pela tela são momentos de reações favoráveis da plateia. Miro Cerni, dentro de seu tipo, é o melhor ator do cinema nacional. Gilda Nery, Ilka Soares, Silvia Fernanda e Marina Freire defendem bem seus papéis. Jardel Filho não corresponde à responsabilidade de Bruno, multiplicando os malefícios de um papel muito mal escrito.

(Texto publicado na *Tribuna da Imprensa*, 1954.)

O canto do mar

É estranha a fase brasileira de Alberto Cavalcanti. Chegando aqui em 1949, depois de longa carreira nos cinemas francês (1922-1933) e inglês (1939--1948), avalizou com seu prestígio internacional o projeto de grande indústria da Companhia Cinematográfica Vera Cruz que, sem sua presença, não iria muito além da improvisação. Ele contribuiu decisivamente para o êxito de *Caiçara* na função de supervisor da produção; provocou uma onda de entusiasmo que deu origem a mais duas grandes empresas dotadas de grandes estúdios – a Maristela (já desaparecida) e a Multifilmes; e criou o primeiro projeto importante para a fundação de um Instituto Nacional do Cinema. Sua carreira, entretanto, sofreu estagnação desconcertante. Desde as comediazinhas comerciais que dirigiu no fim de sua fase francesa, nunca o cineasta caiu tanto como em *Simão, o caolho*. E a maior decepção ainda estava por vir: *O canto do mar*, no qual trabalhou pela primeira vez com inteira liberdade no Brasil (inclusive na escolha do argumento), é um filme frustrado.

A parte mais importante da obra inglesa de Cavalcanti – o trabalho em curta-metragem – autorizava-nos a acreditar em sua capacidade de adaptação à realidade brasileira. O movimento documentário inglês, que nele encontrou uma figura de vanguarda, foi importantíssimo na mobilização para a epopeia de resistência à máquina de guerra alemã. Ao voltar ao Brasil em 1949, aos 52 anos – idade em que a maioria dos cineastas ainda tem muito a dizer – Cavalcanti pareceu não enxergar a imensa riqueza que tinha pela frente: uma nação culturalmente jovem, ainda irrealizada, com 50 milhões de criaturas e uma fisionomia ainda irrevelada ao restante do mundo.

O canto do mar é refilmagem de *En rade* (França, 1927), de Alberto Cavalcanti, que os historiadores consideram um dos ápices de sua obra. Filmado com liberdade de autor – antes da complexidade técnica e econômica trazida pelo som –, este foi seu trabalho ficcional mais pessoal. "Uma das obras mais emocionantes do cinema francês", segundo Maurice Bardèche e Robert Brasillach (*Histoire du cinéma*). Em *O canto do mar*, as linhas gerais da antiga história não mudaram. Mas, nas mãos do escritor José Mauro de Vasconcelos, as situações melodramáticas (sobretudo na sequência em que a lavadeira provoca o suicídio do marido louco) ultrapassam os limites do verossímil.

É compreensível a nostalgia de Cavalcanti, o estado de espírito que o impulsionou nesse impossível regresso ao espírito da primeira *avant-garde* francesa. Depois de *En rade*, nenhum filme de longa-metragem justificou plenamente as esperanças de que foi alvo quando criou o documentário (com inserções de ficção) *Rien que les heures*, de 1926 – uma "sinfonia" da vida numa grande cidade (Paris) anterior a *Berlim*, de Walter Ruttman, e a *O homem com a câmera*, de Dziga Vertov, visualizando Moscou. Só nas obras-primas de tamanho reduzido, como o poema *Coal Face* (1936), e o episódio do ventríloquo de *Na solidão da noite* – voltou a entusiasmar a crítica mais exigente.

O cinema mudo tinha um atmosfera própria – a "poesia do silêncio", o mundo das sombras animadas que Chaplin não queria abandonar. Falado, o melodrama de *En rade* é insustentável. Seu porto geograficamente inexistente (aparentado com *Cais das sombras*, de Marcel Carné) transformou-se em Recife. E, situando-o dentro do problema do êxodo para o Sul, Cavalcanti pretendeu uma dimensão sociológica que teve o efeito de uma lente de aumento sobre as tintas melodramáticas.

Para o crítico Almeida Salles, um dos mais ferrenhos defensores de *O canto do mar*,

> parece uma confissão total. Todas as influências recebidas por Cavalcanti, na cenografia, na vanguarda francesa, no documentário inglês, a sua natureza sensível, a sua psicologia de exilado que volta ao seu país, todos esses fatores explodem aqui, dando a esta obra um cunho personalíssimo, transformando-a num documento precioso de caracterização de uma sensibilidade autêntica, que não se esconde, mas quer fazer do cinema um instrumento para a sua expansão.

O Nordeste visto por Alberto Cavalcanti

Os últimos meses têm-nos trazido vários filmes confessionais, talvez mais reveladores que diários íntimos: *Luzes da ribalta*, síntese da atitude chapliniana ante o mundo; *Rio sagrado*, síntese do humanismo de Jean Renoir (filme que, em paralelo com *O canto do mar*, só pode diminuir Cavalcanti ante seu contemporâneo da *avant-garde*); e *Depois do vendaval*, espelho do mundo másculo e sem ambiguidades de John Ford. Ao contrário desses filmes, que são pontos importantes na obra de seus realizadores, *O canto do mar* ficará apenas como um documento sobre Cavalcanti. Documento penoso, porque nascido no momento em que o cineasta mais necessitava (e procurava ansiosamente) uma reafirmação de sua arte.

Incompreensivelmente, os adeptos de *O canto do mar* encontraram nessa "confissão" motivos de regozijo. Cavalcanti volta a experimentações da fértil década de 1920 e quase toda sua viagem de volta é decepcionante. Salvam-se algumas sequências de grande beleza: a entrada do rapaz na igreja, a segunda sequência passada no *Maria do Mar*, a maior parte do prólogo (e excetuando-se a intervenção dos atores), o bumba meu boi e o frevo.

Enquanto os retirantes fogem da seca e os personagens centrais procuram fugir da miséria, Cavalcanti evita os problemas por ele mesmo suscitados e foge para o "país" dos espelhos e dos sonhos. Antes de tudo, *O canto do mar* é um filme anacrônico. Lá estão recursos superexplorados da velha *avant-garde*, as imagens superpostas (redundantes ou simplesmente dispensáveis), o espelho como símbolo (rachado e gasto na imagem da velha; ondulado ao refletir a figura de Ponina em pranto) etc. A fuga é uma espécie de leitmotiv na temática, na vida e na obra de Cavalcanti. Mas em *O canto do mar*, o emprego dos retirantes como leitmotiv é arbitrário. A narração que acompanha as imagens dos sertanejos é uma peça rara de subliteratura, pontilhada por arbustos cujos galhos ressequidos apontam para o céu "como que pedindo clemência"...

O filme indica claramente o avalista do "folclorismo" de *Caiçara*. Bumba meu boi, maracatu elefante, xangô, frevo, "galope" de viola e costumes regionais foram enxertados, ultrapassando muito o recorde de *Caiçara*. Cavalcanti agiu como um forasteiro deslumbrado, colecionando toadas de ninar, pregões de vendedores e mendigos, chegando ao cúmulo na sequência do velório do menino, no qual sua obsessão pelo detalhe pitoresco provoca riso.

O aspecto mais lamentável do filme é o pessimismo envolvente, mórbido, que flui de quase todas as cenas. Cavalcanti vê a pobreza dos nordestinos com lentes negras e não concebe que eles desfrutem sequer as pequenas felicidades que ajudam o pobre a esperar a morte. Além da resignação com a miséria (o caso de Maria), só resta a seus personagens a prostituição (Ponina), a loucura (Zé Luiz), o roubo (Raimundo) ou a fuga sem dignidade (Aurora).

Comentamos *O canto do mar* como obra de um cineasta de importância reconhecida em todas as antologias que abordam o cinema francês silencioso e o inglês da fase sonora. Elogiar as excelências técnicas de um filme de Cavalcanti seria absurdo. Reencontramos aqui o cineasta que é grande cultor da montagem e da fotografia, além de *art director* (não apenas cenógrafo) admirável. O Cavalcanti técnico está presente em cada quadro do filme, tornando mais penosa a ausência do Cavalcanti artista de *Na solidão da noite* e *Rien que les heures*. Excelentes os diálogos de Hermilo Borba Filho, a fotografia de Cyrill Arapoff e as interpretações (com altos e baixos inevitáveis no cinema brasileiro) de Cacilda Lanuza (Ponina) e Margarida Cardoso (a mãe). Muito instável, mas com bons momentos, os trabalhos de Aurora Duarte (Aurora), Ruy Saraiva (Raimundo) e Alfredo Oliveira (Zé Luiz).

(Texto publicado com o título "Cavalcanti e *O canto do mar*", na *Tribuna da Imprensa*, 1954.)

Uma pulga na balança

Exatamente 20 anos depois de sua estreia carioca, *Uma pulga na balança*, de 1953, da extinta Companhia Cinematográfica Vera Cruz, reaparece em sessões normais, abrindo a série que o Cinema 1 programou sob o título Grandes Momentos do Cinema Brasileiro. O interesse que a comédia satírica, dirigida pelo italiano Luciano Salce, ainda desperta fala em favor de valores como a história bem urdida, o roteiro minucioso, a integração de atores experientes, enfim, de coisas esnobadas pela maioria dos realizadores mais ambiciosos da década seguinte, aqueles anos de singular efervescência nos quais se cultivou o "novo" com desprezo suicida pelas garantias profissionais e pela infraestrutura industrial.

Sem dúvida, o papel industrializante da Vera Cruz, fundada pelo empreendedor Franco Zampari e apoiada (quando as principais linhas de inspiração do projeto-base já estavam lançadas) pelo retorno de Alberto Cavalcanti ao Brasil, não é um fenômeno passível de análise justa em algumas linhas de um artigo de jornal. Os erros evitáveis foram muitos e graves, a começar pela desnacionalização excessiva de suas equipes, mas o fracasso final da empresa deve ser debitado, sobretudo, às dificuldades de distribuição e exibição, que ainda persistem, apesar das muitas reivindicações transformadas em lei. Por maiores que fossem os erros, o projeto alcançou um nível médio de dignidade e operosidade que merecia dos governos a cobertura que não teve e, da crítica, uma abordagem menos rígida, mais compreensiva. Situo-me entre os que, em muitos casos, foram excessivamente exigentes. A permanência qualitativa de *Uma pulga na balança* exemplifica a severidade irrealista de grande parte da crítica da época.

Os meios expressivos evoluíram revolucionariamente entre 1953 e 1973, sem invalidar as tradições narrativas que sustentam o interesse das produções de nível médio em todo o mundo. A comparação entre *Uma pulga na balança* e a maioria das produções brasileiras dos últimos anos é extremamente lisonjeira para a equipe da Vera Cruz. Sem dúvida, tendo a sorte de contar com uma das histórias mais originais já filmadas no Brasil, a comédia de Salce está entre as melhores produções do repertório da empresa, abaixo de *O cangaceiro*, de Lima Barreto, mas disputando as posições subsequentes com *Sinhá Moça*, *Floradas na serra* e, em nível técnico-narrativo, com *Na senda do crime*.

O elenco, heterogêneo, com poucas descobertas cinematográficas, várias figuras de rádio e maciça presença de atores de teatro, tem categoria, principalmente pelos trabalhos do grupo formado no Teatro Brasileiro de Comédia (com Paulo Autran e Rui Afonso entre os mais seguros). A direção de Salce mantém o interesse pela trama e valoriza os trabalhos de alguns atores com pouca ou nenhuma experiência em cinema. Note-se, por exemplo, a revelação de Lola Brah no papel da viúva, interpretação de classe surpreendente, sensual, maliciosa, com extraordinária fluência de movimentos. Já Waldemar Wey, no personagem principal, transmite mais a superfície do excelente papel sem sequer roçar o *pathos* da inspiração meio chapliniana, meio clairiana que norteou o roteiro original de Fábio Carpi.

No panorama do cinema de hoje, o polivalente desencanto, os elementos ferozes de crítica social e certa angústia existencial subjacente valorizam a contribuição de Carpi. Seu pequeno ladrão que se faz prender de propósito, pondo em pânico ricos herdeiros mediante cartas em que simula relações criminosas com respeitáveis figuras da alta sociedade que acabam de falecer, é um eco inteligente e válido de *Monsieur Verdoux*, de Chaplin. Infelizmente, o inexperiente Luciano Salce ainda não tinha tarimba para equilibrar-se entre as proposições carpianas de comédia e drama, *féerie* e realidade.

(Texto publicado com o título "Quanto vale (ainda) uma pulga na balança", no *Jornal do Brasil*, 1973.)

O cangaceiro

As últimas energias do capitão Galdino, mortalmente baleado, concentram-se na mão que faz fluir entre os dedos um pouco de terra da caatinga nordestina. A ênfase desse momento poderia resvalar para o ridículo em um "filme de aventuras". Mas o público acolheu com emoção *O cangaceiro*, de Lima Barreto, de 1953, identificando-o com seu imaginário. Rompendo a supremacia comercial que a chanchada carioca detinha, tornou-se o maior êxito de bilheteria no país – fenômeno que deixou para trás o recordista de muitos anos, *O ébrio*, de Gilda de Abreu, melodrama lacrimoso cantado por Vicente Celestino.

No exterior, *O cangaceiro* não se limitaria a colecionador de láureas: correria o mundo, dublado em diversos idiomas, até em japonês e árabe. Lima Barreto, que nada lucrou com a obra, porque era um dos diretores na folha de pagamentos da Companhia Cinematográfica Vera Cruz, teve a consagração de uma trajetória internacional nunca alcançada, antes ou depois, pela produção pátria. Livre atirador, individualista, fascinado pelo cinema desde a infância no interior de São Paulo, teve seu momento de glória longe de qualquer modismo, grupo ou militância política.

Minimizar a contribuição do cineasta (às vezes até ridicularizado por preconceitos culturalistas e ideológicos) equivale a repetir a cortina de silêncio que as elites cerraram em torno de outro Lima Barreto (Afonso Henrique de Lima Barreto), o romancista de *Clara dos Anjos*. Postumamente, o escritor teve suas obras completas editadas para o aprendizado e (por que não?) a penitência da sociedade. No caso de seu homônimo, seria preciso garimpar perto de 150 títulos: reportagens cinematográficas, comerciais, documentários e duas ficções em longa-metragem. E não chegaríamos a reunir suas obras completas sem a prospecção e a edição de seus inúmeros argumentos e roteiros que assombraram críticos, confrades e amigos durante décadas.

"*O cangaceiro* foi para mim uma experiência, um sonho, o início de uma era que não se completou", disse Lima Barreto, que só viria a concretizar um segundo longa-metragem, o insatisfatório *A primeira missa*, sob um selo independente, em 1960. O fundador da Vera Cruz, o industrial Franco Zampari, imigrante italiano (que viabilizou, na década de 1940, a criação do Teatro Brasileiro de Comédia – TBC), não acreditava no sonho do cineasta e só admitiu produzi-lo sob ultimato de um amigo e sócio-chave na "Holywood brasileira", Caio Pinto Guimarães.

O êxito fez com que, apesar do desamor de Zampari por Lima Barreto, outro legendário projeto deste, *O sertanejo*, fosse anunciado como outro passo monumental (ou tábua de salvação) da empresa paulista. Permaneceu na gaveta. A Vera Cruz faliu antes de testar essa segunda chance épica, depois de vender sua galinha dos ovos de ouro à Columbia, principalmente para quitar dívidas com essa distribuidora norte-americana.

Apesar da grande tarimba em curta-metragem (uma faina quase anônima que produziu, entre outros, o filme *Fazenda velha*, lírico e nostálgico), Lima fora contratado pelos estúdios de Zampari, inicialmente, como ator (o que nem era seu *métier*) aparecendo em *Terra é sempre terra* e *Tico-tico no fubá*. Seu histrionismo – fora da tela – fascinou intelectuais como Paulo Emílio Sales Gomes. O ensaísta ficou de tal maneira impressionado pela leitura pública de seu roteiro mais ambicioso que, um ano depois, ao ser inquirido sobre qual era o melhor filme brasileiro, respondeu: "Será *O sertanejo*. A impressão de maturidade artística dada pelo projeto convenceu-me de que, terminado o filme, *O cangaceiro* ficaria automaticamente relegado a uma posição de obra interessante, sobretudo pelo que continha como promessa."

O impacto e as inspirações renovadoras de *O cangaceiro* ultrapassam muito suas virtudes cinematográficas. Seus "cabras" estranhamente a cavalo (sabe-se que os cangaceiros moviam-se e atacavam a pé) foram concebidos por um prisma romântico, e assim passaram a povoar um novo gênero do cinema nacional – uma contrapartida ao riquíssimo filão do *western* norte-americano. Não por acaso, os filmes de cangaço seriam alinhados pelo crítico Salvyano Cavalcanti de Paiva sob uma rubrica de sua autoria: "nordestern".

O roteiro já acumulava muita poeira do tempo quando Rachel de Queiroz foi convidada pela Vera Cruz para colaborar na versão final. Ao que indicam as melhores fontes, o papel da fértil escritora, tão íntima do sertão nordestino, limitou-se à autoria de diálogos. O *timing* do diálogo, em vários pontos, não se acomoda muito bem com o espaço-tempo das imagens, sem que se possa culpar a autora de *O Quinze*, cinéfila, mas sem experiência de cinema. Tais desarmonias podem ser consideradas inevitáveis numa produção acidentada (nove meses em produção, nove meses de filmagem), durante a qual Lima lutou incessantemente contra o "patrulhamento" estético e técnico dos estúdios.

Lima Barreto, o primeiro "matador de cangaceiros"

O cangaceiro tem ritmo quase perfeito para seu tipo de narrativa, mas é impossível avaliar o que perdeu (ou eventualmente ganhou) na sala de montagem, onde reinava o editor Oswald Haffenrichter, de origem austríaca, com grande experiência em vários países europeus, e que se expressava em alemão. Na fotografia, Lima tentava (sem resultados que o satisfizessem) manter sob controle o competente inglês Chick Fowle, um dos técnicos de diversas nacionalidades que Alberto Cavalcanti decidiu importar quando contratado como "produtor geral" pela Vera Cruz. A opção pela "múltipla nacionalidade" do núcleo técnico refletia a preocupação de Cavalcanti em evitar a hegemonia de profissionais de qualquer etnia nos nascentes estúdios.[47]

Embora distante da crítica social, *O cangaceiro* derruba os muros que mantinham nossa galeria de "heróis" dentro dos figurinos sociais pré-aprovados. Com Galdino (Milton Ribeiro), Teodoro (Alberto Ruschel) e demais "cabras", o caos e a violência explodem na tela. Esses homens à margem, revoltados, sem destino certo entre as ondas de injustiça social, nunca foram vistos antes nas telas. Sua presença abriria caminho para personagens como o glauberiano Antonio das Mortes e outros heróis complexos dos anos 1960, tempo do Cinema Novo.

(Texto publicado com o título "A glória singular de Lima Barreto", no *Jornal do Commercio*, 1997.)

47 Quando visitei as filmagens de *O cangaceiro*, Lima se queixava das intervenções cirúrgicas da sala de montagem, onde Haffenrichter já teria descartado várias cenas. E também do trabalho de Chick Fowle, não familiarizado com a luz brasileira.

Sinfonia amazônica

Fazer cinema sem subserviência é uma das formas modernas de heroísmo. Georges Méliès, o primeiro artista com uma câmera, o criador do fantástico no cinema, conheceu a glória e a ruína, e terminou seus dias em um modesto abrigo para idosos. Émile Cohl, o grande desbravador do desenho animado, morreu na miséria. No Brasil, essa estirpe de heróis está representada pelo artista plástico e criador de animação Anélio Latini Filho, realizador do primeiro desenho brasileiro de longa-metragem, *Sinfonia amazônica* (1947-1953). Trabalhando no estúdio que improvisou em um quarto dos fundos da casa onde residia, no bairro da Tijuca, no Rio de Janeiro, produziu essa coletânea de lendas amazônicas.

A preocupação com o público levou-o a trabalhar, inicialmente, com personagens e cenas de recorte disneyano, como se vê, por exemplo, no bailado das borboletas, na primeira parte. Aos poucos foi ganhando confiança em seu trabalho e o filme evolui para uma linha mais criativa.

Anélio Latini começou a fazer desenhos curtos sem ter lido nada sobre as técnicas do gênero. Teve que desenvolver da estaca zero sua própria arte de animação. Fez praticamente tudo. A equipe do primeiro longa de Walt Disney, *Branca de Neve e os sete anões*, contou com oito adaptadores, sete desenhistas de cenários, dois desenhistas de vestuário e 24 animadores. Latini fez cerca de 500 mil desenhos sozinho. Insistimos nesse ponto, porque é uma façanha heroica. O poder público negou qualquer auxílio ao artista. Ele recorreu ao regime de cotas, vendeu cotas de participação na produção a preço de sabonete e conseguiu reunir 650 mil cruzeiros. A transfusão de coragem assim oferecida ao cinema nacional obriga cada brasileiro a comparecer com sua "cota" na bilheteria.

Quando ainda não contava com recursos pecuniários, conseguiu a colaboração entusiástica do folclorista Joaquim Ribeiro, que escreveu o argumento a partir de sete lendas amazônicas. O simpático elemento de ligação entre as histórias é o Curumim, indiozinho esperto que percorre a Amazônia montado no Boto, seu amigo e cicerone. Há o Filho do Sol, apaixonado pela Filha da Cobra Grande; o Urutau, pássaro melancólico, que não se conforma com a impossibilidade de concretizar sua paixão pela Lua; o Japu, pássaro negro em que se transforma o Curumim ao alcançar um raio; a Iara, que dança à luz da Lua; o Jabuti, malandro, dançando um chorinho que executa em sua flauta feita de canela-de-onça. O legendário Almirante empresta sua voz ao Boto.

Sem recursos para encomendar uma trilha cinematográfica a compositores brasileiros, utilizou músicas que explicam em parte o ritmo lento da maioria das cenas: prelúdios do primeiro e terceiro atos de *Lohengrin*, de Wagner; *A gruta de Fingal*, de Mendelssohn; o primeiro movimento da *Sinfonia inacabada*, de Schubert; *Guilherme Tell*, de Rossini; *Prelúdios sinfônicos* de Liszt; e *A dança dos espíritos*, de Gluck. A participação brasileira na trilha se limita às músicas para as lendas do Fogo e da Caipora, compostas por Homero Dornelas, e aos chorinhos que acompanham o Jabuti e a Caipora, de Élio Latini, irmão de Anélio. A realização do prólogo documental sobre *Sinfonia amazônica* coube a outro dos irmãos Latini, Mário, que também fotografou o filme.

(Reunião de dois textos publicados na *Tribuna da Imprensa*, 1953.)

A Atlântida e a chanchada

A chanchada foi responsável pelas primeiras vozes do cinema falado brasileiro, gravadas em *Acabaram-se os otários*, de Luiz (Lulu) de Barros (São Paulo, 1929), e já ostentava um currículo de sucessos comerciais no final da década de 1930. O projeto inicial da Atlântida (Rio de Janeiro), voltado para produções sérias, entrou na contramão da História. Nada podia ser mais quixotesco do que a fundação da empresa, em 1941. A guerra ampliava as dificuldades de acesso aos filmes virgens. O fascismo, no apogeu, tinha sua versão verde-amarela no Estado Novo getulista, com censores trabalhando *full time*. O mercado exibidor brasileiro era quase um quintal de Hollywood. A Sonofilmes fora devorada por um incêndio. A Brasil Vita Filmes estava no quinto ano de produção de *Inconfidência mineira*, dirigido pela atriz Carmen Santos, que só seria lançado em 1948, com desastrosas bilheterias. E a Cinédia, do grande pioneiro Adhemar Gonzaga, só sairia do sufoco alugando seus estúdios para Orson Welles rodar *Its all true*.

O projeto Atlântida somou os entusiasmos idealistas do carioca Alinor Azevedo, jornalista com passagem por várias redações; do pernambucano José Carlos Burle, compositor, médico, cronista de rádio (e, às vezes, de cinema) do *Jornal do Brasil*; e do mineiro Moacyr Fenelon, único técnico de cinema entre os três mosqueteiros. Estranhamente, nesse Brasil de 1941, bem relacionado com o Reich nazista, dois dos três mosqueteiros tendem para a esquerda: Alinor era membro do Partido Comunista Brasileiro, e Burle, simpatizante do socialismo. A cruzada tinha entre suas metas prestar "indiscutíveis serviços à grandeza nacional", reza o manifesto de lançamento da empresa. Os quixotes conseguiram atrair para o empreendimento o conde Pereira Carneiro, dono do *Jornal do Brasil*, sócio participante de toda a fase heroica dos estúdios. A Atlântida teve sede provisória no antigo prédio do jornal, no coração da avenida Rio Branco.

O estudo da história da Atlântida sofre com a carência de fontes. Hoje, diversos filmes podem ser apreciados em vídeo. Mas cerca de um terço do acervo (mais de 20 longas-metragens) desapareceu, vítima de um incêndio, uma inundação e muita imprevidência. Quem não viu a tempo, jamais conhecerá duas produções características da fase heroica: *Vidas solidárias*, de Moacyr Fenelon, e *Moleque Tião*, de José Carlos Burle. Nelas, era possível vislumbrar certa preocupação verista e social, partilhada por Alinor Azevedo, roteirista de *Moleque Tião*, e pelos diretores. *Moleque Tião*, o primeiro longa, inspirou-se

A infância do mito: Otelo quando *Moleque Tião*

na vida de Grande Otelo, então ainda sem a fama que o iluminaria a partir dos anos 1950. A escolha de um protagonista negro para a produção inaugural já era prova de coragem. *Vidas solidárias* defendia a socialização da medicina.

Também somos irmãos foi o primeiro filme brasileiro a tocar (embora superficialmente) no tema-tabu do preconceito racial.

ACERVO BIBLIOTECA JENNY KLABIN SEGALL/MUSEU LASAR SEGALL/IBRAM

Vera Nunes e Agnaldo Camargo: *Também somos irmãos*

Treze longas da Atlântida são dramas ou melodramas – alguns produzidos depois da saída dos três mosqueteiros, inconformados com a orientação do poderoso Luiz Severiano Ribeiro Jr., exibidor-distribuidor que se tornou grande acionista em 1947 e não tardou a assumir todo o controle. O cineasta mais fértil da nova fase é Carlos Manga, com 20 filmes. Diretor das chanchadas mais elaboradas, ele consegue (com a inventiva de *O homem de Sputnik*) o beneplácito da maior parte da crítica.

Entre *Moleque Tião*, o êxito inaugural, de 1943, e *O homem do Sputnik*, de 1949, grande estouro de bilheteria, a Atlântida manteve plateias fiéis ao cinema brasileiro, com grau de adesão jamais visto antes. Nesse período, nenhuma estrela de Hollywood amealhou, aqui, o número de ingressos vendidos pela dupla da casa, Oscarito e Grande Otelo. Na virada para os anos 1960 a chanchada entrou em crise e, com ela, o estúdio, que encerrou as atividades em 1962.

O emergente Cinema Novo se pretendeu responsável pela derrota da chanchada. Na verdade, o grande público emigrou para a frente dos televisores, atraído pela nova e gratuita fonte de entretenimento. Quando buscou maior comunicação com o clássico *Macunaíma*, o cinemanovista Joaquim Pedro de Andrade adotou, além do emblemático Otelo e influências do gestual desse ator, uma série de travestimentos da chanchada. O gênero se extingue como linha de produção, mas não desaparece do imaginário brasileiro. Uma das provas é a reaparição de seus elementos farsescos em telenovelas, a partir de *Feijão maravilha*, de 1979.

Durante 20 anos, a Atlântida esteve no meio do fogo cruzado entre os defensores de um cinema "sério", de dramaturgia estruturada e alguma consistência como linguagem audiovisual, e aqueles que viam nas improvisações da chanchada um caminho natural para o cinema brasileiro. Em 1952, *Amei um bicheiro*, *tour de force* de dois cineastas originários da crítica, Jorge Ileli e Paulo Vanderley, foi saudado na mídia como um modelo para a elevação do nível de produção da empresa. O roteirista Ileli se inspirou na escola do *thriller* norte-americano para fundamentar uma linguagem fílmica expressiva, sem

Cyll Farney, à direita, o bicheiro de Ileli e Vanderley em *Amei um bicheiro*

Inalda de Carvalho, Oscarito, Julie Bardot, Otelo: *Matar ou correr*

prejuízo da legitimidade brasileira dos personagens. Seu sucesso, no entanto, não teve a menor consequência nos destinos da Atlântida.

Os filmes de maior efeito na formação do estilo característico da produtora levaram a assinatura de Watson Macedo: as chanchadas carnavalescas *Este mundo é um pandeiro*, de 1947, e *Carnaval no fogo*, de 1949. Watson chegara lá como montador, envolvendo-se aos poucos com cenografia, roteiro e direção. Era encabulado com o perfil de chanchadeiro, mas as filas para seus lançamentos causavam problemas de trânsito.

Os críticos estavam cobertos de razões quando combatiam o pauperismo técnico e narrativo das chanchadas. Mas faltou visão para observar que aquele humor frequentemente grosso e macaqueador de filmes importados (este o caso de *Nem Sansão, nem Dalila*, *Matar ou correr*) correspondia a um processo de sobrevivência não muito inventivo, mas legítimo, em um mercado culturalmente colonizado.

* * *

Oscarito (1908-1970), que nasceu em uma família espanhola de tradição circense e veio para o Brasil com um ano de idade, merece uma reverência especial. Consagrado no teatro de revista (até pelo mais famoso alvo de suas charges, Getúlio Vargas, que ia vê-lo nos palcos), multiplicou seu histrionismo em frente das câmeras e, durante mais de 20 anos, foi a maior alegria do povo nas telas. Certo, havia Grande Otelo na dupla de ouro das chanchadas. Mas se Otelo foi mais longe com sua sensibilidade dramática, na comédia Oscarito era mais versátil e fértil, certamente mais universal.

Doce, modesta e tímida criatura na chamada vida real, Oscarito tomava a iniciativa de inventar seu "dever de casa". Refletia, levava a sério sua graça-ganha-pão, embora sem ambicionar caminhos críticos ou cerebrais como os de Carlitos ou de Buster Keaton. Também não se deixou moldar pelo histrionismo mais elaborado do personalíssimo Mesquitinha, que o dirigiu num de seus primeiros passos cinematográficos, *Está tudo aí*, de 1939, e sem dúvida marcou sua carreira. Impagável nas improvisações, nas gingas caricatas, na irreverência sem grossura, encantou as plateias com a espontaneidade de sua expressão corporal. Oscarito "parecia manter seu corpo impermeável à domesticação pelos diretores", disse o crítico Sérgio Augusto.

> E bem que eles tentaram domesticá-lo. Muitos dos trejeitos que o ator repetia de outros filmes seus lhe foram impostos, com a esfarrapada desculpa de que o grande público só apreciava de sua histrionice a face menos criativa. Dócil, Oscarito acabou cedendo mais do que merecia o seu genial dom para a invenção e o improviso.[48]

(Texto adaptado das matérias "Uma Atlântida que não submerge", publicada no *Jornal do Brasil*, 2002, e "Os anos virgens do cinema brasileiro", publicada em *O Globo*, 1990.)

48 AUGUSTO, Sérgio. *Este mundo é um pandeiro: a chanchada de Getúlio a JK*. São Paulo: Cinemateca Brasileira/Companhia das Letras, 1989.

TRAJETÓRIA DO AUTOR

JORNAIS E REVISTAS

Ely Azeredo escreveu cerca de 5.500 textos sobre cinema, dos quais aproximadamente 4.350 são críticas, resenhas e ensaios sobre filmes. Quase todos foram veiculados em publicações do Rio de Janeiro. A seguir, uma pequena retrospectiva de sua trajetória.

1949-1952 A primeira crítica, assinada com pseudônimo, foi acolhida em 1949 na coluna do crítico Jonald (Oswaldo de Oliveira) no vespertino *A Noite*. Era sobre o filme francês *Escravas do amor*, dirigido por Yves Allégret, com Simone Signoret e Marcel Dalio. Também não profissionalmente, publicou artigos na *Gazeta de Notícias* ("Cavalcanti na França" e "Cavalcanti na Inglaterra"); em *O Fluminense*; e notas críticas em jornais dos Diários Associados, a convite do crítico Pedro Lima. Em novembro-dezembro de 1952, como voluntário, e por indicação do jornalista Newton Carlos, fez a cobertura informativa e crítica da primeira Retrospectiva do Cinema Brasileiro, promovida na capital paulista pela Filmoteca do Museu de Arte Moderna de São Paulo (depois Cinemateca Brasileira), para a *Tribuna da Imprensa*.

1953-1969 Iniciou a carreira de jornalista profissional no jornal *Tribuna da Imprensa*, após a aprovação de um projeto de coluna de cinema pelo diretor-editor Carlos Lacerda. No período entre 1965 e 1969 assinou também com o pseudônimo Marcelo Torres.

1958 Escreveu ensaios e matérias especiais para o SDJB (Suplemento Dominical do *Jornal do Brasil*), caderno de cultura editado por Reinaldo Jardim que, apesar da denominação, circulava aos sábados.

DÉCADAS DE 1950 E 1960 Escreveu ensaio sobre Ingmar Bergman e crítica de *Sorrisos de uma noite de verão* na *Revista de Cinema*, de Belo Horizonte, editada por Cyro Siqueira. Publicou textos críticos e matérias especiais em vários números da revista *Senhor*, críticas no informativo da Cinemateca do Museu de Arte Moderna do Rio de Janeiro e colunas de cinema nos periódicos *Revista da Semana* (nas duas fases, editadas por Joel Silveira e Helio Fernandes) e *Maquis*. Teve colaborações esparsas nas publicações *Jornal do Cinema* (em 1956, em número editado por Antonio Moniz Vianna e Jorge Ileli), *Manchete*, *Publicidade & Negócios* e *O Semanário*.

1963 Foi coordenador e redator do primeiro número da *Revista do Geicine* (Grupo Executivo da Indústria Cinematográfica), vinculado aos ministérios da Educação e Cultura e da Indústria e Comércio, e presidido por Flávio Tambellini. Apresentou programa semanal na Rádio Roquette Pinto.

1965-1982 No *Jornal do Brasil*, escreveu crítica de cinema a convite de Alberto Dines. No período em que trabalhou no jornal, publicou também ensaios, matérias especiais, além da participação na seção semanal Conselho de Cinema e coberturas internacionais. Foi coordenador de página semanal reunindo críticos convidados. Inaugurou a tradição das indicações críticas no roteiro diário dos cinemas. No mesmo roteiro, criou a retranca "Extra", com a programação de cineclubes e centros culturais.

1965-1966 Foi coordenador editorial, redator, autor de ensaios e críticas na revista *Filme Cultura*, projeto que elaborou em colaboração com Flávio Tambellini – fase editada pelo Geicine e pelo Ince (Instituto Nacional de Cinema Educativo).

1967-1970 e 1972-1976 Foi editor, com Carlos Fonseca, redator, autor de ensaios e críticas em *Filme Cultura*, que se tornou publicação do INC (Instituto Nacional do Cinema).

1967-1970 Coeditou o catálogo trilíngue *Brasil Cinema*, editado pelo INC.

1969 Foi chefe de redação do II Festival Internacional do Filme (II FIF-Rio).

1972-1975 Coordenou, junto com Carlos Fonseca, o Setor de Publicações do INC.

1972-1976 Publicou críticas na revista *Guia de Filmes*, editada por Paulo Perdigão, publicada pelo INC.

1982-1995 Escreveu críticas, resenhas e matérias especiais de cinema para o jornal *O Globo*, a convite de Evandro Carlos de Andrade e Fuad Atala, assumindo, numa segunda etapa, a coordenação de todos os textos sobre cinema do Segundo Caderno. No mesmo período, escreveu artigos críticos avulsos para o *Pasquim*, na fase editada por Jaguar.

1986 Escreveu resenhas críticas de filmes em vídeo no periódico *Jornal da Globovídeo*.

1988 Fez o artigo de apresentação de *O Rio no cinema/O cinema no Rio*, publicação da exposição fotográfica homônima, da Secretaria de Cultura do Estado do Rio de Janeiro.

1995 Escreveu o artigo "Mito e realidade de Glauber Rocha", na revista *Piracema*, da Funarte, editada por Ivan Junqueira; a retrospectiva crítica "Cem anos de cinema", na revista *Desfile*; e a retrospectiva crítica "Setenta anos de cinema", na publicação *O Globo/70 anos*, coordenada por Luiz Garcia, comemorativa do aniversário deste jornal.

1996-1997 Criou e redigiu a página semanal Filmes em Vídeo, no *Jornal do Commercio*, editado por Nilo Dante, com críticas e matérias especiais.

1999 Publicou críticas de cinema no *site* ISM News.

2001 Escreveu críticas de cinema e matérias especiais para o *site* do CCBB (Centro Cultural Banco do Brasil), produzido por Ernesto Soto.

2002 Redigiu texto sobre o filme *Barravento*, no encarte *Riofilme* (coordenado por Arnaldo Carrilho), da *Revista de Cinema*, de São Paulo.

2002-2004 Escreveu páginas semanais (críticas, ensaios, matérias especiais) no *Jornal do Brasil*, editado por Nilo Dante.

2006-2009 Escreveu resenhas críticas no jornal *O Globo* (Segundo Caderno e suplemento RioShow).

2007-2008 Artigos no *site* *Criticos.com.br*, editado por Marcelo Janot e Carlos Alberto Mattos.

2008 Publicou críticas na revista *Reserva Cultural*, São Paulo, editada por Miguel de Almeida.

2009 Escreveu "O ecologista do cinema", prefácio do livro *O momento mágico*, de Jurandyr Noronha, com coordenação editorial de Gilberta Noronha Mendes e Julio Heilbron, EMC Edições.

LIVROS

Il Cinema brasiliano. Capítulo "Walter Hugo Khouri". Organização de Paulo Emílio Sales Gomes. Gênova: Silva Editore, 1961.

Humberto Mauro: sua vida, sua arte, sua trajetória no cinema. Participação com texto sobre o Festival Humberto Mauro, realizado em Cataguases, em 1961. Organização de Alex Viany. Rio de Janeiro: Artenova/Embrafilme, 1978.

Infinito cinema. Críticas e ensaios. Apresentação de Jorge Ileli. Rio de Janeiro: Unilivros, 1988.

A escrita do olhar. Manual de roteiro. Rio de Janeiro: Edição do Autor, 2001.

City of God in Several Voices: Brazilian Social Cinema as Action. Ensaio sobre *Cidade de Deus*. Organização de Else R.P. Vieira. Londres: Critical, Cultural and Communications Press, 2006.

Cinema político italiano – Anos 60 e 70. Participação com crítica. Organização de Alvaro Machado. São Paulo: Cosac Naify/Mostra Internacional de Cinema de São Paulo, 2006.

Brando: o ator no cinema. Livro da mostra homônima, com curadoria de Bianca Comparato; participação com o capítulo "Um inventor no cinema". Coordenação de Bianca Comparato e Fabiana Comparato. Rio de Janeiro: Caixa Cultural, 2009.

REALIZAÇÕES E PROJETOS

Junto com o crítico Alberto Shatovsky, idealizou a implantação de cinemas de arte no Brasil, a exemplo dos Cinémas d'Art e d'Essai franceses. Foi fundador dos cinemas de arte Mesbla (1959) e Alvorada (1960), em colaboração com Shatovsky (com quem estabeleceu os programas) e o diretor de publicidade Oswaldo Leite Rocha. No Mesbla (onde já funcionava um teatro), com a participação da Sociedade Teatro de Arte. No Alvorada, com o apoio do exibidor Lívio Bruni.

Articulou, em 1960, a campanha que resultou na fundação da Associação Brasileira de Cinemas de Arte, com sede na Cinemateca do Museu de Arte Moderna do Rio de Janeiro, reunindo também dirigentes de cineclubes e de outras instituições culturais.

Relatou durante a Primeira Convenção Nacional da Crítica Cinematográfica, em São Paulo, em 1960, a tese aprovada sobre "o papel vanguardista da crítica no desenvolvimento do cinema brasileiro", de autoria do crítico Walter da Silveira. Ely Azeredo participou das comissões de Assuntos Culturais, Assuntos Corporativos e Redação. A convenção foi promovida pela Comissão Estadual de Cinema (Conselho Estadual de Cultura) e pela Secretaria de Negócios do Governo do Estado de São Paulo.

Lançou, como crítico e animador cultural, o Cinema Novo, que eclodiu no começo da década de 1960 e recebeu esta denominação em 1961. A origem do nome do movimento foi o título da revista *Cinema Novo*, projeto de Ely Azeredo, que não chegou a circular, mas recebeu a adesão de Glauber Rocha, Carlos Diegues, Walter Lima Júnior, Sérgio Augusto, além de outros críticos e cineastas.

Foi um dos organizadores do Festival Humberto Mauro, em 1961, primeiro festival em homenagem ao cineasta, promovido pela ABCC (Associação Brasileira de Cronistas Cinematográficos), com apoio do Instituto Nacional de Cinema Educativo. Realizado em Cataguases, cidade mineira onde se desenvolveu um dos principais ciclos regionais do cinema brasileiro.

Idealizou e integrou a Comissão Permanente de Defesa do Cinema Brasileiro, constituída a partir de ato público na ABI (Associação Brasileira de Imprensa) em 1962, reunindo jornalistas, atores e cineastas em protesto contra a proibição e a apreensão de cópias do filme *Os cafajestes*, de Ruy Guerra, no Rio de Janeiro, retirado de cartaz pela polícia durante projeções em circuito.

Foi o primeiro crítico brasileiro a integrar o júri do Festival Internacional de Cinema de Berlim, em 1965, na categoria longas-metragens.

Participou de campanha de imprensa pela criação do INC (Instituto Nacional do Cinema), autarquia do Ministério da Educação e Cultura, instituída em 1966, a partir de anteprojeto do Geicine (Grupo Executivo da Indústria de Cinema), sob supervisão de Flávio Tambellini.

Criou, com Flávio Tambellini, a revista *Filme Cultura*, a partir de sugestão do Geicine, com o objetivo de "contribuir para o debate e a informação sobre os diversos problemas do cinema". Foi a publicação de cultura cinemagráfica de maior longevidade no país: de 1966 a 1988. Em 2007, o CTAV (Centro Técnico Audiovisual), vinculado ao Ministério da Cultura, editou um número especial da revista.

Teve tese aprovada durante o I Congresso Nacional de Comunicação, promovido pela ABI em 1971, defendendo a instituição de cinerrevistas, novo gênero de atualidades cinematográficas, em substituição ao antigo formato dos cinejornais, que o telejornalismo tornou obsoletos.

Sua tese de criação do Estatuto Nacional do Cinema de Arte foi aprovada no Congresso da Indústria Cinematográfica Brasileira, promovido pelo Instituto Nacional do Cinema em 1972. O estatuto, aprovado pela direção do INC, não foi oficializado por oposição de representantes da produção brasileira no Conselho Deliberativo da autarquia.

Elaborou o projeto da Mostra Internacional de Filmes para a Juventude, em 1973, e estabeleceu acordos com a Children's Film Foundation (Londres) e o Comité International du Cinéma pour l'Enfance et la Jeunesse, organismo vinculado à Unesco. A mostra foi promovida pelo Instituto Nacional do Cinema, Clube de Cinema do Rio de Janeiro e Air France. Os filmes começavam a chegar ao Rio de Janeiro quando a participação da URSS e de países do bloco soviético desagradou a autoridades militares, que proibiram a realização da mostra.

Elaborou o projeto e foi membro do júri do Primeiro Concurso Nacional de Roteiro, lançado em 1975 pelo INC (Instituto Nacional do Cinema), com adesão da Embrafilme. Três dos roteiros selecionados deram origem a longas-metragens: *Revólver de brinquedo*, *A volta do filho pródigo* e *Vida vida* (telefilme).

Foi curador da Mostra Oito Filmes que Reinventaram o Cinema, em 1978. A mostra, em comemoração aos 25 anos de atividade de Ely Azeredo, foi uma homenagem do Centro Cultural Cândido Mendes, do Cinema 1 e do *Jornal do Brasil*.

Foi fundador e diretor do Estúdio A (1979-1983), núcleo pioneiro que lançou oficinas livres de Roteiro e Linguagem do Cinema, e de Criação de Programas de Televisão. Teve a participação de roteiristas (José Louzeiro, Leopoldo Serran, Antonio Carlos Fontoura, Doc Comparato), técnicos (Jorge Monclar, Vera Freire), diretores e criadores de programas de TV (Fábio Sabag, Fernando Pamplona, Milton Gonçalves, Paulo Afonso Grisolli).

Elaborou o projeto e foi curador, junto com o cineasta e pesquisador Jurandyr Noronha, de *O Rio no Cinema/O cinema no Rio*, mostra fotográfica e projeções de filmes comemorativas do 90º aniversário do cinema brasileiro, na Casa de Cultura Laura Alvim. Promovida em 1988 pela Secretaria da Cultura do Estado do Rio de Janeiro, com produção de Julio Heibron, Cinesul.

Organizou e foi professor de núcleos de Roteiro no Sindicato dos Escritores, na Fesp (Fundação Escola de Serviço Público) e na Biblioteca Pública do Estado do Rio de Janeiro na década de 1990.

Foi curador, fez a seleção dos filmes favoritos e ministrou palestra no Museu da República, em 1993, uma homenagem promovida pelo Cineclube Estação Botafogo.

Criou e dirigiu, com José Louzeiro, o Casarão de Laranjeiras (1998-2000), centro de oficinas de Produção, Roteiro, Montagem e Assistência de Direção, que também promoveu as oficinas Alfred Hitchcock e Stanley Kubrick.

Criou, com José Louzeiro, o projeto de oficinas Usina do Roteiro (2001-).

FICHAS TÉCNICO-ARTÍSTICAS

70 ANOS DE BRASIL

Direção e roteiro: Jurandyr Noronha. Prospecção de cinejornais e documentários: Jurandyr Noronha, com a colaboração de Júlio Heilbron e Eduardo Ruegg. Em preto e branco. Produção: Cinesul. Rio de Janeiro. 1974.

AINDA AGARRO ESTA VIZINHA

Direção: Pedro Carlos Rovai. Roteiro: Oduvaldo Viana Filho e Armando Costa. Fotografia (cores): Tony Rabatoni. Montagem: Raymundo Higino. Desenho de produção e figurinos: Colmar Diniz. Música: Eduardo Souto e André José Adler. Efeitos especiais de som: Geraldo José. Produção: P.C. Rovai/Egon Frank/Sincrocine/Embrafilme. Rio de Janeiro. 1974.
Elenco: Adriana Prieto, Cecil Thiré, Lola Brah, Wilza Carla, Carlos Leite, Hugo Bidet, Fregolente, Roberto Marques, Meiry Vieira, Sérgio Hingst, Angelo Antonio, Valentina Godoy, Nydia de Paula, Martim Francisco, Edy Star, Walter Schilke, Marcelo Baraúna, Eduardo Vivacqua, Jomar Nascimento.

ALMA CORSÁRIA

Direção, roteiro original, fotografia (cores) e música: Carlos Reichenbach. Montagem: Cristina Amaral. Direção de arte: Renato Theobaldo. Desenho de produção: Henrique Lanfranchi. Figurinos: Andréia Ramalho. Produção: Sara Silveira/Dezenove Som e Imagem Produções. São Paulo. 1993.
Elenco: Bertrand Duarte, Jandir Ferrari, Andrea Richa, Flor, Mariana de Moraes, Jorge Fernando, Emílio Di Biasi, Abrahão Farc, Roberto Miranda, Ricardo Petraglia, Walter Forster, Christiane Couto, Carolina Ferraz, Bruno de André, David Ypond, Rosana Seligmann, Leonardo Medeiros.

AMULETO DE OGUM, O

Direção, adaptação e roteiro: Nelson Pereira dos Santos. Argumento original: Francisco Santos. Fotografia (cores): Hélio Silva, José Cavalcanti e N.P. dos Santos. Montagem: Severino Dadá e Paulo Pessoa. Cenografia e figurinos: Luiz Carlos Lacerda de Freitas. Música: Jards Macalé. Produção: Regina Filmes (N.P. dos Santos) e Embrafilme. 1975.
Elenco: Jofre Soares, Anecy Rocha, Ney Sant'Anna, Maria Ribeiro, Emanuel Cavalcanti, Jards Macalé, Erley José, Francisco Santos, José Marinho, Antônio Carneiro, Washington Fernandes, Ilya Flaherty, Luiz Carlos Lacerda de Freitas, Waldir Onofre, Carlos Pereira, Flávio Santiago, Russo, Olney São Paulo, Clóvis Scarpino.

ANJO DA NOITE, O

Direção, roteiro e (com o pseudônimo Rupert Khouri) operação de câmera: Walter Hugo Khouri. Baseado em uma idéia de Fernando César Ferreira e em uma história de Hugo Conrado (Khouri). Fotografia (cores): Antonio Meliande. Montagem: Mauro Alice. Música: Rogério Duprat. Produtores: Luis de Miranda Corrêa e Geraldo Brocchi (L.M. Produções). São Paulo. 1974.
Elenco: Selma Egrei, Lilian Lemmertz, Pedro Coelho, Rejane Saliamis, Isabel Montes, Fernando Amaral, Waldomiro Reis.

ANJO LOIRO

Direção e roteiro: Alfredo Sternheim. Argumento: A. Sternheim e Juan Siringo. Fotografia (PB): Reynaldo Paes de Barros. Montagem: Eduardo Leme. Música: Mário Edson. Produção: Elias Cury. Coprodução: Condor Filmes. São Paulo. 1973.
Elenco: Vera Fischer, Mário Benvenuti, Célia Helena, Ewerton de Castro, Liana Duval, Lineu Dias, Léa Surian, Nuno Leal Maia, Ivete Bonfá, Vicente Tuttoilmondo, Vladimir Soares, Paulo Lara, Wanda Marchetti, Lídia Vani, Gracinda Fernandes, Inês Marinho, Mayara de Castro.

ANJO MAU, UM

Direção: Roberto Santos. Roteiro: R. Santos e Afonso Cláudio. Baseado no livro de Adonias Filho. Fotografia (cores): Hélio Silva. Montagem: Miguel Sagatio. Cenografia: José de Anchieta. Música: Rogério Duprat e Murilo Alvarenga. Produção: William Khouri/Walter Hugo Khouri (Kamera Filmes). São Paulo. 1971.
Elenco: Adriana Prieto, Flávio Portho, Francisco Di Franco, Murilo Alvarenga, Afonso Cláudio, Jonas Mello, Sérgio Hingst, Bárbara Fazio, Serafim Gonzalez.

AVENTURAS COM TIO MANECO

Direção e argumento: Flávio Migliaccio. Roteiro: F. Migliaccio e Roberto Farias. Fotografia (cores): José Medeiros. Montagem: Rafael Justo Valverde. Animação: Ely Barbosa. Desenho de produção: Régis Monteiro. Música: Leonardo Bruno e Ivan Paulo. Produção: R. Farias/Produções Cinematográficas R.F. Farias. Rio de Janeiro. 1971.
Elenco: Flávio Migliaccio, Odete Lara, Walter Forster, Rodolfo Arena, Mauro Farias, Luiz Mário Farias, Milton Vilar, Alfredo Murphy.

BANDIDO DA LUZ VERMELHA, O

Direção, produção, roteiro original e música: Rogério Sganzerla. Fotografia (PB): Peter Overbeck (não creditadas: sequências pelo operador Carlos Ebert). Montagem: Sílvio Renoldi. Desenho de produção: Andrea Tonacci. Produção: Urânio Filmes. São Paulo. 1968.
Elenco: Paulo Vilaça. Helena Ignez, Sérgio Hingst, Luiz Linhares, Sônia Braga, Ítala Nandi, Pagano Sobrinho, Roberto Luna, Sérgio Mamberti, Carlos Reichenbach, Renato Consorte, Maurice Capovilla, Lola Brah, Lenoir Bittencourt, José Marinho, Ezequiel Neves, José Alberto Reis, Antonio Lima, Miriam Mehler, Júlio Colasso, Renata Souza Dantas, Neville D'Almeida, Carlos Farah. Narração: Hélio Aguiar.

BARRAVENTO

Direção: Glauber Rocha. Argumento: Glauber Rocha (a partir do original de Luiz Paulino dos Santos). Roteiro: Glauber Rocha e José Telles de Magalhães (a partir do original de L.P. dos Santos). Diálogos: Glauber Rocha e L.P. dos Santos. Fotografia (PB): Tony Rabatony. Montagem: Nelson Pereira dos Santos. Música: samba de roda e capoeira de Washington Bruno (Canjiquinha); samba de Batatinha. Produtores: Rex Schindler e Braga Neto. Produção: Iglu Filmes. Bahia. 1960.
Elenco. Antonio Sampaio (Antonio Pitanga), Luiza Maranhão, Lucy Carvalho, Aldo Teixeira, Lídio Cirillo dos Santos. Rosalvo Plínio, Alair Ligori, Antonio Carlos dos Santos, d. Zezé, Flora Vasconcelos, Jota Luna, Hélio Moreno Lima, Francisco dos Santos Brito.

BEBEL, GAROTA-PROPAGANDA

Direção: Maurice Capovilla. Roteiro: M. Capovilla, Mario Chamie, Afonso Carlos Coaracy e Roberto Santos. Diálogos: M. Chamie. Baseado no romance *Bebel que a cidade comeu*, de Ignácio de Loyola Brandão. Fotografia (PB): Waldemar Lima. Montagem: Sylvio Renoldi. Desenho de produção: Juarez Magno. Música: Carlos Imperial. Produção: José A. Reis. Produtor associado: Jorge Teixeira. Coprodução: Alpha Filmes, C.P.S. Produções Cinematográficas, Saga Filmes. São Paulo. 1967.
Elenco: Rossana Ghessa, Paulo José, Geraldo Del Rey, Maurício do Valle, John Herbert, Washington Fernandes, Fernando Peixoto, Joana Fomm, Norah Fontes, Apolo Silveira, Adonis de Oliveira, Fernando de Barros, Maria Luiza Fragata, Álvaro Bittencourt, Marta Greis, Carlos Imperial, Raquel Klabin, Diogo Pacheco, Maurício Nabuco, Mino Carta, The Bells, Bibi Vogel, Luiz Alberto Meireles.

BEIJO DA MULHER ARANHA, O

Direção: Hector Babenco. Roteiro: Leonard Schrader. Baseado no livro de Manuel Puig. Fotografia (PB): Rodolfo Sánchez. Montagem: Mauro Alice e Lee Perry. Direção de arte: Clóvis Bueno e Felipe Crescenti. Desenho de produção: Clóvis Bueno. Figurinos: Patrício Bisso. Música: Michael Jary e John Neschling. Produção: David Weisman (FilmDallas Pictures/H.B. Filmes/Sugarloaf Films). Título em inglês: *Kiss of the Spider-Woman*. Brasil/ Estados Unidos. 1985.
Elenco: William Hurt, Raul Julia, Sônia Braga, José Lewgoy, Milton Gonçalves, Miriam Pires, Nuno Leal Maia, Fernando Torres, Patrício Bisso, Denise Dumont, Miguel Falabella, Ana Maria Braga, Cláudio Curi, Antonio Petrin.

BETE BALANÇO

Direção e montagem: Lael Rodrigues. Roteiro original: L. Rodrigues e Yoya Wurch. Fotografia (cores): Edgar Moura. Desenho de produção, direção de arte e figurinos: Yurika Yamasaki. Música: Cazuza e Roberto Frejat. Produção: Carlos Alberto Diniz/Jean Lafuge/ Patrick Moine/Tizuka Yamasaki/Centro de Produção e Comunicação/Embrafilme. Rio de Janeiro. 1984.
Elenco: Débora Bloch, Lauro Corona, Diogo Vilela, Maria Zilda Bethlem, Cazuza, Hugo Carvana, Arthur Muhlenberg, Jessel Buss, Duse Nacarati, Eleonora Rocha, Claudio Moreno, Marcos Vinicius, Andréa Beltrão, José Joffily, Barão Vermelho, Lobão, Os Ronaldos, Metralhatxeka, Titãs, Banda Brylho.

CABRA MARCADO PARA MORRER

Direção e roteiro: Eduardo Coutinho. Fotografia (PB): Fernando Duarte. Montagem: Eduardo Escorel. Participação de Eduardo Coutinho e (como narradores/voz) Tite de Lemos e Ferreira Gullar. Produção: Mapa Filmes/Eduardo Coutinho Produções Cinematográficas. Rio de Janeiro. 1964-1984. Lançamento 1985.

CAFAJESTES, OS

Direção e roteiro: Ruy Guerra. Argumento: Miguel Torres e R. Guerra. Fotografia (PB): Tony Rabatoni. Montagem: Nelo Melli e Zélia Feijó. Desenho de produção: Aníbal Almeida. Música: Luiz Bonfá. Produção: Jece Valadão (Magnus Filmes). Rio de Janeiro. 1962.
Elenco: Jece Valadão, Norma Bengell, Daniel Filho, Lucy de Carvalho, Glauce Rocha, Hugo Carvana, Germana Delamare, Fátima Sommer, Aline Silvia, Mariana Ferraz.

CANGACEIRO, O

Direção e roteiro original: Lima Barreto. Diálogos: Rachel de Queiroz. Fotografia (PB): H.E. Fowle (Chick Fowle). Montagem: Oswald Haffenrichter. Cenografia e figurinos: Caribé e Pierino Massenzi. Música: Gabriel Migliori. Produção: Vera Cruz. São Paulo. 1953.
Elenco: Alberto Ruschel, Milton Ribeiro, Marisa Prado, Vanja Orico, Adoniran Barbosa, Antonio V. Almeida, Heitor Barnabé, Lima Barreto, Dan Câmara, Horácio Camargo, Ricardo Campos, Caribé, Antonio Coelho, Maria Joaquina da Rocha, Cid Leite da Silva, Moacir Carvalho Dias, Oswaldo Dias, Zé do Norte, Jesuíno G. dos Santos, Felicidade, Luiz Francunha, Galileu Garcia, João Batista Giotti, W.T. Gonçalves, José Herculano, Nieta Junqueira, Homero Marques, Victor Merinow, Maurício Morey, João Pilon, Leonel Pinto, Manoel Pinto, Geraldo Faria Rodrigues, Maria Luiza Sabino, Maria Luiza Splendore, Neusa Veras, Bernadete Ruch, Ava Sagy, Nicolau Sala, Pedro Visgo.

CANTO DO MAR, O

Direção e argumento: Alberto Cavalcanti. Roteiro: A. Cavalcanti e José Mauro de Vasconcelos. Diálogos: Hermilo Borba Filho. Fotografia (PB): Cyril Arapoff e Paulo Lavale. Montagem: José Cañizares. Música: Guerra Peixe. Cenografia: Hilário Marcelino. Produção: Alberto Cavalcanti/Kino Filmes. São Paulo. 1953.
Elenco: Margarida Cardoso, Cacilda Lanuza, Aurora Duarte, Antonio Martineli, Ernani Dantas, Fernando Becker, Luiz Andrade, Alberto Vilar, Rui Saraiva, Alfredo Oliveira, Débora Borba, Glaucia Bandeira, Maria do Carmo Xavier.

CARA DE FOGO

Direção: Galileu Garcia. Roteiro: Nelly Dutra e G. Garcia. Baseado no conto "A carantonha", de Afonso Schmidt. Fotografia (PB): Rudolf Icsey. Montagem: João de Alencar. Música: Enrico Simonetti. Produção: Alfredo Palácios, Cinebrás. São Paulo, 1958.
Elenco: Alberto Ruschel, Lucy Reis, José de Jesus, Milton Ribeiro, Anamaria Nabuco, Gilberto Chagas, Eugenio Kusnet, Antonio Coelho, Joaquim Silva, Nena Nascimento, Francisco Negrão, Laerte Dias, Ernesto Dias, Ernesto Vilela, Oswaldo Leonel.

CARANDIRU

Direção: Hector Babenco. Roteiro: H. Babenco, Fernando Bonassi e Victor Navas. Baseado no livro *Estação Carandiru*, de Dráuzio Varella. Fotografia (cores): Walter Carvalho. Montagem: Mauro Alice. Direção de arte: Clóvis Bueno. Cenografia: Vera Hamburger. Figurinos: Cristina Camargo. Música: André Abujamra. Produção: HB Filmes/Globo Filmes/Columbia Tristar do Brasil. Produzido por H. Babenco. Coproduzido por Flávio R. Tambellini e Fabiano Gullane. Produtor associado: Daniel Filho. Rio de Janeiro. 2003.
Elenco: Luiz Carlos Vasconcelos, Milton Gonçalves, Ailton Graça, Aída Lerner, Rodrigo Santoro, Gero Camilo, Floriano Peixoto, Ricardo Blat, Vanessa Gerbelli, Leona Cavalli, Wagner Moura, Caio Blat, Júlia Ianina, Sabrina Greve, Lázaro Ramos, Gabriel Braga Nunes, Ivan de Almeida, Milhem Cortaz, Dionísio Neto, Antonio Grassi, Rita Cadillac, Enrique Diaz, Robson Nunes, Bukassa, André Ceccato, Sabotage, Sérgio Loroza, Luís Miranda, José de Paiva, Marcelo Palmares, Régis Santos.

CASAMENTO, O

Direção e roteiro: Arnaldo Jabor. Baseado no romance de Nelson Rodrigues. Fotografia (cores): Dib Lutfi. Montagem: Rafael Justo Valverde. Cenografia: Francisco Altan. Figurinos: Mara Chaves. Música: Sebastião Lacerda e Paulo Santos. Produção: R.F. Farias Produções Cinematográficas/Ventania/Sidney Cavalcanti/Eduardo Mascarenhas. Rio de Janeiro. 1975.
Elenco: Adriana Prieto, Paulo Porto, Camila Amado, Érico Vidal, Mara Rúbia, Nelson Dantas, Fregolente, Carlos Kroeber, André Valli, Cidinha Millan, Vinicius Salvatori, Gianina Singulani, Aurélio Araruama, Rosa Maria Penna, Lícia Magno, Abel Pêra, Shulamith Yaari.

CASO DOS IRMÃOS NAVES, O

Direção: Luís Sérgio Person. Roteiro original: Jean-Claude Bernardet e L.S. Person. Fotografia (PB): Ricardo Aronovich. Montagem: Glauco Mirko Laurelli. Música: Cláudio Petraglia. Direção de arte: L.S. Person e Sebastião de Souza. Figurinos: L.S. Person. Produção: Mario Civelli, G.M. Laurelli, L.S. Person/Lauper Filmes e MC Filmes. São Paulo. 1964.
Elenco: Anselmo Duarte, Raul Cortez, Juca de Oliveira, Sérgio Hingst, John Herbert, Leila Abramo, Cacilda Lanuza, Júlia Miranda, João Quincas, Milton Lima Filho, Sebastião Campos, Clóvis de Oliveira, Abel Neto, José Veloso.

CENTRAL DO BRASIL

Direção: Walter Salles. Roteiro: João Emanuel Carneiro e Marcos Bernstein, baseado em ideia original de Walter Salles. Fotografia (cores): Walter Carvalho. Montagem: Isabelle Rathery e Felipe Lacerda. Desenho de produção: Cássio Amarante e Carla Caffé. Música: Antônio Pinto e Jacques Morelembaum. Produção: Arthur Cohn/ Martine de Clermont –Tonerre/Videofilmes/Riofilme (Rio de Janeiro/Brasil)/Mact (França). 1998.
Elenco: Fernanda Montenegro, Vinícius de Oliveira, Marília Pêra, Soia Lira, Othon Bastos, Otávio Augusto, Stela Freitas, Matheus Nachtergaele, Caio Junqueira, Socorro Nobre, Gideon Rosa, Rita Assemany, Manoel Gomes, Roberto Andrade, Sheyla Kenia, Malcon Soares, Maria Fernandes, Christiano Camargo, Maria Marlene, Sidney Antunes, João Braz, Marcelo Carneiro, Telma Cunha, Estelina Moreira da Silva, Sebastião Oliveira, Esperança Motta, Mário Mendes, Zezão Pereira, Antonieta Noronha, Dona Luzia.

CERTO CAPITÃO RODRIGO, UM

Direção, roteiro e cenografia: Anselmo Duarte. Adaptação: Geraldo Queiroz e Leopoldo Serran. Baseado no livro de Érico Verissimo. Fotografia (cores): Alberto Atili. Montagem: Lúcio Braun. Produção: William Khouri/Vera Cruz. São Paulo. 1971.
Elenco: Francisco Di Franco, Elza de Castro, Newton Prado, Sônia Dutra, Álvaro Vaz Pereira, Paixão Côrtes, Pepita Rodrigues, Carlos Castilho, Iná Dornelles Vargas, Anita Otero, Alexandra Maria, Pedro Machado, Bibiana Torino, Aida Dalsaso.

CIDADE DE DEUS

Direção: Fernando Meirelles. Codireção: Katia Lund. Roteiro: Braulio Mantovani. Baseado no romance de Paulo Lins. Fotografia (cores): Cesar Charlone. Montagem: Daniel Rezende. Direção de arte, cenografia: Tulé Peake. Figurinos: Bia Salgado, Inês Salgado. Música: Antônio Pinto, Ed Côrtes. Produtores: Andrea Barata Ribeiro e Maurício Andrade Ramos. Coprodutor: Hank Levine. Coprodutores: Walter Salles, Donald K. Ranvaud, Daniel Filho, Marc Beuchamps, Vincent Maraval. Coprodução: Globo Filmes, Lumière, Studio Canal, Wild Bunch. Produção: O2 Filmes/Videofilmes. São Paulo/Rio de Janeiro. 2002.
Elenco: Alexandre Rodrigues, Leandro Firmino da Hora, Seu Jorge, Matheus Nachtergaele, Phelliipe Haagersen, Douglas Silva, Jonathan Haagersen, Roberta Rodrigues, Renato de Souza, Jefechandler Supino, Daniel Zettel, Luiz Otávio, Darlan Cunha, Alice Braga, Maurício Marques, Gero Camilo, Edson Montenegro, Graziela Moretto, Gustavo Engrácia, Olívia Araújo.

COMO VAI, VAI BEM?

Direção: Carlos Alberto Abreu (episódio "O grande dia"); Carlos Alberto Camuyrano (episódio "Dez anos de casado"); Daniel Chutorianscy (episódio "A Santinha do Encantado"); Alberto Salvá (episódios "Mulher à vista", "O apartamento" e "Hei de vencer"); Valquíria Salvá (episódio "Uma vez Flamengo, sempre Flamengo"); Paulo Veríssimo (episódio "Os meninos do Padre Benício"). Fotografia (PB): A. Salvá e Luiz Paulo Pretti. Montagem: A. Salvá. Cenografia: Régis Monteiro. Produtores associados: Paulo José e Roberto Pires. Produção: Grupo Câmara. Rio de Janeiro. 1966.
Elenco: Paulo José, Flávio Migliaccio, Irma Alvarez, Isabel Ribeiro, Hugo Carvana, Maria Gladys, Yolanda Cardoso, Chacrinha, Labanca, Antonia Marzullo, Dinorah Marzullo,

Márcia Tânia, Billy Davis, Creusa de Carvalho, Cláudio MacDowell, Jurema Penna, Vanda Critiskaya, Regininha, Marta Regina, Ruth Stessens, Walter Soares.

COPACABANA ME ENGANA

Direção: Antonio Carlos Fontoura. Roteiro e argumento: A.C. Fontoura, Armando Costa e Leopoldo Serran. Fotografia (PB): Afonso Beato. Montagem: Mário Carneiro. Produção: A.C. Fontoura/Dalal Achcar. Rio de Janeiro. 1968.
Elenco: Odete Lara, Carlo Mossy, Paulo Gracindo, Cláudio Marzo, Lícia Magno, Ênio Santos, Joel Barcellos, Armando Costa, Yolanda Cardoso, Maria Gladys, José Medeiros, Edu Mello, Vitor Albuquerque, Emanuel Cavalcanti, Marcos Aníbal, Renato Landini, Luiz Marinho.

COR DO SEU DESTINO, A

Direção: Jorge Durán. Roteiro: J. Durán, José Joffily e Nelson Nadotti. Fotografia (cores): José Tadeu Ribeiro. Montagem: Dominique Paris. Direção de arte: Clóvis Bueno. Produção: J. Durán/Maria da Salete/Sérgio Otero/Nativa Filmes. Rio de Janeiro. 1986.
Elenco: Norma Bengell, Franklin Caicedo, Guilherme Fontes, Júlia Lemmertz, Andréa Beltrão, Chico Díaz, Antonio Grassi, Antonio Ameijeiras, Marcos Palmeira, Anderson Schreiber, Paulinho Mosca, Anderson Muller, Duda Monteiro, Robert Lee, Lorena da Silva, Marise Farias, Claudio Baltar, Nadia Bambirra, Bebel Gilberto, Leticia Monte, Ana Cristina Gallo, Andrea Paola, Carla Villela, Constancia Laviola.

CRIME DE AMOR

Direção e roteiro: Rex Endsleigh. Baseado na peça *Fera da Penha*, de Edgard da Rocha Miranda. Fotografia (PB): Rodolfo Neder. Montagem: Frida Dourian. Música: Remo Usai. Produção: Rex Endsleigh/Lina Filmes. Rio de Janeiro. 1965.
Elenco: Beyla Genauer, Carlos Alberto, Joana Fomm, Carmen Klainberg, Renato Murce, Zeni Pereira, Maria Pompeu, Hugo Carvana, Elídio Nascimento, Rosângela Maldonado, Armando Nascimento, Milton Leal, Mozart Cintra.

DEDÉ MAMATA

Direção: Rodolfo Brandão. Roteiro: Antonio Calmon e Vinicius Vianna. Fotografia (cores): José Tadeu Ribeiro. Montagem: Marta Luz. Direção de arte: Lia Renha. Figurinos: Viviane Soares Sampaio. Música: Caetano Veloso. Produção: Carlos Diegues/Paulo César Ferreira/Cininvest/CDK/Elipse/Multiplic. Rio de Janeiro. 1987.
Elenco: Guilherme Fontes, Malu Mader, Marcos Palmeira, Iara Jamra, Paulo Porto, Luiz Fernando Guimarães, Lidia Mattos, Nathália Timberg, Paulo Betti, Geraldo Del Rey, Tonico Pereira, Thaís de Campos, Thelma Reston, Flávio São Thiago, Guará Rodrigues.

DESMUNDO

Direção: Alain Fresnot. Roteiro: Sabina Anzuategui e A. Fresnot. Baseado no livro homônimo de Ana Miranda. Montagem: Júnior Carone, Mayalu Oliveira e A. Fresnot. Fotografia (cores): Pedro Farkas. Desenho de produção: Ivan Teixeira. Direção de arte: Adrian Cooper e Chico Andrade. Figurinos: Marjorie Gueller. Música: John Neschling. Produção: Van Fresnot. São Paulo. 2003.

Elenco: Simone Spoladore, Osmar Prado, Caco Ciocler, Berta Zemel, Beatriz Segall, José Eduardo, Débora Olivieri, José Rubens Chachá, Cacá Rosset, Giovanna Borghi, Laís Marques, Arrigo Barnabé.

DEUS E O DIABO NA TERRA DO SOL

Direção e argumento: Glauber Rocha. Roteiro: Glauber Rocha e Walter Lima Júnior. Diálogos: Glauber Rocha e Paulo Gil Soares. Fotografia (PB): Waldemar Lima. Música: Sérgio Ricardo, Carlos Gomes, Heitor Villa-Lobos, Giuseppe Verdi. Canções: Sérgio Ricardo (música) e Glauber Rocha (letras). Produtor: Luiz Augusto Mendes. Associados: Jarbas Barbosa e G.R. Produção: Copacabana Filmes. Rio de Janeiro. 1964.
Elenco: Geraldo Del Rey, Yoná Magalhães, Maurício do Valle, Othon Bastos, Lídio Silva, Sônia dos Humildes, Marrom, Antonio Pinto, João Gama, Milton Roda, Roque e moradores de Monte Santo, Bahia.

DIAS MELHORES VIRÃO

Direção: Carlos Diegues. Roteiro: Antonio Calmon, Vicente Pereira, Vinicius Vianna e C. Diegues, baseado em história de A. Calmon. Fotografia (cores): Lauro Escorel. Montagem: Gilberto Santeiro. Desenho de produção e direção de arte: Lia Renha. Figurinos: Emília Duncan. Música: Rita Lee e Roberto de Carvalho. Produção: Paulo César Ferreira. Rio de Janeiro. 1989.
Elenco: Marilia Pêra, Paulo José, Zezé Motta, José Wilker, Rita Lee, Marilu Bueno, Paulo César Pereio, Antonio Pedro, Betina Viany, Benjamim Cattan, Jofre Soares, Lília Cabral, Sandra Pêra.

DOIS PERDIDOS NUMA NOITE SUJA

Direção: José Joffily. Roteiro: Paulo Halm. Adaptação da peça teatral de Plínio Marcos. Fotografia (cores): Nonato Estrela. Montagem: Eduardo Escorel. Direção de arte: Cláudio Amaral Peixoto. Figurinos: Ellen Milet. Produção: Alvarina Souza Silva. Rio de Janeiro. 2003.
Elenco: Roberto Bontempo. Débora Falabella, David Herman, Guy Camileri. Richard Velasquez, Theodoris Castellanos, Daniel Porto.

DRAGÃO DA MALDADE CONTRA O SANTO GUERREIRO, O

Direção e roteiro: Glauber Rocha. Fotografia (cores): Afonso Beato. Montagem: Eduardo Escorel. Cenografia: G.R. Figurinos: G.R., Paulo Lima e Paulo Gil Soares. Figurinos de Odete Lara: Hélio Eichbauer. Música: "Unkrimakrimkrim" e "Ritmetrom" (Marlos Nobre), "Coirana" (Walter Queirós), "Antonio das Mortes" (Sérgio Ricardo), "Chegada de Lampião no Inferno" (Cego de Feira), "Macumba de milagres" (anônimo). Produtores: Glauber Rocha, Zelito Viana, Luís Carlos Barreto, Claude-Antoine. Produção: Mapa Filmes. Rio de Janeiro. 1969.
Elenco: Maurício do Valle, Odete Lara, Othon Bastos, Hugo Carvana, Jofre Soares, Lorival Pariz, Rosa Maria Penna, Emanuel Cavalcanti, Mário Gusmão, Vinicius Salvatori, Sante Scaldaferri.

DURVAL DISCOS

Direção e roteiro original: Anna Muylaert. Fotografia (cores): Jacob Solinetrick. Montagem: Vânia Debs. Direção de arte: Ana Mara Abreu. Figurinos: Marisa Guimarães. Música: André Abujamra. Produção: Sara Silveira e Maria Ionescu/Dezenove Som e Imagens/África Filmes. São Paulo. 2002.

Elenco: Ary França, Etty Fraser, Marisa Orth, Isabela Guasco, Letícia Sabatella, Rita Lee, André Abujamra, Theo Werneck.

EDU, CORAÇÃO DE OURO

Direção e montagem: Domingos Oliveira. Roteiro: Eduardo Prado e D. Oliveira. Argumento: E. Prado. Fotografia (PB): Dib Lutfi e Mário Carneiro. Montagem: Joaquim Assis, Cláudio McDowell, Nazareth Ohana e Alberto Salvá. Produção: B.J.D. Produções. Rio de Janeiro. 1967.

Elenco: Paulo José, Leila Diniz, Norma Bengell, Amilton Fernandes, Joana Fomm, Isabel Ribeiro, Ziembinsky, Maria Gladys, Carlos Alberto de Souza Barros, Pepita Rodrigues, Yan Michalski, Betina Viany, Hugo Bidet, Dirceu Nery, Louise Nery, Nazareth Ohana, Norma Marinho.

ENTRE O AMOR E O CANGAÇO

Direção: Aurélio Teixeira. Roteiro: Péricles Leal e A. Teixeira. Fotografia (PB): Rodolfo Neder. Montagem: Rafael Justo Valverde. Direção de arte: Régis Monteiro. Música: Catulo de Paula. Produção: Copacabana Filmes. Rio de Janeiro. 1965.

Elenco: Geraldo Del Rey, Milton Ribeiro, Rejane Medeiros, Aurélio Teixeira, Jofre Soares, Emanuel Cavalcanti, Olga Reis, Antonio Carnera, Lídio Silva.

ETERNAMENTE PAGU

Direção: Norma Bengell. Roteiro: Márcia de Almeida, Geraldo Carneiro e N. Bengell. Fotografia (cores): Antonio Luís Mendes. Montagem: Dominique Paris. Desenho de produção e direção de arte: Alexandre Meyer. Figurinos: Carlos Prieto. Música: Turíbio Santos e Roberto Gnatalli. Produção Flai Cinematográfica/Embrafilme/Sky Light/Maksoud Plaza. Rio de Janeiro. 1988.

Elenco: Carla Camurati, Nina de Pádua, Antonio Fagundes, Esther Góes, Otávio Augusto, Paulo Vilaça, Antonio Pitanga, Breno Moroni, Kito Junqueira, Suzana Faíni, Maria Sílvia, Beth Goulart, Marcelo Pichi, Carlos Gregório, Norma Bengell, Eduardo Lago, Ariel Coelho.

EXTORSÃO, A

Direção: Flávio Tambellini. Roteiro original: Rubem Fonseca e Flávio Tambellini. Fotografia (cores): Fernando Amaral. Montagem: Sílvio Renoldi. Produção: F. Tambellini Produções Cinematográficas/CIC. Rio de Janeiro. 1975.

Elenco: Suzana Faíni, Paulo César Pereio, Carlos Kroeber, Otávio Augusto, Marcos Waimberg, Kate Lyra, Emiliano Queiroz, Carlos Gregório, Arlete Salles, Ivan Setta, Kátia D'Angelo, Lícia Magno, Leilane Chediak, Maria Alves, Waldemar Marques, Luiz Sérgio Lima e Silva, Herbert Richers Jr. Narração: Norma Blum.

FÁBULA

Direção, fotografia (PB) e montagem: Arne Sucksdorff. Roteiro: João Bethencourt, Flávio Migliaccio e A. Sucksdorff. Música: Radamés Gnatalli. Realização brasileira de Sucksdorff. Produção: Svensk Filmindustri. Título sueco: *Mitt hem är Copacabana*. Rio de Janeiro. 1964.

Elenco: Cosme dos Santos, Leila Santos de Souza, Josafá da Silva Santos, Toninho Carlos de Lima, Hermínia Gonçalves, Dirce Migliaccio, João Lucas, Benedito de Castro, Anael Pereira, Amaro Cavalcanti, Antonio Carlos Fontoura, Eduardo Escorel. João Elias Ribeiro. Edson Santos, Andrey Salvador, Antonio Pitanga, Joel Barcellos. Narração: Allan Edwall.

FELIZ ANO VELHO

Direção e roteiro: Roberto Gervitz. Baseado no livro homônimo de Marcelo Rubens Paiva. Fotografia (cores): César Charlone. Montagem: Galileu Garcia Jr. Direção de arte e figurinos: Clóvis Bueno. Música: Henrique Xavier. Produção: Cláudio Kahns. São Paulo. 1987.

Elenco: Marcos Breda, Nan Breves, Alfredo Damiano, Alexandre Darbilly, Betty Gofman, Julio Levy, Carlos Loffler, Malu Mader, Marco Nanini, Augusto Pompêo, Isabel Ribeiro, Flávio São Thiago, Odilon Wagner, Eva Wilma.

FESTA

Direção e roteiro original: Ugo Giorgetti. Fotografia (cores): Rodolfo Sánchez. Montagem: Marc de Rossi. Desenho de produção e figurinos: Nazareth Amaral. Música: Mauro Giorgetti e Décio Cascatera Filho. Produção: Marçal Souza/Elifas Sueiro. São Paulo. 1989.

Elenco: Antonio Abujamra, Otávio Augusto, Jorge Mautner, Adriano Stuart, Lala Dehenzelin, José Lewgoy, Ney Latorraca, Iara Jamra, Patrícia Pillar, Marcelo Mansfield.

FLORADAS NA SERRA

Direção: Luciano Salce. Roteiro: Fabio Carpi. Baseado no romance de Dinah Silveira de Queiroz. Fotografia (PB): Ray Sturgess e H.E. Fowle. Montagem: Oswald Haffenrichter e Mauro Alice. Cenografia: João Maria dos Santos. Música: Enrico Simonetti. Produção: Vera Cruz. São Paulo, 1954.

Elenco: Cacilda Becker, Jardel Filho, Miro Cerni, Sílvia Fernanda, Lola Brah, Liana Duval, Célia Helena, Gilda Nery, Ilka Soares, Marina Freire, Sérgio Hingst, John Herbert, Renato Consorte, Jaime Barcellos, Rubens de Falco, Bárbara Fazio, Maria Luiza Splendore, Margarida Mayer, Geraldo Gabriel, Luciano Salce, José Mauro de Vasconcelos, Galileu Garcia.

FOME DE AMOR (Você nunca tomou banho de sol inteiramente nua?)

Direção: Nelson Pereira dos Santos. Roteiro: N.P. dos Santos e Luiz Carlos Ripper. Inspirado na novela *História para se ouvir de noite*, de Guilherme Figueiredo. Fotografia (PB): Dib Lutfi. Montagem: Rafael Justo Valverde. Cenografia: Luiz Carlos Ripper. Música: Guilherme Magalhães Vaz. Produção: Herbert Richers e Paulo Porto. Rio de Janeiro. 1968.

Elenco: Leila Diniz, Arduíno Colasanti, Irene Estefânia, Paulo Porto, Manfredo Colasanti.

GARRINCHA, ALEGRIA DO POVO

Direção: Joaquim Pedro de Andrade. Roteiro: J.P. de Andrade, Luiz Carlos Barreto, Armando Nogueira, Mário Carneiro, David Neves. Texto da narração: A. Nogueira, L.C. Barreto e J.P. de Andrade. Fotografia (PB): M. Carneiro (direção e câmera); L.C. Barreto, J.P. de Andrade, D. Neves, José Rosa (câmera). Montagem: Nello Melli e J.P. de Andrade. Música: Prokofiev, Bach, Frescobaldi, Scarlatti. Narração (voz): Heron Domingues. Produção: Produções Cinematográficas Luiz Carlos Barreto, Prod. Cin. Herbert Richers. Produtores: A. Nogueira, L.C. Barreto. Rio de Janeiro, 1963.

GRANDE MOMENTO, O

Direção: Roberto Santos. Roteiro original: R. Santos e Norberto Nath. Fotografia (PB): Hélio Silva. Montagem: João de Alencar. Cenografia: N. Nath. Música: Alexandre Gnatalli. Produção: Nelson Pereira dos Santos e Roberto Santos. São Paulo. 1958.
Elenco: Gianfrancesco Guarnieri, Miriam Pérsia, Vera Gertel, Paulo Goulart, Turíbio Ruiz, Norah Fontes, Angelito Mello, Joselita Alvarenga, Gilberto Wagner, Lima Duarte, Geraldo Ferraz, Cavagnoli Neto, Milton Gonçalves, Flávio Migliaccio, Hervê Lebon, Sergio Rosa, Suzy Arruda, Carmen Silva.

HOMEM DA CAPA PRETA, O

Direção: Sérgio Rezende. Roteiro original: José Louzeiro, Tairone Feitosa e S. Rezende. Fotografia (cores): César Charlone. Montagem: Rafael Justo Valverde. Figurinos: Rita Murtinho e Isabel Paranhos. Música: David Tygel. Produção: Morena Filmes/Embrafilme. Rio de Janeiro. 1986.
Elenco: José Wilker, Marieta Severo, Jonas Bloch, Carlos Gregório, Paulo Vilaça, Chico Diaz, Tonico Pereira, Jackson de Souza, Isolda Cresta, Jurandir de Oliveira, Guilherme Karan, Mariana de Moraes, Waldir Onofre, Álvaro Freire, Fernando Reski, Lígia Diniz.

HOMEM E O LIMITE, O

Direção, roteiro, fotografia e montagem: Ruy Santos. Documentário que inclui sequências de *Limite*, de Mário Peixoto, 1930. Produção: Ruy Santos. Rio de Janeiro. 1975.

HOMEM QUE COPIAVA, O

Direção e roteiro original: Jorge Furtado. Fotografia (cores): Alex Sernambi. Montagem: Giba Assis Brasil. Direção de arte: Fiapo Barth. Desenho de produção: Marcos Baiotto. Figurinos: Rô Cortinhas. Animação: Allan Siebert. Produção: Casa de Cinema de Porto Alegre. Rio Grande do Sul. 2002.
Elenco: Lázaro Ramos, Leandra Leal, Luana Piovani, Pedro Cardoso, Paulo José, Júlio Andrade, Carlos Cunha, Nélson Diniz, Tereza Teixeira.

HOMEM SEM IMPORTÂNCIA, UM

Direção, roteiro original e montagem: Alberto Salvá. Fotografia (PB): José de Almeida. Música: Denoy de Oliveira. Produção: Grupo Câmara Produções Cinematográficas/Lestepe. Rio de Janeiro. 1971.
Elenco: Oduvaldo Viana Filho, Glauce Rocha, Rafael de Carvalho, Lícia Magno, Alberto Salvá, Amauri Alves, Dita Corte Real, Geraldo Gonzaga, Katsuo Kon, Mário Prieto, Dartagnan Melo, Célio Barros, Miriam Chaves, Eduardo Luiz, Sílvio Fróes.

HOMENS QUE EU TIVE, OS

Direção, roteiro e montagem: Tereza Trautman. Fotografia (cores): Alberto Salvá. Produção: Thor Filmes/Herbert Richers. Rio de Janeiro. 1973.
Elenco: Darlene Glória, Gracindo Júnior, Arduíno Colasanti, Milton Moraes, Ítala Nandi, Annick Malvil, Gabriel Archanjo, Patrícia Andréa, Roberto Bonfim, Isabel Ribeiro, Adolpho Chadler, Christian Bernard, Rogério Felipe, Lucy Teixeira Goudar.

HORA E VEZ DE AUGUSTO MATRAGA, A

Direção e roteiro: Roberto Santos. Baseado em conto de Guimarães Rosa. Fotografia (PB): Hélio Silva. Montagem: Sílvio Renoldi. Figurinos: Assis A. Horta. Música: Geraldo Vandré. Produção: Roberto Santos/Nelson Pereira dos Santos/Luiz Carlos Barreto (Difilm)/ Geraldo Vandré/Luís Carlos Pires Fernandes. Rio de Janeiro. 1966.
Elenco: Leonardo Villar, Jofre Soares, Maria Ribeiro, Flávio Migliaccio, Áurea Campos, Emanuel Cavalcanti, Jorge Karam, José Marinho, Solano Trindade, Antonio Carnera, Ivan de Souza, José Marinho, Haroldo Pereira, Eva Rodrigues, Ary Toledo, Geraldo Vandré.

IMAGENS DO INCONSCIENTE

Direção e roteiro: Leon Hirszman. Texto: Nise da Silveira. Fotografia (cores), câmera e montagem: Luiz Carlos Saldanha. Cenografia: Régis Monteiro. Música: Edu Lobo. Consultoria musical: Jards Macalé. Participação especial (em "A barca do sol"): Joel Barcellos e Vanda Lacerda. As obras reproduzidas nos documentários (pertencentes ao Museu de Imagens do Inconsciente) foram criadas por Fernando Diniz, Emigdio de Barros, Carlos Pertuis, Octavio Ignacio, Erivaldo de Almeida, João Borges, Adelina Gomes, Raphael Domingues, Isaac Liberato, Lúcio Noeman e Heitor Rico. Série de três documentários: "Em busca do espaço cotidiano", "No reino das mães" e "A barca do sol". Produção: Leon Hirszman Produções. Coprodução: Embrafilme. Rio de Janeiro. 1983-1986.

INTRUSA, A

Direção e roteiro: Carlos Hugo Christensen. Diálogos: Orígenes Lessa e Ubirajara Raffo Constant. Baseado no conto de Jorge Luis Borges. Fotografia (cores): Antonio Gonçalves. Montagem: Jayme Soares Justo. Cenografia e figurinos: Ubirajara Raffo Constant. Produção: C.H. Christensen/C.H.C. Filmes. Rio de Janeiro. 1979.
Elenco: José de Abreu, Arlindo Barreto, Maria Zilda Bethlem, Fernando de Almeida, Ricardo Wanick, Palmira Barbosa, Maurício Loyola, Heloisa Gedel, Júlio Cesar, Hermes Lago, Cláudio Piegas, Jorge Bastos, Ramon Larré, Miguel Barbará, Aldo Bellini.

JANGO

Direção: Sílvio Tendler. Roteiro: S. Tendler e Maurício Dias. Fotografia (PB): Lúcio Kodato. Montagem: Francisco Sérgio Moreira. Música: Milton Nascimento e Wagner Tiso. Produção: Caliban/Denise Goulart/H.P. Ferraz/Rob Filmes/A.J. da Matta/F.S. Moreira/G. Ribeiro/J. Wilker/L. Kodato/M. Dias/M. Nascimento/S. Tendler/W. Tiso. Rio de Janeiro. 1984.
Narração: José Wilker.

JECA E SEU FILHO PRETO

Direção: Pio Zamuner e Berilo Faccio. Roteiro: Rajá de Aragão. Argumento: Amácio Mazzaropi. Fotografia (cores): P. Zamuner. Montagem: Walter Wanni. Música: Hector Lagna Fietta. Produção: Amácio Mazzaropi (PAM Filmes). São Paulo. 1978.
Elenco: Amácio Mazzaropi, Geny Prado, Yara Lins, Carmen Monegal, David Neto, Elizabeth Hartman, Joanes Dandaró, Leonor Navarro, Denise Assunção, Henricão, Everaldo Bispo de Souza.

JULIANA DO AMOR PERDIDO

Direção: Sérgio Ricardo. Roteiro original: S. Ricardo e Roberto Santos. Fotografia (cores): Dib Lutfi. Montagem: Sílvio Renoldi. Direção de arte: Carmélio Cruz. Música: S. Ricardo e Luiz Roberto Oliveira. Produtor: Jorge Ileli. Rio de Janeiro. 1970.
Elenco: Maria do Rosário, Francisco Di Franco, Macedo Neto, Ítala Nandi, Antonio Pitanga, Líbero Ripoli, Reinúncio Napoleão, Roberto Ferreira, Walderez de Barros, Flávio Portho.

KUARUP

Direção: Ruy Guerra. Roteiro: R. Guerra e Rudi Langemann. Baseado no romance homônimo de Antonio Callado. Fotografia (cores): Edgar Moura. Montagem: Mair Tavares. Desenho de produção: Hélio Eichbauer. Figurinos: Beatriz Carneiro. Música: Egberto Gismonti. Produção: Paulo Brito/Roberto Fonseca/Ruy Guerra. Rio de Janeiro. 1988-1989.
Elenco: Taumaturgo Ferreira, Fernanda Torres, Cláudio Mamberti, Umberto Magnani, Ewerton de Castro, Roberto Bonfim, Cláudia Raia, Rui Resende, Dionísio Azevedo, Claudia Ohana, Maitê Proença, Lucélia Santos, Ruy Polanah, Cláudio Ferrario, Mauro Mendonça, Stênio Garcia, Maurício Mattar, Diana Burle, André Ceccato, Solange Coutinho, José Fernandes, Betty Gofman, Paulo Goulart, Macsuara Kadiveu, Rudi Lagemann, Paulo Moska, Vinícius Salvatori, Heitor Dhalia.

LIRA DO DELÍRIO, A

Direção, argumento e roteiro: Walter Lima Júnior. Fotografia (cores): Dib Lutfi. Montagem: Mair Tavares. Cenografia: Régis Monteiro. Figurinos: Nazareth Teixeira. Música: Paulo Moura. Produção: W. Lima Júnior/R.F. Farias/Embrafilme. Rio de Janeiro. 1978.
Elenco: Anecy Rocha, Cláudio Marzo, Paulo César Pereio, Antônio Pedro, Tonico Pereira, Otoniel Serra, Pedro Bira, Jorge Rocha de Lima, João Loredo, Lene Nunes, Rosita Thomaz Lopes, Álvaro Freire, Isabela Campos, Jorge Mourão, Flávia, Marilza, Jamelão, Olinda Ribeiro.

MACUNAÍMA

Direção e roteiro: Joaquim Pedro de Andrade. Baseado no romance de Mário de Andrade. Direção de fotografia (cores): Guido Cosulich e Affonso Beato. Montagem: Eduardo Escorel. Edição: Mair Tavares. Cenografia e figurinos: Anísio Medeiros. Música: Heitor Villa-Lobos e outros. Produção: Filmes do Serro (Joaquim Pedro de Andrade)/Grupo Filmes/Condor Filmes. Rio de Janeiro. 1969.
Elenco: Grande Otelo, Paulo José, Jardel Filho, Milton Gonçalves, Dina Sfat, Rodolfo Arena, Joana Fomm, Maria do Rosário, Rafael de Carvalho, Nazareth Ohana, Zezé Macedo, Wilza Carla, Miriam Muniz, Edy Siqueira, Carmem Palhares, Maria Clara Pellegrino, Waldir Onofre, Hugo Carvana, Maria Letícia, Guará Rodrigues, Carolina Whitaker, Maria Lucia Dahl. Narração: Tite de Lemos.

MADAME SATÃ

Direção e roteiro original: Karim Aïnouz. Colaboração no roteiro: Marcelo Gomes. Fotografia (cores): Walter Carvalho. Montagem: Isabela Monteiro de Castro. Direção de arte: Marcos Pedroso. Figurinos: Rita Murtinho. Música: Marcos Suzano e Sacha Amback. Produção: Videofilmes/Wild Bunch/Lumière/Dominant 7. Produtoras associadas: Sambascope/Cinema Inflamável. 2002.
Elenco: Lázaro Ramos, Marcélia Cartaxo, Flávio Bauraqui, Felipe Marques, Emiliano Queiroz, Renata Sorrah, Floriano Peixoto, Ricardo Blat, Gero Camilo.

MAR DE ROSAS

Direção e roteiro original: Ana Carolina (Ana Carolina Teixeira Soares). Diálogos: Isabel Câmara e Alice. Fotografia (cores): Lauro Escorel. Montagem: Vera Freire. Música: Paulo Herculano. Direção de arte: Heloísa Buarque de Hollanda. Produtores: Ana Carolina e Mário Volcoff. Produção: Area/M. Volcoff/R.F. Farias/Embrafilme. Rio de Janeiro. 1977.
Elenco: Norma Bengell, Cristina Pereira, Otávio Augusto, Hugo Carvana, Ary Fontoura, Miriam Muniz, Maria Sílvia.

MARGINAL, O

Direção e roteiro: Carlos Manga. Argumento: Dias Gomes. Baseado em ideia original de Inalda de Carvalho Manga. Fotografia (cores): Osvaldo de Oliveira. Montagem: Roberto Leme. Cenografia e figurinos: Campelo Neto. Música: Chico Morais e Wilson Miranda. Produção: Carlos Manga/Oswaldo Massaini (Cinedistri). 1974.
Elenco: Tarcísio Meira, Darlene Glória, Vera Gimenez, Anselmo Duarte, Edney.Giovenazzi, Francisco Di Franco, Ruthinéia de Morais, Carlos Kroeber, Vítor Merinow, Maurício do Valle, Lutero Luiz.

MATOU A FAMÍLIA E FOI AO CINEMA

Direção: Júlio Bressane. Roteiro: Júlio Bressane. Música: Roberto Carlos. Fotografia (PB): Thiago Veloso. Desenho de produção: Guaracy Rodrigues. Edição: Geraldo Veloso. Produção: Belair Filmes e Júlio Bressane. 1969.
Elenco: Márcia Rodrigues, Renata Sorrah, Antero de Oliveira, Vanda Lacerda, Paulo Padilha, Rodolfo Arena, Carlos Eduardo Dolabella, Guará Rodrigues, Lilian Lemmertz.

MEMÓRIAS DO CÁRCERE

Direção, adaptação e roteiro: Nelson Pereira dos Santos. Baseado no livro homônimo de Graciliano Ramos. Fotografia (cores): José Medeiros e Antônio Luiz Soares. Câmera: César Elias. Montagem: Carlos Alberto Camuyrano. Direção de arte: Irênio Maia. Cenografia: Adílio Athos e Emily Pirmez. Figurinos: Lígia Medeiros. Música: versão do hino nacional brasileiro por Gottschalk. Produção: Luiz Carlos Barreto/Regina Filmes (N.P.S.). Rio de Janeiro. 1984.
Elenco: Carlos Vereza, Glória Pires, Jofre Soares, José Dumont, Nildo Parente, Wilson Grey, Tonico Pereira, Ney Sant'Anna, Jorge Cherques, Jackson de Souza, Waldyr Onofre, Marcus Vinicius, Fábio Barreto, Lígia Diniz, Ada Chaseliov, Arduíno Colasanti, Tessy Callado, Stella Freitas, Ricardo Clementino, Antônio Amenjeiras, Jorge Coutinho, Procópio Mariano, Paschoal Villaboim, Waldir Seviotti, Denny Perrier, David Quintans, Marcos

Palmeira, Jurandir Oliveira, Erley José, Fernando de Souza, José Kleber, Oswaldo Neiva, Mário Petraglia, Tião Ribas D'Ávila, Rafael Ponzi, Cláudio Baltar, J. Barroso, Cachimbo, Herbert Júnior, Cícero Santos, Chico Santos, Newton Couto, Sávio Rolim, Jayme Del Cueto, Rubens Abreu, Sandro Solviatti, André Villon, Paulo Porto, Monique Lafont, Nelson Dantas, Fábio Sabag, Sílvio de Abreu.

MENINO DE ENGENHO

Direção, adaptação e roteiro: Walter Lima Júnior. Baseado no romance de José Lins do Rego. Fotografia (PB): Reynaldo Barros. Montagem: João Ramiro Mello. Cenografia e figurinos: Álvaro Guimarães. Música: Heitor Villa-Lobos e Alberto Nepomuceno. Canções: Pedro Santos (música) e W. Lima Júnior (letras). Produção: W. Lima Júnior e Glauber Rocha/Mapa Filmes. Associados: Paraíba Produções Cinematográficas e Marcus O. Ribeiro Coutinho. Rio de Janeiro. 1965.
Elenco: Geraldo Del Rey, Sávio Rolim, Rodolfo Arena, Anecy Rocha, Margarida Cardoso, Maria Lúcia Dahl, Antônio Pitanga, Balduíno Lelys, Maria de Fátima, Jurandir dos Santos, Maria Raquel, Clycio Brainer, Carlos Henrique, Elísio Jorge, Wilson Maux, Cíolcio Ribeiro, Rubens Teixeira, Elpídio Navarro, Elzo Franca, Lucy Camelo, Nautília Pedrosa, Conceição Oliveira, Zezita Matos, Lindauva Pedrosa, Marileide Navarro, Marineves Navarro.

MUNDO EM QUE GETÚLIO VIVEU, O

Direção e roteiro: Jorge Ileli. Levantamento histórico e coautoria do roteiro: Orlando Caramuru. Texto: O. Caramuru e J. Ileli. Montagem (imagens documentais de arquivo em preto e branco): Maria Guadalupe. Trilha musical: Salatiel Coelho. Produção: Jorge Ileli. Rio de Janeiro. 1963. Lançamento: 1976.
Narradores (voz): Armando Bogus e Roberto Faissal.

NOITE VAZIA

Direção e roteiro: Walter Hugo Khouri. Fotografia (PB): Rudolf Icsey. Montagem: Mauro Alice. Desenho de produção: Pierino Massenzi. Cenografia: Sílvio Cardoso. Música: Rogério Duprat. Produção: Kamera Filmes (W.H. Khouri). São Paulo. 1964.
Elenco: Norma Bengell, Odete Lara, Mário Benvenuti. Gabriele Tinti, Lisa Negri, Marisa Woodward, Anita Kennedy, Ricardo Rivas, Celia Watanabe, Wilfred Khouri, Julia Kovach, David Cardoso, Laura Maria, Rubens Barsotti, Luiz Chaves, Manoel Dias, Amilton Godoy.

NUNCA FOMOS TÃO FELIZES

Direção: Murilo Salles. Roteiro: Alcione Araújo, Jorge Durán e M. Salles. Baseado no conto "Alguma coisa urgentemente", de João Gilberto Noll. Fotografia (cores): José Tadeu Ribeiro. Montagem: Vera Freire. Cenografia e figurinos: Carlos Prieto. Música: Sérgio Saraceni. Produção: Salles & Salles/Luiz Carlos Barreto/Imacon/Morena Filmes/Movi Art/Cinefilmes/Embrafilme. Rio de Janeiro. 1983. Lançamento: 1984.
Elenco: Cláudio Marzo, Roberto Bataglin, Susana Vieira, Meiry Vieira, Ênio Santos, Antônio Pompêo, Marcus Vinicius, Fábio Junqueira, Angela Rebello, José Mayer, Tonico Pereira, Virginia Campos, Sérgio Dias, Cláudia Duarte, Cristina Franco, Vitor Hain, Michelle, Marcos Viana.

ÔNIBUS 174

Direção: José Padilha. Codireção: Felipe Lacerda. Fotografia (cores): César Moraes e Marcelo (Guru) Duarte. Montagem: F. Lacerda. Música: João Nabuco e Sasha Ambak. Produção: José Padilha e Marcos Prado. Coprodução: Rodrigo Pimentel. Rio de Janeiro. 2002.

PAGADOR DE PROMESSAS, O

Direção e roteiro: Anselmo Duarte. Baseado na peça teatral homônima de Dias Gomes. Fotografia (PB): Henry E. Fowle (Chick Fowle). Montagem: Carlos Coimbra. Direção de arte: José Teixeira de Araújo. Música: Gabriel Migliori. Produção: Oswaldo Massaini. São Paulo. 1962.

Elenco: Leonardo Villar, Glória Menezes, Dionísio Azevedo, Norma Bengell, Geraldo Del Rey, Roberto Ferreira, Othon Bastos, Gilberto Marques, Carlos Torres, Antonio Pitanga, Milton Gaúcho, Irênio Simões, Enoch Torres, Maria Conceição, Walter da Silveira, Napoleão Lopes Filho, Velvedo Diniz, Cecília Rabelo, Jurema Penna, Alair Liguori, Américo Coimbra. Canjiquinha, Ignácio de Loyola Brandão, Garibaldo Matos.

PARADA 88, O LIMITE DE ALERTA

Direção: José de Anchieta. Roteiro e argumento: José de Anchieta, com a colaboração de Roberto Santos. Fotografia: Chico Botelho. Direção de arte e figurinos: J. de Anchieta. Música: Egberto Gismonti. Produção: Embrafilme/NAB/Nova Prova Filmes/Vapor Filmes. São Paulo. 1977.

Elenco: Regina Duarte, Joel Barcellos, Yara Amaral, Cleyde Yáconis, Egídio Eccio, Sérgio Mamberti, Osman Di Piere, Terence Tulligan, Maria Viana, Osny Delano, Clemente Viscaíno, Adolfo Peixe, Roberto Zanchetta, Hélio Tadeu, Ralph Molina.

PARCEIROS DA AVENTURA

Direção e fotografia (cores): José Medeiros. Roteiro: José Louzeiro. Argumento: João Felício dos Santos. Montagem: Rafael Justo Valverde. Direção de arte: Anísio Medeiros. Figurinos: Paulo Molière. Música: Paulo Moura e Ruy Quaresma. Produção: José Medeiros e Adélia Sampaio. Rio de Janeiro. 1980.

Elenco: Milton Gonçalves, Flávio Migliaccio, Rodolfo Arena, Camila Amado, Louise Cardoso, Reginaldo Faria, Maurício do Valle, Wilson Grey, Isabel Ribeiro, Stepan Nercessian, Jorge Coutinho, Isabella, Célia Maracajá, Paulo Moura, Nildo Parente, Antonio Pompêo, Luiz Armando Queiroz, Maria Zilda Bethlem, Zózimo Bulbul, Lutero Luiz, Emanuel Cavalcanti, Haroldo de Oliveira, Cosme dos Santos, Luiz Carlos Lacerda, Procópio Mariano.

PIXOTE, A LEI DO MAIS FRACO

Direção: Hector Babenco. Roteiro: Hector Babenco e Jorge Durán. Adaptação do romance *Infância dos mortos*, de José Louzeiro. Fotografia (cores): Rodolfo Sánchez. Montagem: Luiz Elias. Direção de arte: Clóvis Bueno. Figurinos: Carminha Guaraná. Música: John Neschling. Produção: H.B. Filmes/Embrafilme. São Paulo. 1980.

Elenco: Fernando Ramos da Silva (no papel de Pixote), Marília Pêra, Jorge Julião, Gilberto Moura, Edilson Lino, Zenildo Oliveira Santos, Jardel Filho, Claudio Bernardo, Israel Feres David, José Nilson Martins, Rubens de Falco, Elke Maravilha, Tony Tornado, Beatriz Segall, Ariclê Perez, Emilio Fontana.

PORTO DAS CAIXAS

Direção: Paulo César Saraceni. Roteiro original: P.C. Saraceni e Lúcio Cardoso. Fotografia (PB): Mário Carneiro. Montagem: Nelo Melli. Cenografia: José Henrique Bello. Música: Antonio Carlos Jobim. Produção: Elísio de Sousa Freitas/Equipe Produtora Cinematográfica. Rio de Janeiro. 1963.
Elenco: Irma Alvarez, Reginaldo Faria, Paulo Padilha, Sérgio Sanz, Joseph Guerreiro, José Henrique Bello, Margarida Rey.

PULGA NA BALANÇA, UMA

Direção: Luciano Salce. Roteiro: Fabio Carpi. Fotografia (PB): Ugo Lombardi. Montagem: Oswald Haffenrichter. Cenografia: Italo Bianchi. Música: Enrico Simonetti. Produção: Vera Cruz. São Paulo. 1953.
Elenco: Waldemar Wey, Mário Sérgio, Paulo Autran, John Herbert, Gilda Nery, Lola Brah, Ruy Afonso, Maurício Barroso, Armando Couto, Luiz Calderaro, Célia Biar, Xandó Batista, Jaime Barcellos, Benedito Corsi, Erminio Spalla, Nelson Camargo, Vicente Leporace, Eva Wilma, Geraldo José de Almeida, Maria Luiza Splendore, Cavagnole Neto, Galileu Garcia.

QUEM TEM MEDO DE LOBISOMEM?

Direção e roteiro original: Reginaldo Faria. Fotografia (cores): José Medeiros. Montagem: Waldemar Noya. Desenho de produção e figurinos: Arthur Maia. Produção: Reginaldo Faria e Roberto Farias/Ipanema Filmes/Circus. Rio de Janeiro. 1974.
Elenco: Reginaldo Faria, Fátima Freire, Stepan Nercessian, Neusa Amaral, Carlos Kroeber, Cristina Aché, Zanoni Ferrite, Camila Amado, Arthur Maia, Fabíola Fracaroli, Gisela Padilha, Elisa Fernandes, Ana Maria Accurso, Maurício Nabuco.

QUILOMBO

Direção e roteiro: Carlos Diegues. Adaptação dos livros *Palmares e a guerra dos escravos*, de Décio Freitas, e *Ganga Zumba*, de João Felício dos Santos. Fotografia (cores): Lauro Escorel. Montagem: Mair Tavares. Cenografia e figurinos: Luiz Carlos Ripper. Música: Gilberto Gil e Waly Salomão. Produção: Augusto Arraes/Carlos Diegues/Embrafilme. Rio de Janeiro. 1984.
Elenco: Antônio Pompêo, Zezé Motta, Tony Tornado, Vera Fischer, Antonio Pitanga, Maurício do Valle, Daniel Filho, Jorge Coutinho, Grande Otelo, Jofre Soares, Jonas Bloch, Chico Diaz, Emanuel Cavalcanti, Carlos Kroeber, Thelma Reston, Arduino Colasanti, Waldyr Onofre, Ruy Polanah, Zózimo Bulbul, Léa Garcia, Milton Gonçalves, Roberto de Cleto, Sabina Fidalgo, Thiago Justino, Marcos Konica, Sérgio Maia, Scarlet Moon, João Nogueira, Camila Pitanga.

RAINHA DIABA, A

Direção, roteiro e diálogos adicionais: Antonio Carlos Fontoura. História original: Plínio Marcos e A.C. Fontoura. Fotografia (cores): José Medeiros. Montagem: Rafael Justo Valverde. Cenografia e figurinos: Ângelo de Aquino. Música: Guilherme Magalhães Vaz. Produção: R.F. Farias/Lanterna Mágica (A.C. Fontoura). Associados: Filmes de Lírio/Ventania. Rio de Janeiro, 1974.
Elenco: Milton Gonçalves, Odete Lara, Stepan Nercessian, Nelson Xavier, Yara Cortes, Wilson Grey, Edgar Gurgel Aranha, Haroldo de Oliveira, Lutero Luiz, Geraldo Sobreira, Artur

Maia, Fábio Camargo, Carlos Prieto, Procópio Mariano, Selma Caronezzi, Samuca, Marquinhos Rebu, Arnaldo Moniz Freire, Kim Negro, Sidney Becker, Isolda Cresta, Letícia de Souza, Perfeito Fortuna, Sônia Maracajá, Luiz Mendonça, Júlia Moreno, Zezé Motta, Banzo Negro, Paulo Neves, Nilson Pena, André Paura, Pedro Pecado, Hilton Prado, Zé Roberto.

REPÚBLICA DOS ASSASSINOS

Direção: Miguel Faria Jr. Roteiro: M. Faria Jr., Leopoldo Serran e Aguinaldo Silva. Argumento de Aguinaldo Silva, baseado em seu livro. Fotografia (cores): João Carlos Horta. Montagem: Carlos Brajsblat. Desenho de produção: Júlio Paraty e Carlos Prieto. Música: Chico Buarque de Hollanda e Francis Hime. Produtor: Ricardo Amaral. Rio de Janeiro. 1979.
Elenco: Tarcísio Meira, Sandra Bréa, Anselmo Vasconcelos, Sílvia Bandeira, José Lewgoy, Tonico Pereira, Ítalo Rossi, Paulo Villaça, Flávio São Thiago, Milton Moraes, Vinicius Salvatori, Ivan de Almeida, José Dumont, Lia Soul, Luiz Carlos Lacerda, Wilson Grey, Elba Ramalho, Hayilton Farias, Luiz Antonio Magalhães, Paschoal Vilaboim, Lígia Diniz, Gabriel Archanjo.

REVÓLVER DE BRINQUEDO

Direção: Antonio Calmon. Roteiro original: Leopoldo Serran. Fotografia (cores): Miguel Rio Branco. Montagem: Raul C. Soares. Cenografia e figurinos: Marilia Carneiro. Produção: Bataglin Produções Cinematográficas/Embrafilme. Rio de Janeiro. 1977.
Elenco: Tereza Raquel, Helber Rangel, Maria Lúcia Dahl, Wilson Grey, Roberto Bataglin, Thaïs Portinho.

SÃO BERNARDO

Direção e roteiro: Leon Hirszman. Baseado no romance de Graciliano Ramos. Fotografia (cores): Lauro Escorel. Montagem: Eduardo Escorel. Cenografia e figurinos: Luiz Carlos Ripper e Túlio Costa. Música: Caetano Veloso. Produção: Saga Filmes. Coprodução: Mapa Filmes/Luiz Carlos Barreto. Rio de Janeiro. 1972.
Elenco: Othon Bastos, Isabel Ribeiro, Vanda Lacerda, Nildo Parente, Mário Lago, Josef Guerreiro, Rodolfo Arena, Jofre Soares, José Labanca, José Policena, Andrey Salvador.

SÃO PAULO S.A.

Direção e roteiro original: Luís Sérgio Person. Fotografia (PB): Ricardo Aronovich. Montagem: Glauco Mirko Laurelli. Direção de arte: Jean Lafront. Música: Cláudio Petraglia. Produção: Renato Magalhães Gouveia/Socine Produções. São Paulo. 1966.
Elenco: Walmor Chagas, Eva Wilma, Ana Esmeralda, Otelo Zeloni, Darlene Glória, Sérgio Hingst, Mário Audrá, Lenoir Bittencourt, Nadir Fernandes, Etty Fraser, Cecília Rabelo, Jean Lafront, Renato Gonda, Ricardo Gonda, Marcos Newman.

SEDUÇÃO

Direção, roteiro e montagem: Fauzi Mansur. Argumento: F. Mansur e Marcos Rey. Fotografia (cores): Cláudio Portioli. Desenho de produção: Isat Usaji. Figurinos: Pedro Ivan. Música: Marcos Miranda. Produção: Brasecran. São Paulo. 1974.
Elenco: Sandra Bréa, Ney Latorraca, Fregolente, David Cardoso, Dionísio Azevedo, Jussara Freire, Carlos Bucka, Flora Geny, Edward Freund, Zaira Cavalcanti, Francisco Negrão, Ary Fernandes, Heitor Gaiotti, Paulo Domingues, Rubem Biafora.

SENHORES DA TERRA, OS

Direção, roteiro e argumento: Paulo Thiago. Fotografia (PB): Roland Henze. Montagem: Raimundo Higino. Desenho de produção: Roberto Faria Mendes e Cláudia Menezes. Produção: Cena Filmes/Luiz Carlos Barreto (Difilm)/Paulo Thiago Prod./William Cobbett Prod. Rio de Janeiro. 1970.
Elenco: Rodolfo Arena, Paulo Villaça, Milton Moraes, Angelito Mello, Roberto Bonfim, Ausonia Bernardes, Waldir Onofre, Jorge Gomes.

SETE GATINHOS, OS

Direção: Neville D'Almeida. Roteiro: N. D'Almeida e Gilberto Loureiro. Baseado na peça teatral de Nelson Rodrigues. Fotografia (cores): Edson Santos. Montagem: Marco Antonio Cury. Desenho de produção: Marcos Flaksman. Figurinos: Maurício Sette. Produção: Cineville Produções/Embrafilme/Terra Filmes. Rio de Janeiro. 1980.
Elenco: Cristina Aché, Sura Berditchevsky, Regina Casé, Lima Duarte, Antonio Fagundes, Ary Fontoura, Ana Maria Magalhães, Thelma Reston, Mauricio do Valle, Cláudio Correia e Castro, Sônia Dias, Sady Cabral, Simone Malaguti, Luiz Fernando Guimarães, Guará Rodrigues, Sandro Solviatti, Patrícia Young, Pedro Cardoso.

SINFONIA AMAZÔNICA

Direção, roteiro, cenários e animação: Anélio Latini Filho. Argumento: Joaquim Ribeiro. Fotografia (PB): Mário Latini. Montagem: Wanda Latini. Trilha musical: Élio Latini, Altamiro Carrilho, Homero Dornellas, Alfredo Passidomo, Scarambone. Vozes: Almirante, Jaime Barcellos, Sadi Cabral, Estelinha Egg, Matinhos, Abelardo Santos, Antonio Nobre, Bartolomeu Fernandes, Pascoal Longo, Estevão Matos, Nero Morales, Paulo Roberto, José Vasconcelos. Produção: Latini Studio. Rio de Janeiro. 1947-1952.

SONHO DE VALSA

Direção e roteiro: Ana Carolina (Teixeira Soares). Fotografia (cores): Rodolfo Sánchez. Montagem: Ademir Francisco e Paulo Mattos. Direção de arte: Carlos Liuzzi. Figurinos: Cristina Bernardes. Música: Milton Nascimento. Produção: Carlos Alberto Diniz. Rio de Janeiro. 1987.
Elenco: Xuxa Lopes, Ney Matogrosso, Cristina Pereira, Arduíno Colasanti, Daniel Dantas, Stela Freitas, Ricardo Petraglia, Ruy Polanah, Paulo Reis, Paulo Henrique Souto.

SONHO SEM FIM

Direção: Lauro Escorel. Roteiro: Walter Lima Júnior, Nelson Nadotti e L.E. Filho. Baseado em pesquisa de Maria Rita Galvão e Rudá de Andrade. Fotografia (cores): José Tadeu Ribeiro. Montagem: Gilberto Santeiro. Cenografia: Adrian Cooper. Figurinos: Rita Murtinho. Música: Antonio Adolfo. Produção: Cinefilmes/Eduardo Escorel/Embrafilme. Rio de Janeiro. 1985.
Elenco: Carlos Alberto Riccelli, Débora Bloch, Marieta Severo, Fernanda Torres, Imara Reis, Emanuel Cavalcanti, Renato Consorte, Luiz Carlos Arutin, Vicente Barcellos, João Carlos Castanha, Pedro Santos, Sérgio Mamberti.

TERRA EM TRANSE

Direção, argumento e roteiro: Glauber Rocha. Fotografia (PB): Luiz Carlos Barreto (direção); Dib Lutfi (câmera). Montagem: Eduardo Escorel. Cenografia e figurinos: Paulo Gil Soares. Figurinos de Danuza Leão: Guilherme Guimarães. Música: Sérgio Ricardo (original), Carlos Gomes, Heitor Villa-Lobos, Giuseppe Verdi, canto negro Aluê (candomblé), samba (autor não identificado). Som: Aluízio Viana. Produção: Mapa Filmes/Difilm. Associados: Luiz Carlos Barreto, Carlos Diegues, Raymundo Wanderley e G.R. Rio de Janeiro. 1967.
Elenco: Jardel Filho, Paulo Autran, José Lewgoy, Glauce Rocha, Paulo Gracindo, Hugo Carvana, Danuza Leão, Jofre Soares, Modesto de Souza, Mário Lago, Flávio Migliaccio, Thelma Reston, José Marinho, Francisco Milani, Paulo César Pereio, Emanuel Cavalcanti, Zózimo Bulbul, Antonio Camera, Echio Reis, Maurício do Valle, Rafael de Carvalho, Ivan de Souza. Participações especiais: Darlene Glória, Elizabeth Gasper, Irma Alvarez, Sônia Clara, Guide Vasconcelos, Clóvis Bornay.

TODAS AS MULHERES DO MUNDO

Direção e roteiro original: Domingos Oliveira. Fotografia (PB): Mário Carneiro. Montagem: Raymundo Higino, João Ramiro Mello, Nazareth Ohana e Paula Gracel. Produção: Domingos Oliveira Produções Cinematográficas/Saga Filmes. Rio de Janeiro. 1966.
Elenco: Leila Diniz, Paulo José, Ivan de Albuquerque, Flávio Migliaccio, Joana Fomm, Isabel Ribeiro, Fauzi Arap, Irma Alvarez, Vera Vianna, Márcia Rodrigues, Maria Gladys, Marieta Severo, Norma Marinho, Anna Christina, Tânia Scher, Leila Marinho, Nazareth Ohana, Marília Albino, Ionita Guinle, Hildegard Angel, Eduardo Prado, Isaías Almeida.

TUDO BEM

Direção: Arnaldo Jabor. Roteiro original: A. Jabor e Leopoldo Serran. Fotografia (cores): Dib Lutfi. Montagem: Gilberto Santeiro. Desenho de produção/cenografia: Hélio Eichbauer. Produção: Arnaldo Jabor Produções Cinematográficas/Sagitarius/Embrafilme. Rio de Janeiro. 1978.
Elenco: Fernanda Montenegro, Paulo Gracindo, Regina Casé, José Dumont, Stênio Garcia, Luiz Fernando Guimarães, Luiz Linhares, Jorge Loredo, Zezé Motta, Paulo César Pereio, Maria Sílvia, Fernando Torres, Anselmo Vasconcelos, Wellington Botelho, Álvaro Freire, Daniel Dantas, Procópio Mariano, José Maranhão Torres, Alby Ramos, Jesus Pingo, Maria Helena Basílio, Guilherme Karan.

UIRÁ, O ÍNDIO EM BUSCA DE DEUS

Direção e roteiro: Gustavo Dahl. Baseado em fatos reais e no texto *Uirá sai a procura de Deus*, de Darcy Ribeiro. Fotografia (cores): Rogério Noel. Montagem: Gilberto Santeiro. Cenografia: Francisco Altan. Figurinos: Mara Chaves. Produção: Alter Filmes/Embrafilme (Brasil)/RAITV (Itália). 1973.
Elenco: Érico Vidal, Ana Maria Magalhães, Gustavo Dahl e não profissionais.

VIDAS SECAS

Direção e roteiro: Nelson Pereira dos Santos. Baseado no romance de Graciliano Ramos. Fotografia (PB): José Rosa e Luiz Carlos Barreto. Som/efeitos sonoros especiais: Geraldo José. Produção: Herbert Richers, Danilo Trelles, Luiz Carlos Barreto. Rio de Janeiro. 1963.
Elenco: Átila Iório, Maria Ribeiro, Orlando Macedo, Jofre Soares, Gilvan, Genivaldo. Participação da cachorra Baleia.

VIVER DE MORRER

Direção e roteiro: Jorge Ileli. Fotografia (cores): Dib Lutfi. Montagem: Maria Guadalupe. Música: Tomaso Albinoni. Cenografia, figurinos e consultoria de cores: Carmélio Cruz. Produção Entrefilmes (Jorge Ileli)/Metro-Goldwyn-Mayer/Cinesul. Rio de Janeiro. 1972.
Elenco: Odete Lara, Mário Benvenuti, Carlo Mossy, Amires Veronese, Flávio Portho, Sônia Clara, Dieter Burgel, Jorge Dória, Fregolente, Myriam Pérsia, Edu da Gaita, Paulo Padilha, Labanca, Iara Cortes, Angelito Melo, Alberico Bruno.

VOLTA DO FILHO PRÓDIGO, A

Direção e roteiro: Ipojuca Pontes. Roteiro: I. Pontes e Zevi Ghivelder. Fotografia (cores): Roland Henze. Montagem: Manoel Oliveira. Desenho de produção e figurinos: Olga Rezende. Produção: Victor di Mello e R. Henze/Ipojuca Pontes Produções/Roland Henze Produções Cinematográficas/Embrafilme. 1978.
Elenco: Helber Rangel, Dilma Lóes, Teresa Raquel, Jayme Barcelos, Marlene, Carlos Gregório, José Dumont, Dinorah Brilhante, Sebastião França, Jorge Diniz, B. de Paiva, Adalberto Nunes, Antonio Carnera, Orlando Vieira, José Rodrigues, Edson Nequete, Paulo Magoulas, Lima Cipollati, José Francisco, Otoniel.

REFERÊNCIAS BIBLIOGRÁFICAS

AUGUSTO, Sérgio. *Este mundo é um pandeiro – A chanchada de Getúlio a JK*. São Paulo: Companhia das Letras, 1989.

CAETANO, Maria do Rosário (org.). *Nordestern – Os cangaceiros no cinema brasileiro*. Brasília: Avathar, 2007.

CAVALCANTI, Alberto. *Filme e realidade*. 3. ed. Rio de Janeiro: Artenova, 1977.

DIEGUES, Carlos; MERTEN, Luiz Carlos; FONSECA, Rodrigo. *Cinco mais cinco – Os maiores filmes brasileiros em bilheteria e crítica*. Organização de Marcos Didonet. Rio de Janeiro: Legere, 2007.

DIEGUES, Carlos e NADOTTI, Nelson. *Quilombo*. Rio de Janeiro: Achiamé, 1984.

GALVÃO, Maria Rita. *Burguesia e cinema – O caso Vera Cruz*. Rio de Janeiro: Civilização Brasileira, 1981.

GATTI, José. *Barravento – A estreia de Glauber*. Florianópolis: UFSC, 1987.

GOMES, Paulo Emílio Sales. *Crítica de cinema no Suplemento Literário*. Rio de Janeiro: Paz e Terra/Embrafilme, 1981. 2 v.

GONZAGA, Alice. *50 anos de Cinédia*. Rio de Janeiro: Record, 1987.

MATTOS, Carlos Alberto. *Walter Lima Júnior – Viver cinema*. Rio de Janeiro: Casa da Palavra, 2002.

MELLO, Saulo Pereira de. *Limite, filme de Mário Peixoto*. Rio de Janeiro: Funarte/Inelivro, 1979.

MELO, Rosana A. Cardoso de (org.). *O cinema de Jorge Ileli*. Rio de Janeiro: Unilivros, 1988.

MIRANDA, Luiz Felipe A. *Dicionário de cineastas brasileiros*. São Paulo: Art, 1990.

NAGIB, Lúcia. *O cinema da Retomada – Depoimentos de 90 cineastas dos anos 90*. São Paulo: 34, 2002.

NORONHA, Jurandyr. *Dicionário Jurandyr Noronha de Cinema Brasileiro – De 1898 a 1936 – Do nascimento ao sonoro*. Organização de Gilberta Mendes. Rio de Janeiro: EMC Edições, 2009.

ORICCHIO, Luiz Zanin. *Cinema de novo – Um balanço crítico da Retomada*. São Paulo: Estação Liberdade, 2003.

PAIVA, Salvyano Cavalcanti de. *História ilustrada dos filmes brasileiros (1929-1988)*. Rio de Janeiro: Francisco Alves, 1989.

RAMOS, Fernão e MIRANDA, Luiz Felipe (org.). *Enciclopédia do cinema brasileiro*. São Paulo: Senac, 2000.

ROCHA, Glauber. *Deus e o Diabo na Terra do Sol*. Organização de Alex Viany. Rio de Janeiro: Civilização Brasileira, 1965.

______. *Cartas ao mundo*. Organização de Ivana Bentes. São Paulo: Companhia das Letras, 1997.

SALEM, Helena. *Nelson Pereira dos Santos – O sonho possível do cinema brasileiro*. Rio de Janeiro: Nova Fronteira, 1987.

______. *Leon Hirszman – O navegador das estrelas*. Rio de Janeiro: Rocco, 1997.

SALLES, Francisco Luiz de Almeida. *Cinema e verdade – Marilyn, Buñuel etc*. Organização de Flora Christina Bender e Ilka Brunhilde Laurito. São Paulo: Companhia das Letras, 1988.

SARACENI, Paulo César. *Por dentro do Cinema Novo – Minha viagem*. Rio de Janeiro: Nova Fronteira, 1993.

VIANNA, Antonio Moniz. *Um filme por dia – Crítica de choque (1946-1963)*. Organização de Ruy Castro. Pesquisa editorial de Eduardo Moniz Vianna. São Paulo: Companhia das Letras, 2004.

VIANY, Alex. *O processo do Cinema Novo*. Organização de José Carlos Avellar. Rio de Janeiro: Aeroplano, 1999.

ÍNDICE DE FILMES CITADOS

CRÉDITOS FOTOGRÁFICOS

Pela cessão dos direitos de reprodução das imagens incluídas neste livro, o Instituto Moreira Salles agradece aos seguintes proprietários: [capa] Filmes do Serro; Foto arquivada na Cinemateca Brasileira, cedida pelo acervo da Magnus Filmes Ltda./diretor de fotografia e *still*: Rabatoni, Tony/Agradecimento: Alberto Magno; Hector Babenco/HB Filmes Ltda.; Aníbal Massaini Neto/Cinedistri Produção e Distribuição Audiovisual Ltda.; [verso da capa] Arnaldo Jabor; Márcia Dias de Pinho Latini e Cláudio Alvez Latini/Latini Studio Ltda.; Hector Babenco/HB Filmes Ltda.; [p. 1] Saulo Pereira de Melo/Arquivo Mário Peixoto; Aníbal Massaini Neto/Cinedistri Produção e Distribuição Audiovisual Ltda.; [pp. 2-3] João Rocha/Tempo Glauber; Saulo Pereira de Melo/Arquivo Mário Peixoto; [p. 27] Fernando Meirelles/O2 Filmes; [p. 32] Hector Babenco/HB Filmes Ltda.; [p. 52] João Moreira Salles/Videofilmes; [p. 63] João Moreira Salles/Videofilmes; [p. 80] Ana Carolina Teixeira Soares/Crystal Cinematográfica; [p. 99] Hector Babenco/HB Filmes Ltda.; [p. 104] Carlos Diegues/Luz Mágica Produções Audiovisuais Ltda.; [p. 114] Hector Babenco/HB Filmes Ltda.; [p. 119] Francisco Assis Marques/Carlos Hugo Christensen Produções Cinematográficas; [p. 138] Arnaldo Jabor; [p. 151] Walter Lima Jr./Walter Lima Jr. Produções; [p. 154] Ana Carolina Teixeira Soares/Área Prod. Cinematográfica; [p. 162] Arnaldo Jabor; [p. 166] Flávio Ramos Tambellini/Flávio Ramos Tambellini Produções Cinematográficas Ltda.; [p. 171] Saulo Pereira de Melo/Arquivo Mário Peixoto; [p. 209] Tereza Trautman/Thor Filmes; [p. 217] Maria Hirszman/Saga Filmes; [p. 225] Alberto Savá/Grupo Câmara Produções; [p. 258] João Rocha/Tempo Glauber; [p. 262] Helena Ignez, Djin Sganzerla e Sinai Sganzerla/Mercúrio Produções Ltda.; [p. 266] Antonio Carlos Fontoura; [p. 274] Maurice Capovilla; [p. 282] LC Barreto Produções Cinematográficas e Marília de Almeida Santos Pinhanez; [p. 295] João Rocha/Tempo Glauber; [p. 298] Domingos Oliveira/D.O. Produções e Saga Filmes; [p. 305] Marina Person; [p. 315] Wilfred Khouri/Cinematográfica Vera Cruz Ltda.; [p. 322] Herbert Richers Jr./Herbert Richers S/A; [p. 327] João Rocha/Tempo Glauber; [p. 339] Aníbal Massaini Neto/Cinedistri Produção e Distribuição Audiovisual Ltda.; [p. 342] Foto arquivada na Cinemateca Brasileira, cedida pelo acervo da Magnus Filmes Ltda./diretor de fotografia e *still*: Rabatoni, Tony/Agradecimento: Alberto Magno; [p. 349] João Rocha/Tempo Glauber; [p. 352] Marília de Almeida Santos Pinhanez e Nelson Pereira dos Santos; [p. 363] Cinemateca Brasileira; [p. 369] Wilfred Khouri/Cinematográfica Vera Cruz Ltda.; [p. 374] Cinemateca Brasileira; [p. 375] Acervo biblioteca Jenny Klabin Segall/Museu Lasar Segall/IBRAM; [p. 376] Cinemateca Brasileira; [p. 377] Cinemateca Brasileira; [p. 416] João Rocha/Tempo Glauber; Antonio Carlos Fontoura.

O IMS agradece também à Cinemateca Brasileira pelo fornecimento dos arquivos digitais das imagens.

TIRAGEM 2000 exemplares
TIPOLOGIA Quadraat
PAPEL Pólen soft 80 g/m²